ACCESO GRATIS *a la Lectura en la Nube*

Para visualizar el libro electrónico en la nube de lectura envíe junto a su nombre y apellidos una fotografía del código de barras situado en la contraportada del libro y otra del ticket de compra a la dirección:

ebooktirant@tirant.com

En un máximo de 72 horas laborales le enviaremos el código de acceso con sus instrucciones.

© TIRANT LO BLANCH
   EDITA: TIRANT LO BLANCH
   C/ Artes Gráficas, 14 - 46010 - VALENCIA
   TELFS.: 96/361 00 48 - 50
   Fax: 96/369 41 51
   Email: tlb@tirant.com
   www.tirant.com
   Librería Virtual: www.tirant.es
   DEPOSITO LEGAL: V-296-2026
   ISBN: 979-13-7040-188-7
   MAQUETA E IMPRIME: Tink Factoría de Color , S.L.

Si tiene alguna queja o sugerencia, envíenos un mail a: atencioncliente@tirant.com.
En caso de no ser atendida su sugerencia, por favor, lea nuestro procedimiento de quejas en:
www.tirant.net/index.php/empresa/politicas-de-empresa

Responsabilidad Social Corporativa
http://www.tirant.net/Docs/RSCTirant.pdf

GRADO DE PSICOLOGÍA

MANUAL TEÓRICO DE

PSICOLOGÍA FISIOLÓGICA I

Concepción Vinader-Caerols (*Coord.*)

Santiago Monleón Verdú

Patricia Mesa-Gresa

Inés Moragrega Vergara

Ferran Suay Lerma

Concepción Blasco Ros

Sandra Montagud Romero

Francisco Molins Correa

Rosa Redolat Iborra

PRESENTACIÓN

Este libro tiene como objetivo servir de guía para el aprendizaje de los conocimientos teóricos de la asignatura *Psicología Fisiológica I*, correspondiente al primer curso de los estudios de Grado en Psicología de la Universitat de València. Asimismo, puede ser de utilidad en otros grados, como Biología o Medicina, donde se aborda la Neurociencia. Siguiendo la guía docente, el libro desarrolla ocho capítulos que se pueden agrupar en tres bloques principales:

Bases biológicas de la percepción y la motricidad, que incluye el capítulo 1 -Mecanismos biológicos de la percepción y la atención-; y el capítulo 2 -Bases biológicas del sistema sensitivo-motor-.

El segundo bloque *Bases biológicas de los ritmos biológicos y el sueño* que agrupa el capítulo 3 -Bases biológicas de los ritmos biológicos- y el capítulo 4 -Bases psicofisiológicas del sueño-.

Y por último un tercer bloque *Bases biológicas de la motivación* que reúne el capítulo 5 -Bases biológicas de la ingesta-; capítulo 6 -Bases biológicas de la conducta sexual-; capítulo 7 -Bases biológicas de la conducta parental- y capítulo 8 -Bases biológicas de la adicción-.

Los contenidos teóricos que ofrece este manual son complementarios y necesarios para el correcto desarrollo de las actividades prácticas programadas en el cuadernillo de prácticas de la asignatura. Cada capítulo se organiza atendiendo a la descripción de los contenidos que aparecen en la guía didáctica de la asignatura. Además, como material complementario se incluye un pódcast (con un código QR) para ser escuchado en cada tema, que aborda de manera divulgativa algunas de las principales ideas derivadas de los contenidos teóricos tratados.

ÍNDICE

1. INTRODUCCIÓN.
2. CICLO SUEÑO-VIGILIA.
3. FUNCIONES DEL SUEÑO.
4. BASES NEUROFISIOLÓGICAS DEL SUEÑO Y LA VIGILIA.
5. TRASTORNOS DEL SUEÑO.
6. CONCLUSIONES.
7. BIBLIOGRAFÍA.

1. INTRODUCCIÓN.
2. INGESTA DE BEBIDA.
   2.1. Balance hídrico y su regulación.
   2.2. Mecanismos neurales de la conducta de beber.
3. INGESTA DE COMIDA.
   3.1. El equilibrio energético del organismo.
   3.2. Factores determinantes de la ingesta de alimentos.
   3.3. Mecanismos de la saciedad.
   3.4. Mecanismos neurales del hambre.
   3.5. Trastornos de la conducta alimentaria.
4. CONCLUSIONES.
5. BIBLIOGRAFÍA.

1. INTRODUCCIÓN.
2. HORMONAS Y DESARROLLO SEXUAL.
3. CICLO MENSTRUAL.
4. CONTROL NEURAL DE LA CONDUCTA SEXUAL.
5. DISFUNCIONES SEXUALES.
6. CONCLUSIONES.
7. BIBLIOGRAFÍA.

Capítulo 1

Mecanismos biológicos de la percepción y la atención

https://youtu.be/v_pkMgnZNN4

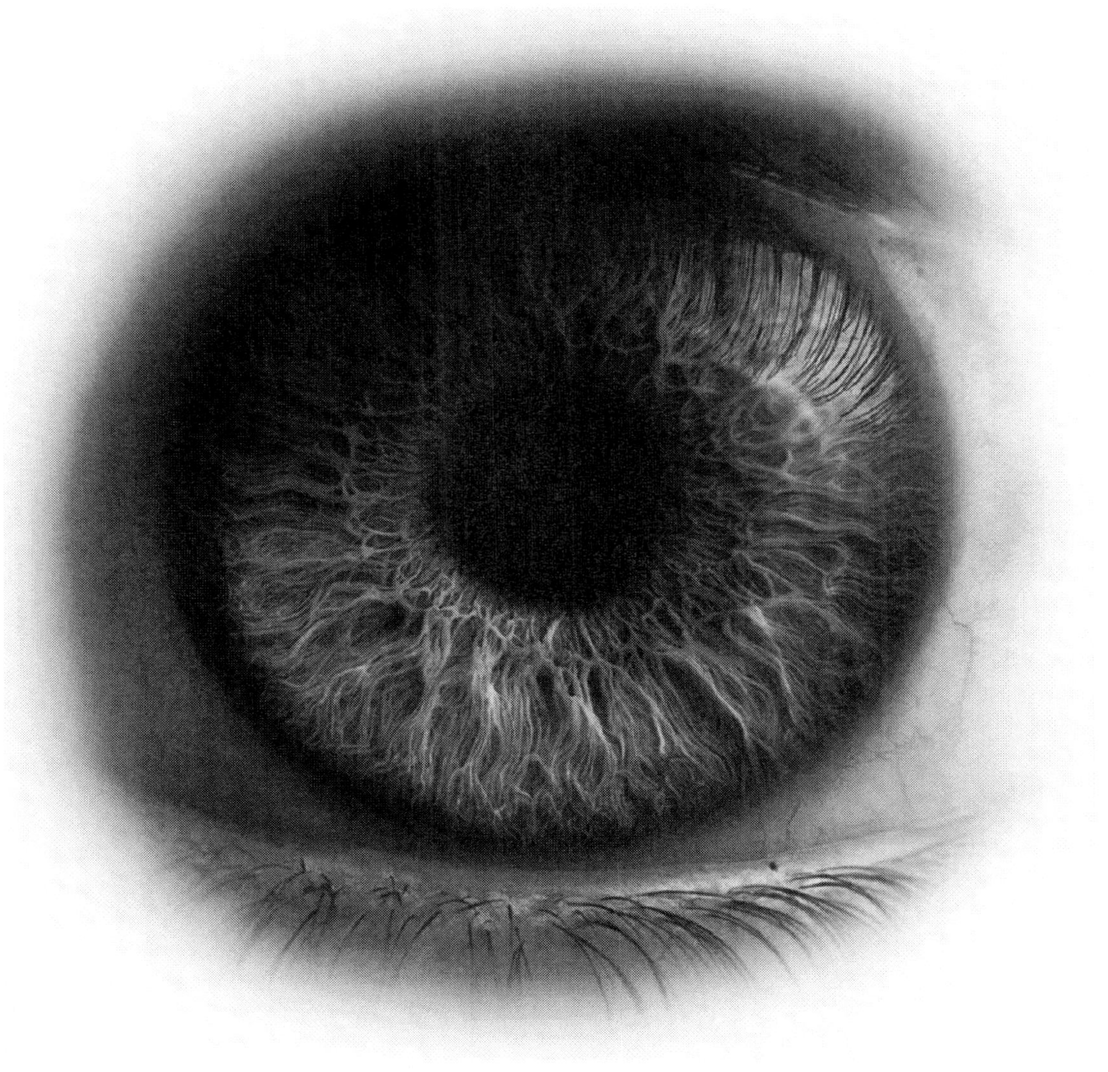

Francisco Molins Correa

Mecanismos biológicos de la percepción y la atención

1. INTRODUCCIÓN

La percepción es el proceso por el cual los organismos organizan e interpretan la información sensorial que reciben del entorno. Desde una perspectiva fisiológica, este proceso no se limita a la simple recepción de estímulos, sino que involucra su procesamiento a nivel neuronal y su integración en un modelo coherente del mundo (Bear et al., 2016). Es decir, la percepción construye una representación interna de la realidad, permitiendo a los organismos interpretar, anticipar y responder de manera adaptativa a los cambios de su entorno (Yuste, 2024).

En realidad, los organismos pueden responder a su entorno de diversas maneras y algunas no requerirían ni siquiera de percepción. Las formas más simples de respuesta las encontraríamos en organismos unicelulares como las bacterias, que carecen de un sistema nervioso y reaccionan a los estímulos de manera automática. Por ejemplo, algunas bacterias poseen receptores químicos que responden ante sustancias nocivas y desencadenan movimientos de sus cilios para alejarse del peligro. En estos casos, no hay un procesamiento o interpretación del estímulo, solo una reacción automática basada en mecanismos bioquímicos, por lo que esto no sería considerado percepción.

Subiendo un peldaño, encontraríamos organismos con sistemas nerviosos muy simples, pero lo suficientemente desarrollados como para integrar ciertos estímulos y dotarlos de un significado más complejo. En lugar de reaccionar automáticamente ante un solo estímulo, estos organismos pueden combinar múltiples señales para generar respuestas más adaptativas. Por ejemplo, un pez puede percibir vibraciones en el agua y cambios sutiles en la composición química de su entorno. Si estos estímulos coinciden de manera específica, el sistema nervioso del pez puede interpretarlos como una amenaza, aunque ninguno de ellos indique peligro de forma concluyente por sí solo (Eaton & Hackett, 1984). Como resultado, el pez ejecuta un reflejo de escape, un comportamiento esencial para su supervivencia. Lo interesante de este nivel de procesamiento es que, aunque ocurre de manera automática e inconsciente, implica una integración de información sensorial que va más allá de una simple respuesta estímulo-reacción. En este sentido, podemos considerar que en este nivel ya existe una forma primitiva de percepción, pues los estímulos no solo se detectan, sino que se procesan y combinan antes de generar una respuesta, sin que sea necesaria la consciencia para ello.

En los humanos, la percepción alcanza su nivel más sofisticado al integrar información sensorial con procesos cognitivos superiores. No solo reconocemos estímulos, sino que también los categorizamos, reflexionamos sobre ellos y podemos comunicar nuestra experiencia perceptiva a otros (Purves et al., 2013). Este nivel de procesamiento nos permite ir más allá de la simple reacción al entorno, ya que podemos anticipar eventos futuros, modificar activamente nuestra conducta en función de nuestras percepciones previas y compartir información con otros individuos para construir un conocimiento colectivo sobre la realidad (Purves et al., 2013).

Esta capacidad avanzada de percepción está estrechamente vinculada con el modelo del "teatro del mundo", donde el cerebro no solo recibe información del entorno, sino que la reconstruye en función de experiencias previas y predicciones (Yuste, 2024). Así, la percepción humana no es un reflejo exacto del mundo externo, sino una interpretación constantemente actualizada que nos permite navegar con mayor eficacia en nuestro entorno. Los sentidos exteroceptivos e interoceptivos juegan un papel clave en esta actualización constante. Los exteroceptivos, como la visión, audición, olfato, gusto y el sistema somatosensorial, nos informan sobre el mundo externo, mientras que los interoceptivos nos brindan información sobre el estado interno del organismo, como el hambre o la temperatura corporal. Cada nueva experiencia perceptiva ajusta las probabilidades de ocurrencia de ciertos eventos, lo que permite generar predicciones más precisas sobre el entorno. Por ejemplo, si una persona está en una calle concurrida y percibe el sonido de un coche acercándose, su cerebro predice el movimiento del vehículo y ajusta su comportamiento en consecuencia. De esta manera, la percepción no solo consiste en captar información, sino también en anticiparse y reaccionar a los eventos del entorno de forma adaptativa (Yuste, 2024).

En resumen, la percepción es un proceso activo que va más allá de la simple detección de estímulos. A diferencia de las respuestas automáticas en organismos sin sistema nervioso, la percepción implica un procesamiento sofisticado que permite categorizar, interpretar y actualizar el modelo del mundo en función de la experiencia (Barrett, 2016). En los siguientes apartados, exploraremos en mayor profundidad cómo contribuye cada vía sensorial, centrándonos en las vías exteroceptivas, a la construcción de nuestra percepción del mundo.

2. VISIÓN

2.1. El estímulo: La luz

El sistema visual responde a estímulos lumínicos, es decir, a la luz visible dentro del espectro electromagnético (Carlson & Birkett, 2021). La luz no es más que un flujo de fotones que viajan formando ondas, y la longitud de estas ondas determina el color que percibimos. Nuestro sistema visual solo es capaz de captar un rango muy específico del espectro electromagnético, aquel que va aproximadamente de los 400 a los 700 nanómetros (Carlson & Birkett, 2021). En este rango, percibimos los colores en un degradado continuo que comienza en el rojo y finaliza en el violeta. Curiosamente, más allá del rojo están los infrarrojos, y más allá del violeta, los ultravioletas, pero nuestro sistema visual no es capaz de detectarlos. Otras especies sí pueden hacerlo: algunas serpientes perciben el infrarrojo para detectar el calor de sus presas, y ciertos insectos pueden ver el ultravioleta, lo que les ayuda a encontrar flores con néctar. Este límite de percepción nos recuerda que la realidad visible es solo una pequeña fracción del mundo físico que nos rodea.

Los fotones pueden originarse a partir de diversas fuentes, como la luz del sol, la electricidad transformada en radiación luminosa a través de una bombilla o incluso la bioluminiscencia de algunos organismos vivos. Cuando la luz incide sobre una superficie, puede ser absorbida, reflejada o refractada, y es esta interacción la que hace posible la percepción visual. Es decir, lo que vemos no es la luz en sí misma, sino cómo esta se comporta al interactuar con los objetos de nuestro entorno. Comprender la naturaleza de la luz es el primer paso para entender cómo nuestro sistema visual la recibe y la transforma en imágenes. Ahora, nos adentraremos en la anatomía del ojo, el órgano que hace posible este proceso.

2.2. Anatomía del sistema visual

El ojo humano es el órgano encargado de captar la luz y convertirla en señales eléctricas (Bear et al., 2016). Su estructura anatómica incluye varias capas y componentes que trabajan en conjunto para dirigir la luz hasta la retina:

- **Esclerótica**: Capa más externa y rígida que protege el ojo y le da forma.
- **Córnea**: Parte frontal transparente de la esclerótica que permite la entrada de luz y contribuye al enfoque inicial de la imagen.
- **Iris y pupila**: Las fibras musculares que componen el iris controlan el tamaño de la pupila, un agujero, regulando la cantidad de luz que entra en el ojo en función de la luminosidad ambiental.
- **Cristalino**: Lente flexible que ajusta su forma mediante el músculo ciliar para enfocar la luz en la retina, permitiendo la acomodación.
- **Humor vítreo**: Líquido que mantiene la estructura del ojo y facilita la transmisión de la luz hacia la retina.
- **Retina**: Capa más interna del ojo donde se encuentran los fotorreceptores encargados de la transducción de la luz en señales eléctricas. La retina está compuesta por tres capas principales de células. Por un lado, (1) la capa de fotorreceptores, conos y bastones, encargados de captar la luz. Por otra parte, (2) la capa de células bipolares, que transmiten señales desde los fotorreceptores a las células ganglionares. Por último, (3) la capa de células ganglionares, cuyos axones forman el nervio óptico, que transporta la información visual al cerebro.

Centrándonos en los fotorreceptores, los bastones son extremadamente sensibles a la luz tenue y permiten la visión en condiciones de poca iluminación (visión escotópica), mientras que los conos se activan en niveles de luz más intensos y son responsables de la percepción del color y de los detalles finos (visión fotópica). Además, existen tres tipos de conos, cada uno sensible a diferentes longitudes de onda: corto (azul), medio (verde) y largo (rojo), lo que permite la percepción del color a través del procesamiento combinado de estas señales.

Para más información sobre estas capas se pueden consultar los manuales Bear et al. (2016), Carlson & Birkett (2021) o Kandel et al. (2021).

2.3. Transducción de la luz

Para comprender la transducción en el sistema visual, es importante recordar que este proceso consiste en convertir un estímulo físico, en este caso la luz, en una señal eléctrica que pueda ser interpretada por el cerebro. En la retina, este fenómeno es llevado a cabo por los fotorreceptores, que son células especializadas en detectar la luz y transformar esa energía lumínica en impulsos nerviosos.

El proceso de transducción visual comienza cuando un fotón incide en un fotorreceptor, provocando un cambio en la conformación del fotopigmento presente en su membrana. En los bastones, el fotopigmento clave es la rodopsina, mientras que en los conos existen fotopigmentos específicos para cada tipo de luz (azul, verde y roja). En el caso de la rodopsina, cuando ésta absorbe un fotón, se descompone en opsina y retinal, iniciando una cascada bioquímica dentro de la célula (Bear et al., 2016).

Curiosamente, a diferencia de la mayoría de las neuronas, los fotorreceptores no responden a la luz con una despolarización, sino con una hiperpolarización. En la oscuridad, los fotorreceptores mantienen abiertos sus canales de sodio (Na+) gracias a la presencia de GMPc (guanosín monofosfato cíclico), lo que permite la entrada constante de Na+ y mantiene la célula en un potencial de reposo relativamente despolarizado, alrededor de -30 mV. Cuando la luz incide sobre el fotorreceptor y degrada el fotopigmento, se activa la proteína G transducina, la cual a su vez activa una enzima llamada fosfodiesterasa. Esta enzima degrada el GMPc, provocando el cierre de los canales de sodio. Al cerrarse estos canales, la célula deja de recibir iones positivos, lo que causa su hiperpolarización y reduce la liberación de neurotransmisores en la sinapsis con las células bipolares (Carlson & Birkett, 2021).

Debido a este mecanismo, en ausencia de luz, los fotorreceptores liberan constantemente glutamato, lo que mantiene activas a las células bipolares. Estas, a su vez, inhiben a las células ganglionares, impidiendo que la señal visual avance. Sin embargo, cuando la luz incide sobre el fotorreceptor y provoca su hiperpolarización, la liberación de glutamato disminuye. Como resultado, las células bipolares dejan de inhibir a las ganglionares, permitiendo que estas últimas se activen y transmitan la señal visual al cerebro a través del nervio óptico. Este complejo mecanismo permite que el sistema visual transforme la luz en una serie de señales nerviosas organizadas que viajan a través del nervio óptico hacia el cerebro para su procesamiento (Carlson & Birkett, 2021). A continuación, exploraremos la ruta que sigue esta información a través de las vías visuales.

2.4. Vías visuales

La información visual viaja desde la retina al cerebro a través del nervio óptico, siguiendo una ruta precisa que permite un procesamiento eficiente de los estímulos luminosos (Bear et al., 2016; Kandel et al., 2021). Este viaje comienza en la retina y se extiende hasta la corteza visual primaria, donde la información se analiza antes de enviarse a regiones superiores del cerebro para una interpretación más compleja. El recorrido de la vía visual primaria, como puede analizarse en profundidad en el cuadernillo de prácticas, incluye:

1. **Nervio óptico**: es la primera estructura que transporta la señal visual desde la retina, formada por los axones de las células ganglionares. Toda la información captada por los fotorreceptores es comprimida en este haz de fibras nerviosas que abandona el ojo por el disco óptico.
2. **Quiasma óptico**: aquí ocurre un fenómeno crucial para la organización de la visión binocular. La información de la mitad nasal de cada retina cruza al hemisferio opuesto, mientras que la información de la mitad temporal sigue en el mismo lado. Esto permite que cada hemisferio cerebral reciba información de ambos ojos, pero sobre un mismo campo visual, lo que asegura una percepción integrada y coherente del entorno.
3. **Tracto óptico**: una vez que las fibras han cruzado (o no) en el quiasma óptico, continúan su trayecto a través del tracto óptico, que las dirige hacia el tálamo y otras estructuras subcorticales.
4. **Colículos superiores**: antes de llegar al tálamo, una parte de las fibras del tracto óptico hace una parada en los colículos superiores, estructuras del mesencéfalo que desempeñan un papel fundamental en los reflejos visuales y en la orientación de la mirada. Estos colículos permiten, por ejemplo, que podamos dirigir rápidamente los ojos hacia un estímulo en movimiento o reaccionar ante un objeto que aparece repentinamente en nuestro campo visual.

5. **Núcleo geniculado lateral (NGL) del tálamo**: la mayor parte de la información visual sigue su camino hacia el tálamo, específicamente al núcleo geniculado lateral, que actúa como una estación de relevo clave en el procesamiento de la imagen. Este núcleo está compuesto por capas especializadas:

    - **Magnocelulares**: procesan información sobre el movimiento y el contraste, permitiendo detectar cambios rápidos en el entorno.
    - **Parvocelulares**: encargadas del procesamiento de los detalles finos y el color, esenciales para la percepción precisa de formas y texturas.
    - **Coniocelulares**: relacionadas con la percepción de longitudes de onda cortas, especialmente el color azul.

6. **Radiaciones ópticas**: desde el tálamo, la información visual viaja hacia la corteza cerebral a través de las radiaciones ópticas, un conjunto de fibras que conecta el núcleo geniculado lateral con la corteza visual primaria. Este trayecto es crucial ya que garantiza la correcta distribución de la información visual en el cerebro.

7. **Corteza visual primaria (V1 o corteza estriada)**: ubicada en el lóbulo occipital, es la primera región de la corteza cerebral que recibe y comienza a analizar la información visual. Aquí, la imagen se descompone en distintos componentes básicos, como bordes, orientaciones y contrastes, que luego serán refinados y enviados a áreas superiores para una interpretación más detallada.

De nuevo, puedes encontrar más información sobre estas rutas consultando los manuales Bear et al (2016), Carlson & Birkett (2021) o Kandel et al (2021), así como trazar el recorrido de la vía visual primaria sobre láminas neuroanatómicas en el cuadernillo de prácticas de la asignatura.

2.5. Procesamiento de la información visual

Una vez en la corteza, el procesamiento no ha hecho más que comenzar. A partir de aquí, la información es distribuida hacia la corteza visual secundaria y, después, hacia el resto de cortezas asociativas, diferenciándose dos vías principales, dorsal y ventral, que cumplen funciones distintas pero complementarias (Carlson & Birkett, 2021).

Por un lado, tendríamos la **vía dorsal (el "dónde")**, que se proyecta hacia la corteza **parietal posterior** y está especializada en la localización espacial y el análisis del movimiento. Esta vía es esencial para la navegación y la coordinación visomotora, permitiéndonos interactuar con los objetos de nuestro entorno, estimar distancias y reaccionar ante estímulos en movimiento. Por ejemplo, cuando atrapamos una pelota en el aire, es la vía dorsal la que calcula su trayectoria y nos permite coordinar los movimientos de la mano para interceptarla.

Por otro lado, estaría la **vía ventral (el "qué")**, que se dirige hacia la corteza **inferotemporal** y está dedicada al reconocimiento de objetos, rostros y detalles visuales complejos. Gracias a esta vía, podemos diferenciar un rostro familiar de uno desconocido, reconocer letras al leer y distinguir entre objetos similares basándonos en sus características visuales.

Como explican Carlson & Birkett (2021), dentro de estas vías, además, existen áreas especializadas en el procesamiento de distintos aspectos de la imagen. Algunos ejemplos son: el **área fusiforme**, implicada en el reconocimiento de rostros; el **área V5/MT**, especializada en el análisis del movimiento; o el **área V4**, relacionada con la percepción del color y la forma.

En resumen, el proceso visual es una interacción constante entre estas vías y otras áreas cerebrales que permiten dar sentido a lo que vemos. Sin esta compleja red de procesamiento, la imagen que llega a nuestros ojos no sería más que una proyección bidimensional sin sentido. La integración de la información visual en la corteza nos permite interpretar el mundo, reaccionar ante él y dotar de significado a lo que percibimos a diario.

2.6. Algunos trastornos visuales

Como hemos visto, el sistema visual es un mecanismo complejo en el que diversas estructuras trabajan en conjunto para captar y procesar la luz. Si alguna de estas partes falla— ya sea en la retina, las vías ópticas o la corteza visual—pueden surgir distintos trastornos que afectan a la percepción. Estos problemas pueden manifestarse como la pérdida de visión en ciertas áreas del campo visual o dificultades para reconocer e interpretar aspectos específicos, como rostros, movimientos o colores. A continuación, se presentan algunas de las alteraciones más relevantes del sistema visual (para más información, consultar Carlson & Birkett, 2021):

- **Anopsias, hemianopsias y cuadrantanopsias**: pérdidas parciales o totales de la visión en un campo visual específico debido a daños en las vías ópticas.
- **Ceguera cortical**: daño en la corteza visual primaria que impide la percepción consciente de estímulos visuales.
- **Agnosias visuales**: incapacidad para reconocer objetos a pesar de una visión intacta.

    - **Prosopagnosia**: dificultad para reconocer rostros.
    - **Simultagnosia**: dificultad para percibir múltiples elementos visuales a la vez.
    - **Acinetopsia**: incapacidad para percibir el movimiento.
    - **Acromatopsia**: pérdida total de la percepción del color.
    - **Alexia pura**: incapacidad para leer sin afectar la escritura.

3. AUDICIÓN

3.1. El estímulo: El sonido

El sonido es el resultado de la vibración de un objeto, que genera ondas mecánicas que se propagan a través de un medio como el aire, el agua o un sólido. Cuando estas ondas alcanzan nuestro sistema auditivo son convertidas en señales eléctricas que el cerebro interpreta como sonidos (Carlson & Birkett, 2021).

El sonido se describe mediante tres dimensiones físicas fundamentales. La **frecuencia** que se corresponde a nivel perceptivo con el tono del sonido, si es agudo o grave. Se mide en hercios (Hz), indicando el número de ciclos de vibración por segundo. Los humanos podemos percibir frecuencias entre aproximadamente 20 Hz y 20.000 Hz. A medida que envejecemos, esta capacidad disminuye, sobre todo en frecuencias altas. La **amplitud**, por su parte, está relacionada con la intensidad del sonido, que a nivel perceptivo se corresponde con el volumen. Se mide en decibelios (dB) y cuanto mayor sea la amplitud de la onda, más fuerte percibimos el sonido. Una exposición prolongada a sonidos de más de 85 dB puede causar daños auditivos. Por último, la forma o pureza de la onda que a nivel perceptivo se corresponde con el **timbre,** permite diferenciar entre distintos sonidos con la misma frecuencia e intensidad, como la diferencia entre una voz humana y un instrumento musical. El timbre depende de la combinación de frecuencias secundarias que acompañan al tono fundamental y de las características del emisor del sonido.

El sonido viaja a través del aire en forma de ondas de presión que alternan regiones de compresión y rarefacción. Estas ondas alcanzan el oído y desencadenan una serie de procesos mecánicos, químicos y eléctricos que nos permiten percibir la información auditiva con gran precisión.

3.2. Anatomía del sistema auditivo

El oído humano se divide en tres partes principales, cada una con funciones específicas en la captación y transmisión del sonido:

- **Oído externo**: Compuesto por el pabellón auricular y el conducto auditivo externo, su función es recoger y amplificar las ondas sonoras, dirigiéndolas hacia el tímpano. Su forma ayuda a captar mejor ciertos sonidos y facilita la localización de la fuente sonora (Kandel et al., 2021).
- **Oído medio**: Contiene la cadena de huesecillos (martillo, yunque y estribo), los huesos más pequeños del cuerpo humano, que amplifican las vibraciones y las transmiten a la ventana oval. Además, la trompa de Eustaquio regula la presión entre el oído medio y el ambiente externo (Carlson & Birkett, 2021).
- **Oído interno**: Incluye la cóclea, una estructura en espiral llena de líquido de unos 35 mm de longitud. La cóclea se divide longitudinalmente en tres rampas: la rampa superior o vestibular, la rampa media o coclear (que contiene el órgano de Corti, con los receptores auditivos) y la rampa inferior o timpánica. Las rampas superior e inferior se comunican a través del helicotrema. La onda viaja a lo largo de la membrana basilar situada en la rampa media, conectando con las otras rampas a través del helicotrema para frecuencias bajas.

El tímpano vibra al recibir las ondas sonoras y transmite estas vibraciones a los huesecillos del oído medio. El martillo golpea el yunque, el cual, a su vez, empuja el estribo. Este último actúa sobre la ventana oval, generando una onda en el líquido del oído interno que inicia el proceso de la transducción auditiva.

3.3. Transducción del sonido

La cóclea es la estructura clave en la conversión de las vibraciones mecánicas en señales eléctricas. Su forma en espiral no es casual; esta disposición permite un análisis eficiente de las frecuencias sonoras a lo largo de su recorrido. En el interior de la rampa media (o coclear) se ubica el **órgano de Corti**, una estructura especializada donde se alojan las células ciliadas, que se consideran los receptores auditivos fundamentales.

Las vibraciones en el líquido de la cóclea provocan el movimiento de la **membrana basilar** (separa la rampa media de la inferior), que oscila en respuesta a las ondas sonoras y provoca que los cilios de las células ciliadas se doblen. El desplazamiento de la membrana basilar genera a su vez una interacción con la **membrana tectorial (ubicada en el interior de la rampa media)**, que también provoca que los cilios de las células ciliadas que están en contacto con la tectorial se doblen. Este movimiento mecánico abre canales iónicos específicos, permitiendo la entrada de potasio (K+), lo que despolariza la célula y genera potenciales eléctricos (Kandel et al., 2021). En este punto, la información sonora ha sido transformada de una vibración física a una señal electroquímica que el cerebro puede interpretar (transducción).

La ubicación específica de la vibración en la membrana basilar determina la frecuencia del sonido percibido. Las frecuencias altas excitan la base de la cóclea, mientras que las frecuencias bajas afectan principalmente el ápice (hacia el helicotrema). Esta organización tonotópica se mantiene a lo largo de toda la vía auditiva hasta la corteza cerebral.

Existen dos tipos de células ciliadas, cada una con funciones especializadas:

- **Internas**: Son las principales responsables de la conversión del sonido en señales neuronales. Captan las vibraciones y las traducen en impulsos eléctricos que viajan hacia el cerebro.
- **Externas**: Actúan como amplificadores, ajustando la sensibilidad de la membrana basilar. Esta acción permite aumentar la respuesta a sonidos débiles y afinar la discriminación auditiva, mejorando la percepción del habla y la música especialmente en entornos ruidosos.

Cuando las células ciliadas se activan, la señal se transmite a las fibras del nervio auditivo, que la llevan hasta el tronco encefálico. Desde allí, la información pasará por diversas estaciones de procesamiento antes de llegar a la corteza auditiva, donde se interpretará el significado del sonido. Este complejo proceso nos permite diferenciar palabras en una conversación, identificar una melodía e incluso localizar la fuente de un ruido en nuestro entorno.

3.4. Vías auditivas

La información auditiva viaja desde la cóclea hasta la corteza auditiva siguiendo una ruta compleja con múltiples estaciones de procesamiento. A lo largo de este trayecto, el sonido es analizado y refinado, permitiendo no solo la percepción de su tono e intensidad, sino también su localización espacial y su integración con otros estímulos sensoriales. A continuación, se detallan las principales estaciones por las que pasará la información en esta vía auditiva primaria, para más información se recomienda consultar los manuales Carlson & Birkett (2021) y Kandel et al. (2021).

1. **Nervio auditivo (vestibulococlear)**: transporta la señal desde las células ciliadas hacia el tronco encefálico. Cada fibra (axón) del nervio auditivo mantiene la organización tonotópica de la cóclea, es decir, la distribución de las frecuencias altas y bajas a lo largo de su trayecto.
2. **Núcleos cocleares (tronco del encéfalo)**: primera estación de procesamiento de la señal auditiva, donde se inicia la diferenciación de frecuencias. Aquí, algunas señales son moduladas y otras se transmiten directamente a niveles superiores, asegurando que ciertos aspectos del sonido sean procesados con rapidez.
3. **Complejo olivar superior**: esta estructura desempeña un papel crucial en la localización del sonido. Gracias a la comparación entre los tiempos de llegada y la intensidad de las señales en ambos oídos, el cerebro es capaz de determinar con precisión la dirección de la fuente sonora. Este mecanismo es vital para la orientación espacial y la capacidad de centrarnos en estímulos auditivos relevantes en entornos ruidosos, como una conversación en una cafetería.
4. **Lemnisco lateral**: vía que conduce la información auditiva desde el tronco encefálico hasta estructuras superiores. Durante este recorrido, la señal sigue refinándose, integrando aspectos como el timbre y la duración del sonido.

5. **Colículo inferior**: ubicado en el mesencéfalo, participa en la detección de cambios en el entorno sonoro. Es una estación clave en la reacción refleja a estímulos auditivos repentinos, como cuando giramos la cabeza automáticamente al escuchar un ruido fuerte inesperado.

6. **Núcleo geniculado medial (tálamo)**: última estación subcortical antes de la corteza auditiva, donde la señal es refinada antes de su percepción consciente. Este núcleo desempeña un papel en la integración multisensorial, facilitando la conexión entre el sonido y otros estímulos, como la visión o el tacto.

7. **Corteza auditiva primaria (lóbulo temporal)**: situada en la parte superior del lóbulo temporal, la corteza auditiva primaria organiza la información de manera tonotópica, es decir, asignando distintas regiones para frecuencias específicas. Aquí, los sonidos comienzan a adquirir significado y se preparan para su procesamiento en áreas más especializadas.

Desde la corteza auditiva primaria, y al igual que ocurría con la visión, la información auditiva se distribuye hacia la corteza auditiva secundaria y, desde ahí, hacia las cortezas de asociación, dividiéndose en dos grandes vías (Hickok & Poeppel, 2007). Por un lado, la **vía ventral (qué)** se encarga de identificar el sonido y reconocer sus características, diferenciando por ejemplo si se trata de una voz humana, el tono de un instrumento musical o el ruido de un motor. Por otro, la **vía dorsal (dónde)** procesa la localización espacial del sonido y su relación con el entorno. Esta vía también es clave en la integración de la audición con el control motor, ayudándonos a reaccionar adecuadamente a los estímulos auditivos. Esta organización jerárquica y paralela de la vía auditiva permite una percepción detallada del sonido, asegurando que podamos no solo escuchar, sino comprender e interpretar los sonidos de nuestro entorno de manera eficaz.

3.5. Algunos trastornos auditivos

Algunas alteraciones en las estructuras auditivas pueden generar déficits en la percepción del sonido. Entre los principales trastornos encontramos:

- **Sordera neurosensorial**: pérdida auditiva debido a daños en la cóclea o en el nervio auditivo.
- **Agnosia auditiva**: incapacidad para reconocer sonidos a pesar de una audición intacta.
- **Sordera verbal pura**: dificultad para comprender el lenguaje hablado.
- **Amusia**: alteración en la percepción de la música, afectando al reconocimiento de melodías y ritmos.
- **Tinnitus**: percepción de sonidos inexistentes, como zumbidos o pitidos, causado por daño en el sistema auditivo.

4. SENTIDOS QUÍMICOS: OLFATO Y GUSTO

Los sentidos del olfato y el gusto forman parte de los llamados sentidos químicos, ya que sus receptores responden a estímulos de naturaleza química, a diferencia de lo que ocurre en la visión o audición donde los receptores responden a ondas o presiones mecánicas. Ambos sentidos desempeñan un papel fundamental en la supervivencia, ya que permiten detectar sustancias potencialmente peligrosas o beneficiosas para el organismo.

A diferencia de otros sistemas sensoriales, el olfato y el gusto están fuertemente conectados con regiones primitivas del cerebro, especialmente el sistema límbico (Herz, 2016). Esta conexión otorga a estos sentidos un vínculo directo con la memoria, las emociones y los procesos instintivos, como la aversión o el placer por ciertos olores y sabores. Además, a través de estas vías, se pueden generar respuestas rápidas y automáticas, como el rechazo de un alimento en mal estado o la activación de reflejos protectores como el vómito.

4.1. El olfato

El estímulo: Odorantes

El estímulo adecuado para el olfato son sustancias químicas llamadas odorantes. Para que sean detectadas por nuestros receptores olfativos, estas sustancias deben ser **volátiles**, es decir, deben poder dispersarse en el aire; y **liposolubles**, deben poder disolverse en la mucosa olfatoria para interactuar con los receptores olfativos (Kandel et al., 2021). Además, los odorantes pueden ser de origen orgánico o inorgánico, y su detección nos ayuda a identificar alimentos en mal estado, reconocer peligros ambientales o activar respuestas emocionales y de memoria.

Anatomía del sistema olfativo

El sistema olfativo se encuentra en la cavidad nasal y está compuesto por diversas estructuras que trabajan en conjunto para la detección y procesamiento de los olores (Kandel et al., 2021):

- **Epitelio olfatorio**: contiene los receptores olfativos (neuronas cuyos axones forman el nervio olfatorio) y se encuentra en la parte superior de la cavidad nasal, justo debajo del bulbo olfatorio. Su estructura está compuesta por células receptoras olfatorias, células de soporte y células basales, que permiten la regeneración de los receptores olfativos.
- **Mucosa olfatoria**: cubre el epitelio y facilita la disolución de las moléculas odorantes en el moco, permitiendo su interacción con los receptores olfativos. También actúa como barrera protectora frente a sustancias nocivas.
- **Lámina cribosa**: estructura ósea perforada del hueso etmoides que permite el paso de los axones de las neuronas olfatorias hacia el sistema nervioso central (SNC), asegurando la conexión entre la cavidad nasal y el bulbo olfatorio.
- **Bulbo olfatorio**: primera estación de procesamiento de la información olfativa, donde los axones de las neuronas olfativas hacen sinapsis con las **células mitrales** en estructuras llamadas **glomérulos**. Esta organización permite una primera etapa de integración y refinamiento de la señal olfativa antes de ser enviada a otras áreas del cerebro para su procesamiento más complejo.

Transducción y vías olfativas

El proceso de transducción comienza cuando una molécula odorante se une a un receptor específico en los **cilios de las neuronas olfativas**. Esto activa una cascada de señales dentro de la célula, como describe Firestein (2001):

1. La unión de la molécula al receptor activa una **proteína G**, desencadenando una serie de reacciones intracelulares.

2. Esto provoca la producción de **AMPc**, que actúa como segundo mensajero, amplificando la señal.
3. El AMPc abre canales de sodio (Na+) y calcio (Ca2+), lo que genera una despolarización en la célula y la emisión de un potencial de acción.

Las señales viajan a través de los axones de las neuronas olfativas, que atraviesan la lámina cribosa y hacen sinapsis en los **glomérulos del bulbo olfatorio**. Allí, múltiples receptores que responden a un mismo tipo de odorante convergen en un mismo glomérulo, na estructura en forma de maraña globular donde convergen axones de neuronas receptoras que detectan el mismo odorante, facilitando la sinapsis con células mitrales y permitiendo la integración inicial de la señal olfativa, lo que permite un primer nivel de integración de la señal olfativa. Como puede consultarse en el cuadernillo de prácticas, desde el bulbo olfatorio, la información sigue varias rutas en paralelo que implica a diferentes estructuras cerebrales:

- **Amígdala**: relacionada con las respuestas emocionales y aversivas a los olores, influyendo en la memoria olfativa.
- **Hipotálamo**: relacionado con respuestas instintivas y hormonales, como por ejemplo la regulación del apetito.
- **Corteza entorrinal y piriforme**: son consideradas parte de la corteza olfativa primaria, donde se inicia la percepción consciente del olor.
- **tálamo**, punto de integración donde la señal olfativa puede modularse antes de su procesamiento
- **Corteza orbitofrontal**. En esta corteza, considerada el área de asociación olfativa, los olores se integran con otras modalidades sensoriales, en especial con la percepción gustativa, permitiendo la construcción del concepto de "sabor" y la toma de decisiones sobre los estímulos olfativos.

Algunos trastornos del olfato

Algunos de los trastornos más comunes incluirían la **anosmia** o pérdida total del sentido del olfato, que puede ser causada por infecciones, traumatismos craneoencefálicos o enfermedades neurodegenerativas; la **hiposmia**, o reducción parcial de la capacidad olfativa; y la **fantosmia**, o percepción de olores inexistentes.

4.2. El gusto

El estímulo: Sustancias químicas

Para que un alimento pueda ser percibido por nuestro sentido del gusto, sus componentes químicos deben disolverse primero en la saliva. Solo así pueden interactuar con los receptores gustativos situados en las células especializadas de la lengua y otras partes de la cavidad oral. Tradicionalmente, se han identificado cinco sabores básicos: el dulce, asociado con alimentos ricos en energía como los azúcares y los carbohidratos; el salado, esencial para regular el equilibrio de sodio en el cuerpo y garantizar el funcionamiento de los procesos fisiológicos; el ácido, que actúa como una señal de advertencia ante alimentos en descomposición o con alta acidez natural; el amargo, que a menudo nos protege de sustancias potencialmente tóxicas al generar una respuesta de rechazo instintivo; y el umami, un sabor vinculado a la presencia de proteínas, especialmente a través del glutamato, y que juega un papel clave en la percepción de alimentos ricos en aminoácidos esenciales. Sin embargo, la investigación plantea la inclusión de un sexto sabor: el graso (Keast & Constanzo, 2015). Se ha descubierto que ciertos receptores en la lengua pueden detectar la presencia de lípidos, lo que sugiere que nuestra percepción del sabor también está adaptada para identificar y procesar grasas, un macronutriente esencial para el organismo.

Anatomía del sistema gustativo

El gusto se percibe a través de células especializadas ubicadas en la cavidad bucofaríngea: paladar, faringe, epiglotis y lengua. Centrándonos en la lengua, ésta no se trata de un órgano homogéneo en su percepción del sabor, sino que contiene diferentes tipos de **papilas gustativas**, estructuras en la superficie lingual que albergan los botones gustativos. Estas papilas no solo detectan el gusto, sino que también contribuyen a detectar la textura de los alimentos y a la percepción de la temperatura, lo que influye en nuestra experiencia general del sabor (Carlson & Birkett, 2021).

Cada papila gustativa está formada por múltiples **botones gustativos**, pequeñas estructuras en forma de cápsula que contienen entre 2 y 12 células receptoras especializadas. Estos botones gustativos se encuentran no solo en la lengua, sino también en otras áreas de la boca, como el paladar blando y la parte superior de la garganta. Son responsables de detectar los diferentes sabores y enviar la información a través de los nervios craneales hacia el cerebro.

Las **células gustativas** son células sensoriales especializadas en la detección de los estímulos químicos del gusto (Carlson & Birkett, 2021). Poseen cilios que se proyectan hacia la superficie del botón gustativo a través de pequeños poros gustativos, lo que les permite interactuar con las moléculas de los alimentos. Dependiendo del tipo de receptor presente en la célula gustativa, responderán a estímulos específicos como el dulce, el salado, el ácido, el amargo o el umami. Una vez captada la señal, estas células transmiten la información al cerebro mediante una red compleja de conexiones neuronales que permiten interpretar y diferenciar los sabores percibidos.

Transducción y vías gustativas

Las moléculas de los alimentos interactúan con los receptores en los **cilios de las células gustativas**, lo que inicia la transducción sensorial. Dependiendo del tipo de sabor, el proceso de transducción puede involucrar la activación de canales iónicos o receptores acoplados a proteínas G (Firestein, 2001).

Como puede consultarse en el cuadernillo de prácticas, las señales del gusto son transportadas al cerebro a través de tres nervios craneales: el **nervio facial (VII)**, que Inerva los dos tercios anteriores de la lengua; el **nervio glosofaríngeo (IX)**, que transporta la información del tercio posterior de la lengua; y el **nervio vago (X)** que lleva información de la faringe y otras regiones de la boca (Carlson & Birkett, 2021).

Estas fibras convergen en el **núcleo del tracto solitario** en el tronco encefálico y luego, tras ascender por el lemnisco medial, la señal viaja hacia:

• El **tálamo**, donde se llevará a cabo un procesamiento sensorial general. A partir de aquí, llegará a la **corteza gustativa primaria**, ubicada en la ínsula y la corteza somatosensorial y, al igual que en el olfato, la última parada será la **corteza órbito-frontal**, donde se integra la información gustativa y olfativa para generar la percepción del sabor.

- En paralelo, la información podría llegar al **hipotálamo**, responsable de la regulación de la ingesta.
- Además, también en paralelo, la información alcanzaría la **amígdala** (Herz, 2016), encargándose de alertar de los posibles efectos aversivos del gusto, como en el caso de la comida en mal estado.

Algunos trastornos del gusto

Entre las alteraciones gustativas más comunes encontraríamos la **ageusia** o pérdida total del sentido del gusto, aunque poco frecuente. La **hipogeusia**, o disminución de la capacidad gustativa; y la **disgeusia** o percepción anormal de los sabores, como un sabor metálico persistente.

5. SOMESTESIA

5.1. Introducción

La somestesia es el conjunto de sensaciones corporales que nos permiten percibir estímulos externos e internos, aportando información esencial para la interacción con nuestro entorno y la regulación de nuestras funciones corporales. A diferencia de otros sentidos específicos, la somestesia involucra múltiples sistemas sensoriales distribuidos en todo el cuerpo y no se limita a un órgano sensorial particular. Se clasifica en tres grandes sistemas (Purves et al., 2018):

- **Sistema exteroceptivo (sensibilidad cutánea):** capta información de la piel y es responsable del tacto, la temperatura y el dolor.
- **Sistema propioceptivo (sensibilidad cinestésica):** informa sobre la posición y el movimiento del cuerpo a través de receptores en músculos, tendones y articulaciones.
- **Sistema interoceptivo (sensibilidad orgánica profunda):** recoge información sobre el estado de los órganos internos y contribuye a la regulación de funciones viscerales.

De estos tres sistemas, nos centraremos en la sensibilidad cutánea.

5.2. Sensibilidad cutánea

Los estímulos: Tacto, temperatura y dolor

La sensibilidad cutánea permite detectar diferentes tipos de estímulos:

- **Tacto:** detectado mediante presión y vibración en la piel.
- **Temperatura:** sensación de frío y calor, regulada por receptores específicos.
- **Dolor:** percepción de estímulos nocivos que pueden generar daño tisular.

Cada tipo de estímulo es procesado por receptores especializados en la piel que convierten la información física en señales neuronales.

Receptores cutáneos

Existen diferentes tipos de receptores encargados de detectar estos estímulos:

- **Mecanorreceptores:** Detectan la presión y la vibración.
  - ○ **Corpúsculos de Pacini:** sensibles a vibraciones rápidas.
  - ○ **Corpúsculos de Meissner:** detectan vibraciones de baja frecuencia.
  - ○ **Corpúsculos de Ruffini y células de Merkel:** sensibles a la presión sostenida.
- **Termorreceptores:** detectan cambios de temperatura.
  - ○ **Receptores de frío:** ubicados superficialmente en la piel.
  - ○ **Receptores de calor:** ubicados en capas más profundas de la piel.
- **Nociceptores:** terminaciones nerviosas libres, responsables de la detección del dolor. Son sensibles a estímulos mecánicos intensos, temperaturas extremas y sustancias químicas liberadas durante el daño tisular.

Aunque ciertos receptores están especializados en un tipo específico de estímulo, pueden clasificarse según su respuesta en receptores de adaptación rápida y lenta. Los de adaptación rápida responden intensamente al inicio del estímulo, pero disminuyen su actividad si este se mantiene constante; mientras que los de adaptación lenta continúan emitiendo señales mientras persiste la estimulación. Gracias a esta diversidad, el sistema sensorial discrimina la aparición de nuevos estímulos y detecta la presencia prolongada de condiciones potencialmente dañinas. Además, en situaciones de estimulación excesiva, como una temperatura extremadamente alta o baja, estos mecanismos pueden activar la percepción del dolor, actuando como señal de advertencia para el organismo.

5.3. Vías somestésicas

La información somestésica se transmite al SNC a través de dos grandes vías: la vía lemniscal y la vía anterolateral (Purves et al., 2018).

La **vía lemniscal** es responsable de la conducción rápida de la información táctil y propioceptiva.

1. Los estímulos son captados por los mecanorreceptores y transportados por los nervios periféricos hasta la **médula espinal**, ingresando por la **raíz dorsal**.
2. La información asciende, sinaptando en los **núcleos de la columna dorsal** (núcleos de Goll y Burdach) en el **bulbo raquídeo**.
3. Luego, las fibras cruzan al lado contrario del cuerpo y ascienden a través del **lemnisco medial** hasta el **tálamo** (núcleo ventral posterior).
4. Finalmente, el tálamo retransmite la información a la **corteza somatosensorial primaria** en el lóbulo parietal.

Por su parte, la vía **anterolateral** transporta información más lenta, pero esencial para la detección de estímulos nocivos y relacionados con la temperatura.

1. La señal entra también por la **raíz dorsal** de la médula espinal y sinapta en el asta posterior.
2. Desde allí, las fibras cruzan al lado opuesto de la médula y ascienden a través de tres rutas:
   - ○ **Espinotalámica:** conduce información al **tálamo** para su procesamiento consciente.
   - ○ **Espinorreticular:** participa en respuestas automáticas al dolor.

○ **Espinotectal:** contribuye a la localización de estímulos dolorosos.
3. Finalmente, desde cualquiera de esas rutas, la información es procesada en el **tálamo** y enviada a la **corteza somatosensorial primaria**.

Estas dos vías permiten que nuestro cerebro construya una representación detallada de los estímulos externos e internos, ayudándonos a reaccionar de manera adecuada ante diferentes condiciones.

Representación cortical y el homúnculo sensorial

La información somestésica se organiza en la corteza somatosensorial primaria, ubicada en la circunvolución postcentral del lóbulo parietal. Esta área sigue un mapa **somatotópico**, lo que significa que diferentes regiones de la corteza corresponden a distintas partes del cuerpo. De aquí deriva el concepto del **homúnculo sensorial** (Kandel et al., 2021), una representación visual de este mapa cortical. Partes del cuerpo con mayor densidad de receptores, como los labios y las manos, ocupan un área más grande en la corteza somatosensorial, reflejando su mayor sensibilidad.

5.4. Algunos trastornos somestésicos

Los daños en las vías somestésicas pueden provocar diversos trastornos sensoriales que afectan la capacidad de percibir y procesar estímulos táctiles y propioceptivos (Purves et al., 2018). La **estereognosia** se refiere a la dificultad para reconocer objetos a través del tacto sin la ayuda de la vista, lo que impide identificar su forma o textura. La **agnosia táctil** es la incapacidad para interpretar estímulos táctiles, aunque la sensibilidad básica esté preservada. Dentro de las **somatoagnosias** se encuentran alteraciones como la **autotopagnosia**, que dificulta la localización de partes del propio cuerpo, y la **agnosia digital**, que impide reconocer los dedos de la mano de manera individual. También se pueden presentar problemas como la **desorientación derecha-izquierda**, que afecta la capacidad para diferenciar ambos lados del cuerpo, lo que repercute en la coordinación y la orientación espacial.

6. SISTEMA VESTIBULAR

6.1. Introducción

El sistema vestibular es el encargado de la percepción del equilibrio y la orientación espacial. Está estrechamente relacionado con la **propiocepción** (mencionada antes en el apartado referente a somestesia), ya que nos permite conocer la posición de la cabeza en relación con el cuerpo y el entorno. Su función es crucial para mantener la estabilidad postural, coordinar los movimientos oculares durante los desplazamientos y ajustar la postura para evitar caídas. Se encuentra ubicado en el oído interno, junto a la cóclea, y está compuesto por dos tipos principales de estructuras receptoras: los **canales semicirculares**, responsables de detectar aceleraciones angulares, y los **sacos vestibulares** (utrículo y sáculo), encargados de detectar aceleraciones lineales y la orientación de la cabeza en el espacio (Goldberg et al., 2012).

6.2. Estructuras del sistema vestibular

Los **canales semicirculares** son tres conductos llenos de **endolinfa**, dispuestos en ángulos perpendiculares entre sí, lo que permite detectar el movimiento en los tres planos del espacio. En la base de cada canal se encuentra una estructura llamada **ampolla**, donde están las células ciliadas, los receptores sensoriales del sistema vestibular. Cuando la cabeza gira, la endolinfa dentro de los canales se desplaza en dirección opuesta al movimiento debido a la inercia, lo que provoca la flexión de los cilios de las células receptoras. Esta deformación genera señales neuronales que informan al cerebro sobre la dirección y velocidad del giro de la cabeza (Purves et al., 2018).

Por su parte, los **sacos vestibulares** (utrículo y sáculo) contienen una estructura llamada **mácula**, donde se alojan las células ciliadas cubiertas por una membrana otolítica. Esta membrana está compuesta por **otoconias**, pequeños cristales que le otorgan peso y hacen que se desplace ante cambios en la aceleración lineal o en la inclinación de la cabeza. Cuando la cabeza se mueve hacia adelante o cambia su orientación con respecto a la gravedad, la membrana otolítica se desplaza y estimula las células ciliadas, lo que permite detectar la posición de la cabeza y las aceleraciones lineales (Purves et al., 2018).

6.3. Vías vestibulares

La información generada por estos receptores viaja a través del **nervio vestibular**, que forma parte del nervio **vestibulococlear (VIII par craneal)**, el mismo que transportaba la información auditiva desde la cóclea. La mayoría de axones del nervio vestibular hacen sinapsis en el núcleo vestibular del bulbo, aunque algunos axones van directamente al cerebelo. Desde el núcleo vestibular del bulbo parten tres vías principales (Kandel et al., 2021; Carlson & Birkett, 2021):

- **Vía vestíbulo-cerebelosa**: envía información al cerebelo para coordinar el equilibrio y ajustar la postura.
- **Vía vestíbulo-espinal**: conecta con la médula espinal para regular la tonicidad muscular y los reflejos posturales.
- **Fascículo longitudinal medial**: se dirige a los núcleos motores oculares en el tronco encefálico, permitiendo la estabilización de la mirada mediante el reflejo vestíbulo-ocular.

6.4. Integración sensorial

El sistema vestibular permite integrar la información sobre el movimiento y la posición de la cabeza con otras modalidades sensoriales, garantizando una percepción estable del entorno y una adecuada respuesta motora a los cambios de posición y aceleración. Gracias a sus conexiones con el cerebelo, la médula espinal y los núcleos oculomotores, desempeña un papel clave en la locomoción, el control postural y la coordinación de los movimientos oculares (Kandel et al., 2021).

7. ATENCIÓN

¿Es posible percibir sin atención?

Para comprender la relación entre atención y percepción, es necesario preguntarse si es posible percibir sin atención. La respuesta a esta cuestión depende de cómo conceptualicemos la atención. Si la entendemos como un proceso consciente de selección y focalización, entonces sí es posible percibir sin atender, pues procesamos información sensorial de manera inconsciente o subliminal. Un ejemplo de ello es la sensación de seguridad en un entorno familiar, donde nuestro cerebro detecta la ausencia de amenazas sin necesidad de una vigilancia activa. Sin embargo, si ampliamos la definición de atención para incluir procesos más básicos, como el arousal o estado de alerta, entonces la percepción requiere atención (Petersen & Posner, 2012). En este sentido, la falta total de atención equivaldría a estar inconsciente, en coma o dormido, condiciones en las que la percepción se interrumpe.

Niveles jerárquicos de la atención

La atención no es un fenómeno unitario, sino que opera de manera jerárquica, desde los niveles más básicos de activación cerebral hasta los mecanismos de control ejecutivo más sofisticados.

El nivel más fundamental de la atención es la **alerta tónica**, un estado basal de activación del SNC que permite la receptividad a los estímulos. Este estado es regulado por la **formación reticular** del tronco encefálico, en particular por el **sistema activador reticular ascendente (SARA)**, que proyecta señales de excitación a toda la corteza cerebral para mantener la vigilia y la predisposición a procesar estímulos (Petersen & Posner, 2012).

Un nivel más elevado es la **alerta fásica** (Petersen & Posner, 2012) que se activa ante la aparición de un estímulo relevante. Esta fase implica un aumento transitorio del arousal para mejorar la capacidad de respuesta. Además de la formación reticular, el **tálamo** juega un papel clave en este nivel, ya que actúa como un filtro que modula la intensidad de los estímulos y facilita su transmisión a la corteza cerebral.

Esta alerta fásica, además, suele venir acompañada de una **respuesta de orientación**, un mecanismo reflejo mediante el cual dirigimos la atención hacia estímulos relevantes en nuestro entorno. Este proceso involucra al **sistema límbico**, especialmente la **amígdala**, que evalúa la relevancia emocional del estímulo, y al **lóbulo parietal**, que permite la localización espacial del mismo. La activación de estas estructuras puede provocar respuestas automáticas, como movimientos oculares y corporales dirigidos al estímulo, incluso sin un control consciente. En casos extremos, este mecanismo puede generar un **efecto túnel**, donde la atención queda completamente centrada en un único estímulo.

Y en la cúspide de la jerarquía atencional, se encuentra el **control ejecutivo**, que permite regular y dirigir la atención de forma consciente y voluntaria. Este nivel depende principalmente de la **corteza prefrontal**, la cual desempeña un papel clave en la inhibición de distractores, la planificación de tareas y el mantenimiento del foco atencional. Dentro del control ejecutivo se distinguen diferentes tipos de atención:

- **Atención selectiva**: Capacidad de centrar la atención en un estímulo relevante mientras se ignoran otros.
- **Atención sostenida**: Mantenimiento del foco atencional durante periodos prolongados.
- **Atención dividida**: Habilidad para atender a múltiples estímulos simultáneamente.
- **Atención alternante**: Cambio flexible del foco atencional entre distintas tareas o estímulos.

8. CONCLUSIONES

Las modalidades sensoriales —visión, audición, olfato y gusto, somestesia y sistema vestibular— proporcionan la base de la percepción y la interacción con el entorno. En el sistema nervioso, cada modalidad transmite su información desde receptores especializados hacia áreas corticales y subcorticales donde se realiza la integración multisensorial, permitiendo una experiencia coherente del mundo y una adecuada orientación conductual. La atención y la percepción están profundamente interconectadas, formando un sistema dinámico que nos permite procesar el mundo de manera eficiente. Desde los niveles más básicos de alerta hasta los procesos atencionales de alto nivel, nuestro cerebro regula la información sensorial para garantizar una respuesta adaptativa a los estímulos del entorno. Gracias a este sistema, podemos priorizar la información relevante, ignorar distracciones y construir un modelo coherente de la realidad en función de nuestras necesidades y objetivos.

9. BIBLIOGRAFÍA

Barrett, L.F. (2016). The theory of constructed emotion: An active inference account of interoception and categorization. *Social Cognitive and Affective Neuroscience*, 12(1), 1-23. https://doi.org/10.1093/scan/nsw154

Bear, M.F., Connors, B.W., & Paradiso, M.A. (2016). *Neuroscience: Exploring the brain* (4ª ed.). Wolters Kluwer.

Carlson, N.R., & Birkett, M.A. (2021). *Physiology of behavior* (13ª ed.). Pearson.

Eaton, R.C., & Hackett, J.T. (1984). The role of the Mauthner cell in fast-starts involving escape in teleost fishes. En R. C. Eaton (Ed.), *Neural mechanisms of startle behavior* (pp. 213-266). Springer.

Firestein, S. (2001). How the olfactory system makes sense of scents. *Nature, 413*(6852), 211-218.

Goldberg, J.M., Wilson, V.J., Cullen, K.E., Angelaki, D.E., Broussard, D.M., & Minor, L.B. (2012). *The vestibular system: A sixth sense*. Oxford University Press.

Herz, R.S. (2016). The role of odor-evoked memory in psychological and physiological health. *Brain Sciences, 6*(3), 22.

Hickok, G., & Poeppel, D. (2007). The cortical organization of speech processing. *Nature Reviews Neuroscience, 8*(5), 393-402.

Kandel, E.R., Koester, J.D., Mack, S.H., & Siegelbaum, S.A. (2021). *Principles of neural science* (6ª ed.). McGraw-Hill.

Keast, R.S., & Costanzo, A. (2015). Is fat the sixth taste primary? Evidence and implications. *Flavour, 4*, 1-7.

Petersen, S.E., & Posner, M.I. (2012). The attention system of the human brain: 20 years after. *Annual Review of Neuroscience, 35*(1), 73-89.

Purves, D., Cabeza, R., Huettel, S.A., LaBar, K.S., & Woldorff, M.G. (2013). *Principles of cognitive neuroscience*. Sinauer Associates.

Purves, D., Augustine, G.J., Fitzpatrick, D., Hall, W.C., LaMantia, A.S., & White, L.E. (2018). *Neuroscience* (6ª ed.). Sinauer Associates.

Yuste, R. (2024). *El cerebro, el teatro del mundo*. Ediciones Paidós.

Capítulo 2

Bases biológicas del sistema sensitivo-motor

Inés Moragrega Vergara

https://youtu.be/kZdmPYKBhrw

Bases biológicas del sistema sensitivo-motor

1. INTRODUCCIÓN

El sistema motor es un sistema eferente del sistema nervioso central (SNC), entendido éste como el conjunto de neuronas que transmiten información desde el SNC hacia los efectores periféricos, en este caso las fibras musculares, para generar una respuesta motora. El movimiento tiene como objetivo principal relacionarnos con el ambiente y es, por tanto, el *output* principal del cerebro humano. Los movimientos, sean voluntarios o involuntarios, se producen mediante patrones espaciales y temporales de contracciones musculares controladas por circuitos neuronales del cerebro y la médula espinal. Entender el funcionamiento de estos circuitos nos permite comprender tanto el comportamiento típico de la especie a nivel motor como la etiología de diversos trastornos neurológicos.

El objetivo de este tema es estudiar los reflejos elementales controlados por circuitos del tronco del encéfalo y de la médula espinal, y posteriormente abarcar con mayor detenimiento y profundidad cómo el encéfalo realiza la integración sensorio-motora y el control de los movimientos, estudiando la circuitería formada por la corteza cerebral, el cerebelo, y los ganglios basales, y las vías descendentes que conectan áreas superiores con la médula espinal.

Los trastornos del movimiento suelen indicar daños en determinadas regiones del cerebro. Por ejemplo, la esclerosis, la enfermedad de Parkinson y la enfermedad de Huntington son el resultado de cambios patológicos en diversos componentes del sistema motor. Así pues, el conocimiento de los distintos niveles de control motor es esencial para comprender, diagnosticar y tratar estas enfermedades.

2. FUNCIÓN SENSORIOMOTORA

Los cambios o alteraciones en el medio ambiente externo o interno del organismo, captados por los sistemas sensoriales, se integran en el sistema nervioso dando lugar a las órdenes que serán transmitidas a los músculos mediante impulsos nerviosos. A su vez, los músculos transforman esta energía nerviosa en energía mecánica (movimientos), generando una fuerza contráctil.

En el siguiente apartado se abordarán los aspectos fundamentales acerca de la anatomía y funcionamiento del sistema motor. En primer lugar, se describen los tipos de músculos, centrando la exposición en su anatomía y en el proceso de contracción muscular. Se explican conceptos clave como unidad motora y unión neuromuscular y los distintos tipos de receptores musculares.

2.1. Tipos de músculos

Desde el punto de vista histológico y funcional, el cuerpo humano cuenta con tres tipos principales de músculo: esquelético, cardíaco y liso (Carlson & Birkett, 2021).

- **Músculo esquelético**: Está formado por numerosas fibras multinucleadas de contracción voluntaria, controladas por el sistema nervioso somático. Tiene estrías longitudinales y transversales. Su contracción genera el movimiento de los huesos y está unido a ellos mediante un tendón. Los movimientos que producen pueden ser de flexión o extensión. Este músculo resulta esencial para el movimiento voluntario, la postura y el mantenimiento del tono muscular.

• **Músculo cardíaco**: Exclusivo del miocardio, presenta características histológicas similares a la del músculo esquelético y funcionales similares a las del liso. Tiene estrías longitudinales y transversales imperfectas, así como un núcleo central. Su contracción (el latido cardíaco) es involuntaria, rítmica y está regulada por el sistema nervioso autónomo y por células que actúan como marcapasos intracardiacos descargando rítmicamente y por proximidad, en ausencia de inervación

• **Músculo liso**: Las fibras musculares lisas no presentan estriaciones, su control es involuntario, controlado por el sistema nervioso autónomo e indirectamente por el sistema endocrino. Existen dos tipos principales de músculo liso según su organización funcional: a) Multiunitario: las fibras funcionan de manera independiente, cada una con su propia inervación, lo que permite contracciones finas y precisas. Se hallan en grandes arterias, músculos del iris, cuerpo ciliar del ojo y folículos pilosos; b) Monounitario o de una sola unidad: las fibras están conectadas por nexos de unión o hendiduras (gaps) que permiten la transmisión del impulso eléctrico de una célula a otra, basta con estimular algunas para que todo el grupo se active y así actúan como un solo músculo coordinado. Las podemos encontrar en el sistema gastrointestinal, útero, vejiga y pequeños vasos sanguíneos (Kandel et al., 2021).

En el contexto del sistema motor, el músculo esquelético es el principal objeto de estudio dado su papel directo en la ejecución del movimiento voluntario y a continuación se ahonda en su anatomía.

2.2. Anatomía del músculo esquelético

Cada músculo esquelético está constituido por múltiples fascículos, y, a su vez, cada fascículo está constituido por numerosas fibras musculares (miocitos), que en su interior contienen las miofibrillas. Es como un juego de muñecas rusas. Las miofibrillas, estructura funcional básica del músculo, están organizadas en sarcómeros que son unidades repetitivas delimitadas por líneas Z, y compuestas por filamentos superpuestos de proteínas: unos gruesos compuestos de miosina y otros delgados, compuestos de actina. El lugar donde se superponen se observa en el microscopio como unas bandas oscuras o estriaciones, por ello al músculo esquelético se le denomina también *músculo estriado*. Los filamentos de miosina se unen a los de actina mediante puentes de miosina móviles, esto es la porción de la miosina que interactúa con los filamentos de actina, generando la contracción muscular. Este proceso se explicará con mayor detalle más adelante.

La musculatura esquelética contiene dos tipos de fibras musculares diferentes:

1. Fibras extrafusales: Están inervadas por axones de las neuronas motoras alfa (sustancia gris del asta anterior de la médula espinal). Son las unidades contráctiles del músculo y su función es proporcionar la fuerza de la contracción.

2. Fibras intrafusales: Están dispuestas en paralelo con las fibras extrafusales. Las fibras intrafusales forman parte de los husos neuromusculares (agrupaciones de entre 6 y 12 fibras intrafusales) y están inervadas por terminaciones sensoriales y motoneuronas gamma. Estas fibras actúan como órganos sensoriales al detectar cambios en la longitud del músculo, enviando la información al sistema nervioso. Las neuronas motoras gamma ajustan la longitud de las fibras intrafusales para mantenerlas tensas incluso cuando el músculo global se acorta.

Esto asegura que el huso pueda seguir detectando pequeños cambios en la longitud muscular y permite un control fino y continuo del tono muscular y de la postura.

Por su parte, la envoltura muscular está jerárquicamente organizada en tres capas (Figura 1):

- **Epimisio:** Capa externa que recubre todo el músculo. Protege el músculo y lo separa de los tejidos adyacentes; se continúa con el tendón.
- **Perimisio**: Rodea los fascículos. Permite la organización interna del músculo y la distribución de vasos sanguíneos y nervios.
- **Endomisio:** Envuelve cada fibra muscular individual. Proporciona soporte capilar y contribuye a la transmisión de la fuerza entre fibras.

Este diseño facilita tanto la fuerza como la flexibilidad del músculo, permitiendo una transmisión eficiente de la contracción hacia los tendones y, a través de ellos, al hueso (Tortora & Derrickson, 2023).

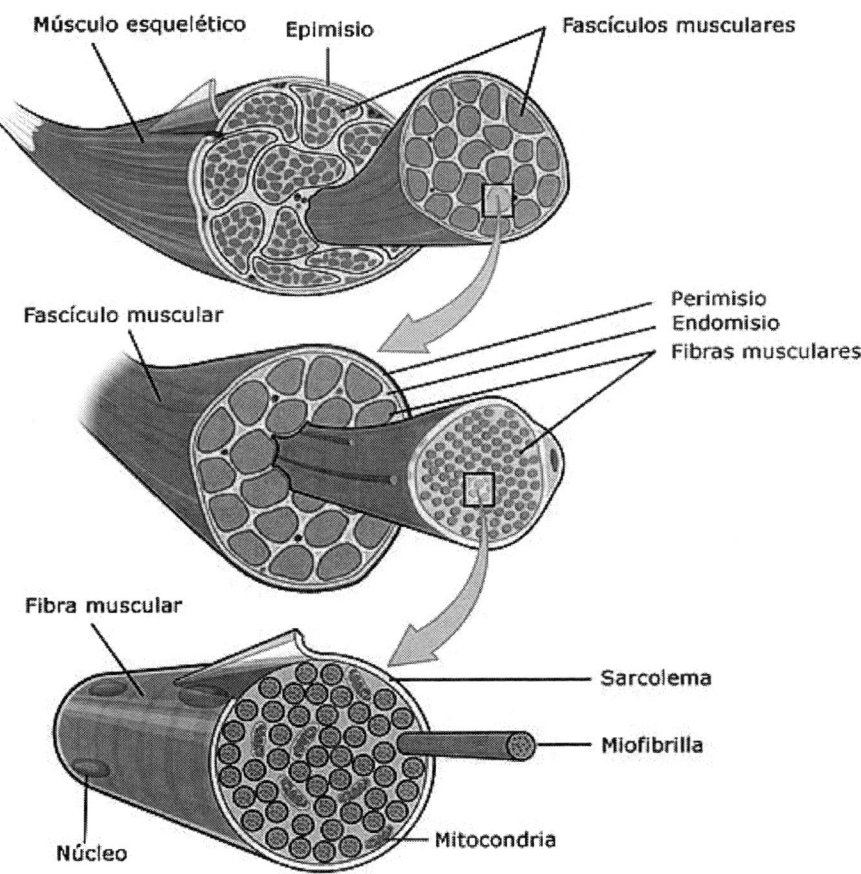

Figura 1: Esquema de la organización de un músculo esquelético en el que se muestran los fascículos y la fibra musculares. Fuente: Wikimedia Commons.

2.3. Unión neuromuscular, placa motora y unidad motora

En este punto se definirán conceptos fundamentales, como unión neuromuscular, placa motora y unidad motora. Así, la **unión neuromuscular** es la sinapsis entre la terminal nerviosa de una neurona eferente motora y la membrana de una fibra muscular. Esta es una sinapsis especializada en la que el proceso presináptico contacta con el músculo por medio de invaginaciones extendidas de la estructura muscular. El neurotransmisor que interviene en dicha sinapsis es la aceticolina (ACh).

Por su parte, el término **placa motora** (terminal), relacionado con la unión neuromuscular, se refiere únicamente a la parte postsináptica de la unión neuromuscular; es, por tanto, la zona especializada de la membrana de la fibra muscular donde se localizan los receptores de ACh.

Por último, el término **unidad motora** es un término usado para describir la unidad funcional más pequeña que puede ser controlada por el sistema nervioso. Es la unidad mínima que puede contraerse y, por tanto, el más pequeño grupo de fibras musculares que puede emplearse para la actividad motora. Está compuesta por un único axón de una motoneurona alfa (eferente) que inerva varias fibras musculares extrafusales (Carlson & Birkett, 2021).

Las unidades motoras varían considerablemente en cuanto al número de fibras musculares que contienen. Cuantas más fibras musculares inerve una sola neurona, menor precisión tendrá el movimiento (por ejemplo, en los músculos de las piernas). En cambio, en músculos finos (como los de los ojos o los dedos), las unidades motoras son pequeñas y permiten movimientos más precisos. Este número se expresa como la "ratio" o "proporción" de inervación y tiene un carácter relativamente fijo para cada músculo. (Pinel & Barnes, 2021).

2.4. Bases físicas de la contracción muscular

Como se ha adelantado, en el interior de cada fibra se encuentran las miofibrillas, compuestas por unidades repetitivas llamadas sarcómeros, delimitadas por las líneas Z (marcan los límites de cada sarcómero). Estas unidades son la base funcional de la contracción. En el sarcómero, los filamentos delgados de actina y los filamentos gruesos de miosina se superponen de forma organizada y forman bandas oscuras o estrías (Bear et al., 2016).

La contracción muscular es el resultado de una compleja interacción entre estructuras proteicas (filamentos de actina y miosina) dentro de la fibra muscular, regulada por señales eléctricas y químicas. El proceso sería el siguiente:

1. Llega un potencial de acción al terminal axónico de la motoneurona y la despolarización abre canales de Ca^{2+} dependientes de voltaje en la membrana presináptica con lo que se libera ACh en la hendidura sináptica.

2. La unión de ACh a receptores nicotínicos inicia una despolarización local en la placa motora **(potencial de placa)** que, si es suficiente, y en consecuencia alcanza el umbral, abrirá canales de $Na+$ dependientes de voltaje, generando un **potencial de acción** en la membrana de la fibra muscular o *sarcolema*.

3. Los **túbulos T** o transversales son invaginaciones de la membrana celular (sarcolema) que penetran en el interior de las células del músculo esquelético y cardíaco y transmiten rápidamente la despolarización asegurando que todas las miofibrillas se activen simultáneamente. Los túbulos T juegan un papel importante en la concentración del Ca^{2+} celular.

4. La despolarización de una fibra muscular abre las puertas de los canales de calcio (Ca^{2+}) dependientes de voltaje, que se unirá a la **troponina** (proteína que colabora en el ensamblaje actina-miosina) y desplazará a la **tropomiosina** (proteína que se enrolla helicoidalmente a lo largo de las hebras de actina) exponiendo los llamados puentes cruzados (uniones temporales entre las cabezas de miosina y los filamentos de actina), que tiran de las finas fibras de actina hacia el centro del sarcómero.

5. Así las cabezas de los filamentos de miosina *reman* entre los de actina produciendo una especie de "remo molecular" que, coordinadamente generan el acortamiento de la fibra muscular, es decir, la contracción del músculo por el llamado mecanismo de deslizamiento de los filamentos de actina (finos) sobre los de miosina (gruesos). Cuando millones de sarcómeros se acortan a la vez, el resultado macroscópico es la contracción visible del músculo.

6. Cuando la señal nerviosa se detiene, el Ca^{2+} es recaptado activamente por el retículo sarcoplásmico, la troponina vuelve a su conformación original, la tropomiosina bloquea nuevamente los sitios de unión y el músculo se relaja.

La energía para este proceso proviene de la enzima ATPasa contenida en las cabezas de miosina, que hidroliza el ATP y permite que se carguen de energía, con su cabeza de nuevo en una posición elevada y lista para un nuevo ciclo, siempre que haya ATP disponible y el calcio siga presente en el sarcoplasma. La actividad de la ATPasa es el motor molecular que convierte la energía química en trabajo mecánico.

Una apreciación importante: la contracción muscular no es un fenómeno de todo o nada y el sistema nervioso controla su fuerza mediante dos factores:

1. **Número** de miofibrillas que se contraen: A mayor número de miofibrillas se producirá mayor contracción.

2. **Frecuencia** con la que se contraen: A mayor tasa de disparo de las motoneuronas alfa (cantidad de potenciales de acción por segundo) se producirá mayor tensión muscular.

En conjunto, este sistema permite una contracción rápida, precisa y regulada del músculo esquelético (Carlson & Birkett, 2021; Kandel et al., 2021).

2.5. Receptores musculares

Los músculos, tendones y articulaciones contienen diversos receptores. Unos informan al SNC acerca de la longitud del músculo, otros detectan su tensión y otros responden a la presión o a los estímulos nocivos. Estos receptores conforman el **sistema propioceptivo,** entendido éste como el sentido interno del cuerpo que informa al cerebro sobre el estado y posición de los músculos, tendones y articulaciones. Dentro de estos receptores los más estudiados son los husos neuromusculares y el órgano tendinoso de Golgi, aunque también existen receptores articulares y cutáneos.

1) Huso neuromuscular

El huso muscular o neuromuscular es un receptor sensorial situado dentro del músculo esquelético, formado por fibras musculares especializadas (fibras intrafusales), rodeadas por una cápsula y ricamente inervadas por neuronas sensoriales (tipo Ia y II), dispuestas en paralelo a las fibras musculares extrafusales, las cuales detectan el estiramiento del músculo y envían la información al SNC. Los husos también se hallan inervados por motoneuronas gamma (eferentes) para detectar cambios de longitud durante la contracción del músculo y ajustar así la sensibilidad al estiramiento.

Las fibras intrafusales tienen 2 tipos de terminaciones sensoriales:

- **Terminaciones anuloespirales** (primarias): Se enrollan en espiral alrededor de las fibras intrafusales.
- **Terminaciones en ramillete** o en rosetón (secundarias): Se ramifican en los extremos.

Su función es detectar el **estiramiento** del músculo: cuando el músculo se alarga, el huso se estira y envía señales al sistema nervioso central. El huso muscular es un mecanismo de *feedback* sensorial que permite el mantenimiento de la longitud del músculo. Esto permite reflejos como el **reflejo miotático** (reflejo de estiramiento), que ayuda a mantener el tono muscular y la postura (ver apartado 3.1).

2) Órgano tendinoso de Golgi

El órgano tendinoso de Golgi (OTG) se encuentra en la unión entre el músculo y el tendón. Son estructuras encapsuladas que contienen haces de fibras de colágeno, situados en serie con las fibras musculares, a diferencia de las fibras intrafusales situadas en paralelo. Cuando el músculo se contrae o estira de manera pasiva, el tendón se tensa. Este estiramiento del tendón comprime y deforma las terminaciones nerviosas del OTG, las cuales activan mecanorreceptores generando impulsos nerviosos, proporcionales a la cantidad de tensión ejercida. Los impulsos viajan por las fibras sensoriales aferentes tipo Ib hasta la médula espinal.

Hay dos poblaciones de axones aferentes en el OTG, con diferentes sensibilidades al estiramiento. Los más sensibles proporcionan una retroalimentación precisa y continua sobre la fuerza generada, informando a los centros superiores del cerebro y activando la respuesta de protección inmediata cuando la tensión es excesiva, y los menos sensibles tienen una función adicional en la regulación del tono muscular y la adaptación a la fatiga, contribuyendo a la estabilidad de la fuerza muscular a lo largo del tiempo (Carlson & Birkett, 2021).

Sin embargo, cabe destacar que el OTG también desempeña una función protectora. Cuando la contracción del músculo es tan intensa que puede haber riesgo de lesión, los OTG excitan a las interneuronas inhibidoras de la médula espinal que hacen que el músculo se relaje (ver apartado 3.1, reflejo polisináptico) (Pinel & Barnes, 2021).

3) Receptores articulares y cutáneos

En las articulaciones hay terminaciones nerviosas que informan sobre el ángulo de la articulación, la velocidad del movimiento y la presión. Aunque menos precisos que los husos o los OTG, también contribuyen al mapa propioceptivo. Además, hay receptores en la piel (como los de estiramiento y presión) que aportan información táctil complementaria relevante para el control motor fino, especialmente en manos y pies.

3. BASES NEURALES DEL CONTROL MOTOR

El control motor humano es el resultado de una compleja interacción entre sistemas corticales, subcorticales y espinales que transforma la intención en acción coordinada y precisa. El movimiento no es únicamente el producto de la contracción muscular, sino la manifestación de procesos cognitivos y emocionales que implica planificación, toma de decisiones y retroalimentación sensorial. El control del movimiento se organiza jerárquicamente desde áreas corticales de asociación hasta la corteza motora primaria (M1), en una secuencia descendente de planificación, preparación y ejecución. En primer lugar, en las áreas de asociación se genera la intención y el plan de acción. Este plan se transmite a la corteza motora secundaria: las áreas premotoras y suplementarias, transforman la intención en un programa motor organizado. De allí, la información desciende hacia la corteza motora primaria, donde se codifica la intensidad y dirección del movimiento. Finalmente, estas señales viajan hacia las motoneuronas espinales alfa y gamma, que ejecutan la contracción muscular, mediante las vías motoras descendentes siempre bajo la modulación continua de estructuras subcorticales (ganglios basales, cerebelo y formación reticular), para asegurar la coordinación, el ajuste postural y la precisión del movimiento.

En la primera parte del siguiente apartado se abordan los reflejos y sus componentes; en una segunda parte, se explica la organización del sistema motor y sus correspondientes vías descendentes hasta la médula espinal, y, finalmente, se describe de manera resumida los principales trastornos neurológicos del movimiento como la enfermedad de Parkinson y de Huntington, así como las principales apraxias.

3.1. Reflejos

El control motor es ejercido por el encéfalo, el cual recibe la información de los sistemas somatosensoriales y actúa en consecuencia; sin embargo, la médula espinal posee cierto grado de autonomía para el movimiento, como puede observarse en los reflejos. Algunos tipos de estimulación somatosensorial pueden desencadenar respuestas rápidas a través de conexiones neurales localizadas dentro de la médula espinal, sin implicación de las regiones superiores. Los reflejos son, por tanto, respuestas automáticas y estereotipadas, que han permanecido casi invariables a lo largo de la evolución, útiles para la supervivencia de la especie, y que conforman el nivel más sencillo de la integración motora

Componentes básicos de los reflejos

Los reflejos permiten una respuesta rápida e involuntaria a un estímulo, incluyendo 5 componentes principales:

1. Receptor sensorial: Detecta el estímulo. Son los receptores del huso muscular que detectan estiramiento (terminaciones anuloespirales o en ramillete) y del OTG que detecta tensión.

2. Neuronas sensoriales o aferentes: En los ganglios raquídeos, serán las que conducirán la señal desde el receptor hasta la médula espinal por la raíz dorsal del nervio espinal. Ejemplos son la fibra del huso o la Ib del OTG.

3. Interneuronas o neuronas de asociación: Situadas en las astas posteriores de la médula y en las zonas intermedias entre éstas y las astas anteriores

4. Neuronas motoras o eferentes (motoneuronas): Localizadas en la sustancia gris de las astas anteriores (o ventrales) de la médula espinal. Llevan la respuesta desde la médula hacia el músculo efector. Suelen ser motoneuronas alfa, que causan contracción o relajación.

5. Efectores: Es el músculo que responde al estímulo y que puede contraerse o relajarse.

Tipos de reflejo

- **Reflejo monosináptico:** Es un reflejo rápido e involuntario que ocurre cuando un músculo se estira y responde contrayéndose, y donde encontramos una única sinapsis desde el receptor hasta el efector. El impulso nervioso originado por el estiramiento del músculo se detecta en la neurona sensorial, en concreto desde los receptores anuloespirales de las fibras intrafusales. Estos receptores anuloespirales responden a la fuerza del estiramiento (cambios en la longitud del músculo) a la motoneurona alfa. La vía aferente y eferente se comunican mediante una sola sinapsis en la médula espinal sin intervenir ninguna interneurona.

Un ejemplo de reflejo monosináptico es el **reflejo miotático patelar**, también conocido como reflejo rotuliano o reflejo de la rodilla o reflejo de estiramiento monosináptico, es una respuesta refleja considerada la más simple. Además, es el único reflejo que conocemos en el que participa una única sinapsis. Se produce al golpear el tendón rotuliano (debajo de la rótula) con un martillo de reflejo, lo que estira el músculo cuádriceps femoral y provoca una contracción muscular y, por tanto, una extensión de la pierna. Su evaluación es crucial en un examen neurológico, ya que sus principales funciones son el mantenimiento de la postura y el control de las respuestas de los músculos frente a perturbaciones externas rápidas. Una respuesta ausente, exagerada o disminuida puede indicar lesiones o problemas en médula espinal, nervios periféricos o alteraciones del SNC (Pinel & Barnes, 2021).

- **Reflejo polisináptico:** Es un tipo de reflejo en el que intervienen una o varias interneuronas entre la neurona sensorial (aferente) y la neurona motora (eferente). Las interneuronas se encuentran en la sustancia gris de la médula espinal y sirven para interconectar con otras neuronas medulares (en el mismo o en diferente segmento medular). Estas interneuronas sinaptan con motoneuronas alfa que inervan el mismo músculo.

A diferencia del reflejo monosináptico, que es rápido y directo, el polisináptico es más lento, aunque más versátil, ya que permite respuestas más complejas y moduladas. En general, se trata de un reflejo nociceptivo ya que su función es disminuir la fuerza de la contracción muscular cuando existe peligro de lesión para los tendones o los huesos a los cuales están unidos los músculos.

El principal ejemplo es el **reflejo de retirada o reflejo flexor.** Pongamos por ejemplo que una persona tiene una cerilla en la mano y nota que se quema. Los nociceptores de la piel detectan la quemadura (dolor) y envían señales mediante las fibras sensoriales a la médula, donde se activan interneuronas que flexionan el brazo en una retirada rápida y brusca. Pero a su vez, también se inhiben motoneuronas del músculo extensor (para no oponer resistencia) (Carlson & Birkett, 2021).

Otro ejemplo sería el **reflejo inverso o de protección,** en el cual los axones aferentes del OTG detectan la tensión excesiva generada cuando el músculo se contrae intensamente. Las fibras sensoriales Ib aferentes del OTG hacen sinapsis con interneuronas inhibitorias de la médula espinal (sustancia gris) que, a su vez, inhiben la motoneurona alfa del mismo músculo para evitar que el músculo se contraiga en exceso y se dañe. Las terminales nerviosas liberan glicina (neurotransmisor inhibidor) y, por tanto, producen potenciales postsinápticos inhibidores en las motoneuronas. El descubrimiento del reflejo inhibidor del OTG por Charles Scott Sherrington, quien recibió el premio Nobel de Fisiología y Medicina en 1932, proporcionó la primera prueba real de la inhibición neural, antes de entender completamente sus mecanismos sinápticos (Kandel et al., 2021).

La eyaculación del semen también puede ser un ejemplo de respuesta refleja involuntaria. Se encuentra organizada principalmente a nivel de la médula espinal y puede activarse tras una suficiente estimulación sexual o de manera más automática como en el sueño, aunque puede también ser facilitada o inhibida por el cerebro. Zonas cerebrales como el área preóptica medial del hipotálamo, la amígdala y la corteza prefrontal influyen también en la excitación sexual y el control voluntario. Por tanto, deducirá el lector que factores psicológicos como el estrés y la ansiedad pueden modular este reflejo.

En definitiva, el reflejo polisináptico consiste en la contracción de los músculos flexores y relajación de los extensores. Su importancia radica en que permite respuestas coordinadas y adaptativas; integra información de varias fuentes (sensorial, postural, dolorosa) y es la base de la autorregulación motora inconsciente que ocurre sin una participación cortical inmediata. Sin embargo, se debe tener en cuenta que los reflejos medulares no existen de forma aislada y el encéfalo tiene cierto control sobre ellos. Un ejemplo lo tenemos cuando una persona se quema con una cazuela caliente, pero consigue no dejar caer la comida a pesar de que los estímulos dolorosos recibidos por los dedos provoquen su extensión refleja (Carlson & Birkett, 2021).

3.2. Organización del sistema motor

Como previamente se ha comentado, el sistema motor está organizado de forma jerárquica y descendente; es decir, las órdenes motoras descienden desde los niveles superiores encefálicos a los niveles inferiores de la médula espinal conformando un sistema eferente. Existen vías que van directamente desde la corteza cerebral a la médula espinal, dotando al control motor de mayor capacidad de procesamiento, rapidez y adaptación (Pinel & Barnes, 2021).

El propósito del siguiente apartado es describir las estructuras corticales que intervienen en el control del movimiento y las conexiones entre ellas. Esta jerarquía está formada por tres niveles:

El **nivel superior**, constituido por las cortezas de asociación sensorio- motora, cortezas motoras secundarias y corteza motora primaria.

El **nivel intermedio**, constituido por varios núcleos troncoencefálicos, algunos de los cuales conforman la formación reticular.

El **nivel inferior**, formado por motoneuronas alfa de la médula espinal e interneuronas.

Además, existen dos importantes **sistemas moduladores**: los **ganglios basales** y el **cerebelo**, que ajustan la actividad de los sistemas descendentes corticales y troncoencefálicos.

Veamos cada uno de ellos con detalle, entendiendo que, como hemos apuntado anteriormente, el flujo de la información es siempre en sentido descendente.

Nivel superior:

1. Corteza de asociación sensoriomotora: En ella se integra la información sensorial, espacial, cognitiva y emocional necesaria para generar un plan de acción coherente y adaptado al contexto. Incluye las cortezas parietal posterior e inferior, la temporal inferior y la corteza prefrontal dorsolateral permiten transformar las percepciones en representaciones motoras y seleccionar la conducta más adecuada, constituyendo así el primer nivel de organización jerárquica del sistema motor.

1.1. Corteza parietal posterior e inferior: Áreas de Brodmann 5 y 7, y parte del 39 y 40. Función esencial en la integración somatosensorial, visual y auditiva para la coordinación espacial del movimiento y la percepción corporal, y la traduce en guías para la acción. Implicada en la imaginación motora y en la distinción entre movimientos propios y ajenos. Lesiones aquí producen apraxia espacial.

1.2. Corteza temporal inferior: Áreas 21, 22 y 37. Participa en el reconocimiento de objetos y movimientos, así como en la percepción auditiva compleja. Proporciona información sobre "qué" objeto o estímulo se está procesando, integrando señales visuales y auditivas. Las lesiones en esta región producen agnosias visuales o auditivas.

1.3. Corteza prefrontal dorsolateral (CPFdl): Anterior a la corteza motora (áreas 9 y 46). Responsable de la planificación, toma de decisiones y control ejecutivo del movimiento voluntario. Coordina la información sensorial con la acción planificada; participa en la memoria de trabajo, la flexibilidad cognitiva y la anticipación de consecuencias motoras. Las lesiones en esta región producen dificultad para organizar secuencias complejas y alteraciones en la conducta dirigida a objetivos.

2. Corteza motora secundaria: Anteriores a la corteza motora primaria, corresponde al área 6 de Brodmann. Es clave en la organización jerárquica del control motor. Se encarga de la planificación y programación de movimientos corporales complejos. Recibe información sensorial de los lóbulos parietal y temporal (información visual espacial, auditiva, somatosensorial...). Incluye el área motora suplementaria (AMS), la corteza premotora y las dos regiones motoras de la corteza cingulada (Carlson & Birkett, 2021).

2.1. Área motora suplementaria (AMS): La corteza motora suplementaria (área 6 de Brodmann), situada en el lóbulo frontal anterior a la corteza motora primaria, participa en la planificación y coordinación de movimientos complejos. Junto con el área premotora, controla la postura, la orientación de la cabeza y los ojos, y prepara los movimientos finos de brazos y manos.

2.2. Área premotora: Situada por delante de la corteza motora primaria, se encarga de la planificación y organización de patrones complejos de movimiento, como la orientación coordinada de hombros, brazos y manos para realizar una tarea. Su región posterior elabora una "imagen motora" previa del movimiento, que luego activa secuencias musculares específicas a través de la corteza motora primaria, los ganglios basales y el tálamo. En esta área, en concreto la **corteza premotora ventral (área F5)** se han descubierto unos tipos de neuronas específicas denominadas *neuronas espejo*. Rizzolatti y colaboradores (2010), demostraron la existencia de una red de neuronas bimodales en el mono macaco que se activaban tanto cuando se ejecutaba una acción como cuando se observaba en otros. Estas neuronas espejo se encuentran también en la corteza premotora ventral (área F5), el AMS, la corteza somatosensorial primaria y la corteza parietal inferior. Esta circuitería se activa más si se tiene competencia en aquellos movimientos u acciones y también al escuchar o realizar una acción familiar. Las neuronas espejo nos ayudan a entender las acciones de otros y también su intencionalidad (Carlson & Birkett, 2021). A su vez, descubiertas en la misma área, las *neuronas canónicas* se activan no sólo cuando el sujeto realiza un movimiento con la mano, sino también cuando se observa un objeto que "invita" a ser manipulado, por ejemplo, una taza con asa, una pelota o un bolígrafo. Estas neuronas y su circuitería, que integra las zonas temporales inferiores (qué es el objeto) con las zonas intraparietales (cómo debe manipularse), codifican cuáles son los programas motores adecuados para interactuar con un objeto.

2.3. Regiones motoras de la corteza cingulada: Desempeñan un papel clave en el control del movimiento voluntario, especialmente vinculado a la motivación, el esfuerzo o la emoción. Este papel de las regiones de esta corteza es posible gracias a conexiones de estructuras motoras clásicas con el sistema límbico, en concreto con áreas como la amígdala, el hipotálamo y diversos núcleos dopaminérgicos.

3. Corteza motora primaria (M1): Se encuentra en la circunvolución precentral, anterior a la cisura de Rolando. Se corresponde con el área 4 de Brodmann. Tiene una organización somatotópica; es decir, existe una correspondencia espacial entre partes del cuerpo y zonas específicas de la corteza motora. Penfield y Rasmussen (2014), en sus experimentos realizados con pacientes conscientes durante la neurocirugía, descubrieron que al estimular regiones específicas de la corteza motora primaria (M1) se producían contracciones musculares en partes concretas del cuerpo. Esta distribución se conoce como el **"homúnculo motor"**: una figura distorsionada del cuerpo humano proyectada sobre la corteza donde las manos y los dedos tienen una gran representación. Posteriormente, Graziano y su equipo (2008; 2015) demostraron que Penfield tenía razón sólo en parte. Parece que la corteza motora tiene un "mapa de acción etológico " en el cual diferentes áreas codifican acciones diferentes que tienen sentido en términos biológicos y comportamentales como, por ejemplo, "levantar la mano hacia la cara". En definitiva, aunque el modelo ortodoxo de Penfield sigue siendo muy influyente, se ha demostrado simplista, ya que la corteza motora parece que codifica acciones coordinadas y no tanto músculos específicos (Carlson & Birkett, 2021).

Nivel intermedio:

Compuesto por varios **núcleos del tronco del encéfalo** y diferentes estructuras subcorticales como la **formación reticular, el cerebelo y los ganglios basales.** Recordemos que estas dos últimas estructuras conforman un sistema modulador de la actividad de la jerarquía sensoriomotora.

La formación reticular no es un núcleo aislado, sino una estructura funcional compuesta por múltiples núcleos interconectados localizados en el corazón del bulbo raquídeo, la protuberancia y el mesencéfalo. Esta estructura recibe influencias de la corteza motora, los ganglios basales y el cerebelo. Controla la actividad del sistema motor gamma, y, por ende, el tono muscular. A su vez, coordina reflejos como el enderezamiento y el reflejo de apoyo, así como el control de la marcha En ella se originan las vías motoras descendentes extrapiramidales que terminan en la médula espinal (ver apartado 3.3). Controla la postura y el equilibrio mediante la vía reticuloespinal, que actúa sobre motoneuronas y circuitos medulares, además de interactuar con el sistema vestibular y el cerebelo para el mantenimiento del equilibrio (vías ventromediales). Otros núcleos controlan movimientos automáticos como la respiración, la tos, los estornudos y vómitos.

Las conexiones de la formación reticular con la corteza cerebral, el hipotálamo, el sistema límbico y el cerebelo (sistema sensorial y emocional) permiten que las emociones como la ansiedad o miedo y el estado de alerta modulen el tono muscular y la respuesta motora. Estas emociones activan el sistema límbico e hipotálamo, que conectan con la formación reticular, y ésta, mediante las vías reticuloespinales, incrementa la descarga de las motoneuronas gamma con el resultado de un aumento del tono muscular.

El **cerebelo** tiene la función de un gran conector en el sistema motor. Recibe aferencias de la corteza motora, los ganglios basales, la oliva inferior, las áreas motoras de la formación reticular (clave para el tono muscular y la alerta) y de diversas zonas motoras de la médula espinal. Sus eferencias se dirigen a los núcleos cerebelosos y a las vías motoras descendentes, y otras al tálamo y de ahí a la corteza motora o premotora. Esta red de comunicación le permite supervisar y corregir nuestras acciones. El cerebelo desempeña un papel clave en el aprendizaje motor, sobre todo en las secuencias de movimientos en las que la sincronización es un factor crítico (Carlson & Birkett, 2021).

A nivel anatómico, el cerebelo consta de los lóbulos laterales, el lóbulo floculonodular y el vermis cerebeloso que conecta ambos hemisferios. En su interior se encuentran varios los núcleos cerebelosos profundos: fastigial o fastigio, interpuesto y dentado que son la vía de salida hacia otras estructuras motoras. El cerebelo puede dividirse también en tres componentes con origen en distintas etapas evolutivas, cada uno con una especialización clara: el **Arquicerebelo,** el **Paleocerebelo** y el **Neocerebelo**.

La Tabla 1 resume la organización del cerebelo, sus funciones y los efectos de las lesiones.

Tabla 1. Organización del Cerebelo: relación entre estructuras y funciones.			
División Funcional	Componentes Principales	Función	Efectos de la lesión
Arquicerebelo	Lóbulo floculonodular + Núcleos del fastigio	Mantenimiento del equilibrio, movimientos oculares y reflejos	Alteraciones en la postura y el equilibrio
Paleocerebelo	Vermis + Núcleos globoso/emboliforme	Regulación del tono muscular, postura, locomoción, mirada y reflejos	Rigidez en las extremidades y déficits de movimiento
Neocerebelo	Hemisferios cerebelosos + Núcleo dentado	Coordinación, planificación y automatización del movimiento fino	Debilidad y descomposición del movimiento

Los **Ganglios Basales** son un conjunto de núcleos subcorticales interconectados que participan en el control del movimiento voluntario, la selección de programas motores adecuados y la inhibición de movimientos inapropiados. No inician directamente el movimiento, sino que modulan la actividad de la corteza motora.

Sus componentes principales son:

- El **núcleo caudado** y el **putamen** (forman el estriado).
- El **globo pálido** (un segmento interno GPi y otro externo GPe).
- La **sustancia negra (SN)** del mesencéfalo ventral con sus dos divisiones: la SN *pars compacta* (SNc) y la SN *pars reticularis* (SNr).
- El **núcleo subtalámico (STN)**.
- Otros núcleos asociados son los núcleos talámicos **ventral anterior** y el **ventrolateral.**

Sus aferencias son la corteza cerebral (motora, premotora, somatosensorial, prefrontal y límbica) a través del tálamo, vías dopaminérgicas desde la SN (vía D1 o D2), y otras estructuras subcorticales. Las eferencias son el GPi y fibras gabaérgicas inhibidoras hacia el tálamo ventrolateral y ventroanterior, y de ahí a la corteza motora y premotora. También el troncoencéfalo (formación reticular, colículo superior) para la modulación de los movimientos oculares y posturales.

El bucle corteza-ganglios basales es bastante complejo con una circuitería de excitación-inhibición según las áreas. Los nexos del bucle están compuestos por neuronas excitadoras (glutamatérgicas) y neuronas inhibidoras (gabaérgicas). Existen tres vías que constituyen los principales circuitos internos de los ganglios basales, y su equilibrio dinámico permite que el movimiento voluntario sea preciso, adecuado y contextual. Estas conexiones se conocen como las **vías: directa, indirecta e hiperdirecta,** las cuales conforman un sistema de modulación fina del movimiento. Su equilibrio está regulado principalmente por la dopamina nigroestriada, la cual asegura que los movimientos se inicien, mantengan y detengan de forma coordinada (Purves et al., 2021; Carlson & Birkett, 2021).

La Tabla 2 resume las vías de los ganglios basales, sus funciones y efectos, así como el papel de la dopamina.

Tabla 2. Vías de los Ganglios Basales.			
Vía	**Función principal**	**Efectos**	**Dopamina (DA)**
Vía directa	Facilita el movimiento voluntario	Desinhibición del tálamo, lo que aumenta la excitación cortical y promueve la acción motora.	DA actúa sobre receptores D1, potenciando esta vía y facilitando el movimiento.
Vía indirecta	Inhibe o regula el movimiento	Aumenta la inhibición del tálamo, reduciendo la excitación cortical y frenando el movimiento.	DA actúa sobre receptores D2, inhibiendo esta vía y favoreciendo el movimiento.
Vía hiperdirecta	Freno rápido del movimiento	Inhibe bruscamente el tálamo, bloqueando la activación motora cortical.	No depende directamente de la DA; mecanismo rápido de control o parada.

La funcionalidad de los ganglios basales en el control motor se puede resumir en los siguientes puntos:

1) Selección y activación de programas motores adecuados: Es el circuito cortico–estriado-pálido-talámico–cortical quien decide qué programa se ejecuta y cuáles se inhiben a través de las tres vías anteriores.

2) Inhibición de movimientos competidores o no deseados: Mediante la vía indirecta. Es un mecanismo de filtrado ya que únicamente el movimiento con mayor relevancia (sensorial, cognitiva o emocional) superará el umbral para ejecutarse.

3) Regulación del tono muscular y de la amplitud de los movimientos: Sus conexiones con el troncoencéfalo modulan la actividad de las vías descendentes piramidales (reticuloespinal, vestibuloespinal, rubroespinal). Por eso, cuando la dopamina nigroestriada disminuye (como en la enfermedad de Parkinson), aparece rigidez e hipotonía alternante porque el sistema pierde la capacidad de regular la tensión muscular de fondo.

4) Aprendizaje motor (hábitos, rutinas motoras automáticas): Junto con el cerebelo y la corteza prefrontal, participan en el aprendizaje procedimental, es decir, en la adquisición de hábitos motores automáticos (caminar, escribir, tocar un instrumento). Este proceso depende de la plasticidad sináptica del estriado, modulada por la dopamina

5) Integración motivacional y emocional del movimiento (a través de conexiones límbicas): El núcleo accumbens (parte ventral del estriado) recibe aferencias del sistema límbico (amígdala, hipocampo, corteza orbitofrontal). Este circuito conecta con el área tegmental ventral (VTA) y modula el comportamiento dirigido a metas y recompensas. Así motivación, emoción y acción se integran, influyendo en por qué y cuándo iniciamos un movimiento, no solo en cómo lo ejecutamos

6) Planificación y control cognitivo del movimiento: A través del bucle asociativo, que conecta la CPFdl con el caudado, el pálido y el tálamo dorsomedial, los ganglios basales participan en la selección consciente y planificada de las acciones motoras según los objetivos, el contexto y la experiencia previa. Este circuito permite anticipar, organizar y secuenciar movimientos complejos, coordinar la acción con la atención y la memoria de trabajo, y ajustar el comportamiento motor a metas cognitivas (Purves et al., 2021; Bear et al., 2016).

Nivel inferior:

Formado por las motoneuronas alfa de la médula espinal y por un conjunto muy diverso de interneuronas, constituye el punto final donde convergen todas las órdenes motoras procedentes de los niveles superiores. Recuérdese que las motoneuronas alfa son las responsables directas de activar las fibras musculares extrafusales, y por tanto representan la vía final común del sistema motor. Sin embargo, su actividad no depende únicamente de las señales de la corteza o del tronco del encéfalo, sino que está modulada por amplias redes de interneuronas que integran información sensorial de los husos neuromusculares y los órganos tendinosos de Golgi, señales de los reflejos y patrones rítmicos de actividad y aferencias descendentes. Estas interneuronas pueden ser excitatorias o inhibitorias y permitirán el ajuste de la fuerza, la coordinación, la sincronización y la precisión de los movimientos. El nivel inferior es, por tanto, un sistema dinámico que filtra, amplifica o inhibe la señal motora en continua retroalimentación sensorial para lograr el movimiento adaptativo y automático.

3.3. Vías motoras

Pero ¿cómo llega la información desde todas las estructuras descritas con anterioridad a los niveles inferiores de la médula espinal?

El control motor voluntario y postural del cuerpo depende de un conjunto de vías descendentes que parten de diferentes regiones del encéfalo y descienden hasta la médula espinal, donde hacen sinapsis con interneuronas o directamente con motoneuronas alfa y gamma, las que conforman el nivel inferior en la jerarquía motora. Consulte a nivel gráfico las vías motoras en el manual de prácticas de la asignatura Psicología Fisiológica I.

Estas vías se agrupan en **dos grandes sistemas funcionales** nombrados así por su localización en la sustancia blanca de la médula espinal y su función motora predominante:

1) Sistema lateral: Control de movimientos voluntarios finos y precisos de las extremidades, en concreto manos y dedos. Incluyen los tractos o fascículos corticoespinal, corticobulbar y rubroespinal.

2) Sistema ventromedial (o medial): Control postural, locomotor y de movimientos automáticos o reflejos asociados al equilibrio. Consta del tracto vestibuloespinal, el tectoespinal, reticuloespinal y el corticoespinal ventral, que se origina en las mismas áreas corticales motoras que la vía lateral aunque sus fibras descienden ipsilateralmente, sin decusar.

Para facilitar su estudio, la Tabla 3 resume las vías descendentes motoras, su origen, recorrido, los músculos que controlan y sus funciones principales.

1. El Grupo o Cordón Lateral: Sus vías terminan en motoneuronas que controlan los músculos distales de las extremidades. Se halla compuesto por:

1.1. La Vía Corticoespinal: Conocida como vía piramidal, vía de salida más importante de la corteza motora. Destacan las células de Betz con los axones más rápidos del sistema nervioso central, hasta 70 m/s, para el control motor fino.

Desde la corteza, los axones descienden a través de la **cápsula interna** y forman las **pirámides** del bulbo raquídeo que le dan el nombre de vía piramidal. Ahí el tracto se bifurca funcionalmente: la gran mayoría de las fibras, aproximadamente un 90%, decusan (cruzan al lado contralateral del cuerpo) para formar la **vía corticoespinal dorsolateral,** mientras que otras pocas continúan ipsilateralmente para formar la vía corticoespinal ventral.

1.2. La Vía Corticobulbar: Es funcionalmente similar a la vía corticoespinal, pero se distingue en que su trayecto finaliza en el tronco del encéfalo en lugar de en la médula espinal.

1.3. La Vía Rubroespinal: Tiene su origen en el **núcleo rojo**, estructura mesencéfalica situada en el *tegmentum*, con importantes aferencias tanto de la corteza motora a través del tracto corticorubral como del cerebelo, A continuación, decusa inmediatamente en el tegmento ventral y desciende hasta las motoneuronas de la médula espinal.

Las vías del Grupo Lateral colaboran para ejecutar los comandos motores voluntarios con la máxima precisión, permitiendo la destreza manual y los movimientos finos que nos definen. Sin embargo, estas acciones de alta precisión requieren una base estable, proporcionada por el **sistema ventromedial.**

2. El Grupo Ventromedial: Responsable del control de la postura, la locomoción y los movimientos coordinados del tronco. Sus vías terminan en motoneuronas que controlan los músculos axiales (tronco) y proximales de las extremidades para mantener una base estable. Sus vías principales son el **tracto vestibuloespinal, el tectoespinal, el reticuloespinal y el corticoespinal ventral.**

2.1. La Vía Vestibuloespinal: Sus cuerpos celulares se localizan en los **núcleos vestibulares del bulbo y la protuberancia,** con información directa del sistema del equilibrio del oído interno y desciende ipsilateralmente hasta las **interneuronas** que proyectan a las **motoneuronas** de los músculos extensores y antigravitatorios.

2.2. La Vía Tectoespinal: Sus cuerpos celulares se encuentran en el **colículo superior** (tectum), una estructura del mesencéfalo clave para el procesamiento de información visual y su integración con respuestas motoras. Decusa inmediatamente después y acaba en tres niveles de la médula espinal. Recibe también aferencias visuales de la retina y la corteza occipital y auditivas del colículo inferior.

2.3. La Vía Reticuloespinal: En realidad son dos vías, la lateral y la medial, con origen en muchos núcleos del **tronco del encéfalo** y de la **formación reticular** (puente y bulbo). Estos tractos tienen una función dual crucial. Por un lado, la vía lateral controla los músculos extensores de las piernas, y la medial los flexores, fundamentales para la deambulación y el mantenimiento del ciclo de la marcha, bajo un control cortical directo. Recibe influencias de la corteza motora, cerebelo y ganglios basales para coordinar la postura con la intención motora.

2.4. La Vía Corticoespinal Ventral: Se origina en la **corteza motora primaria** junto con su contraparte dorsolateral. Sin embargo, es funcionalmente parte del Grupo Ventromedial debido a su destino y rol, ya que sus fibras descienden ipsilateralmente hasta la médula espinal y acaban en motoneuronas (Carlson & Birkett, 2021; Pinel & Barnes, 2021).

Aunque funcionalmente distintos, ambos sistemas -lateral y ventromedial- están estrechamente interconectados:

- Ambos reciben planificación cortical (áreas premotoras y suplementarias) y retroalimentación del cerebelo y de los ganglios basales.
- El cerebelo ajusta la precisión y sincronización de los movimientos.
- Los ganglios basales seleccionan qué programas motores se activan o inhiben.
- La formación reticular y los núcleos vestibulares integran la información postural con las intenciones motoras corticales.

La Tabla 3 resume las vías motoras descendentes con sus tractos, origen y funciones principales.

Tabla 3. Vías motoras descendentes.					
Grupo	**Tracto (vía)**	**Origen**	**Cruce (decusación)**	**Control**	**Funciones**
Grupo lateral	**Corticoespinal lateral (piramidal)**	Corteza motora primaria, premotora y suplementaria	Pirámides bulbares (90 % de las fibras)	Músculos distales de las extremidades (manos, dedos, pies)	Control voluntario fino y preciso de movimientos contralaterales
	Corticobulbar	Corteza motora primaria, premotora y suplementaria	Termina en los núcleos motores de varios pares craneales	Músculos de la cara y la lengua, faringe y laringe.	Movimientos complejos para la expresión facial y el habla, masticación y deglución-
	Rubroespinal	Núcleo rojo (mesencéfalo)	Mesencéfalo	Músculos flexores de las extremidades	Coordinación y facilitación de movimientos finos; modulación del tono flexor
Grupo ventromedial	**Vestibuloespinal**	Núcleos vestibulares (puente y bulbo)	No cruza, mayormente ipsilateral	Músculos extensores y antigravitatorios	Mantenimiento del equilibrio y tono postural ante cambios de posición
	Reticuloespinal	Formación reticular (puente y bulbo)	Parcialmente bilateral	Músculos axiales y proximales	Tono muscular, locomoció, ajustes posturales. Respiración, tos y estornudos.
	Tectoespinal	Colículo superior (mesencéfalo)	Mesencéfalo)	Músculos del cuello y cabeza	Reflejos de orientación de la cabeza ante estímulos visuales y auditivos
	Corticoespinal ventral (anterior)	Corteza motora y premotora	Médula	Músculos axiales y proximales (tronco, cuello, hombros)	Control bilateral de la postura y ajustes posturales durante el movimiento

3.4. Algunos trastornos del movimiento

Una vez comprendidas las conexiones entre la corteza y los ganglios basales, y las funcionalidades de éstos, se deben mencionar dos trastornos neurológicos donde se produce una afectación de los ganglios basales: la enfermedad de Parkinson y la Corea de Huntington.

En la **enfermedad de Parkinson** se observa una degeneración progresiva de las neuronas dopaminérgicas de la SNc, que normalmente modulan la actividad del estriado. Posteriormente también se desorganizan las vías aferentes. El déficit dopaminérgico provoca una hiperactividad de la vía indirecta y una hipoactividad de la directa. La vía directa debilitada provoca acinesia, bradicinesia y pérdida de automatismos; y la vía indirecta sobreactivada bloquea o frena en exceso las acciones, lo que explica tanto la bradicinesia como la rigidez y el temblor característicos de la enfermedad. En fases avanzadas se pueden producir también alteraciones cognitivas y afectivas por la disfunción de los bucles asociativos y límbicos que dependen de la dopamina.

Por su parte, el **Corea de Huntington** es un trastorno hipercinético hereditario causado por una mutación autosómica dominante en el gen HTT (expansión de repeticiones CAG) en el cromosoma 4. Se produce una degeneración selectiva de las neuronas gabaérgicas del estriado (especialmente del caudado y putamen) que forman parte de la vía indirecta, lo que aumenta la actividad del GPe que inhibe el STN y éste inhibe el GPi, con lo que se produce un exceso de movimiento. Estos movimientos son los llamados coreicos o coreiformes (sacudidas, gestos incontrolados, rápidos y erráticos) que son los que dan nombre a la enfermedad. También es habitual la hipotonía, debida a la pérdida del control central inhibitorio sobre los circuitos tónicos medulares por el fallo de la vía indirecta. Progresivamente, puede manifestarse un deterioro cognitivo por afectación del bucle asociativo prefrontal y otros trastornos psiquiátricos como irritabilidad, depresión o desinhibición por afectación del circuito límbico-estriado ventral.

Además, dentro del espectro de los trastornos motores adquiridos, las **apraxias** ocupan un lugar de particular interés neuropsicológico. Éstas se definen como la incapacidad o dificultad para ejecutar movimientos voluntarios y aprendidos en respuesta a una orden; es decir, fuera de contexto, en ausencia de parálisis, debilidad muscular, alteración sensorial o déficit de comprensión. A diferencia de las disfunciones motoras primarias, la apraxia no es un problema de fuerza o coordinación básica, sino una alteración en la planificación y secuenciación de gestos con un fin. En otras palabras, el paciente sabe lo que quiere hacer, entiende la orden y tiene fuerza para hacerlo, pero no puede organizar o ejecutar correctamente la secuencia motora (Kolb & Wishaw, 2021).

En la apraxia se produce un déficit en el movimiento voluntario en ausencia de déficits primarios (alteraciones sensoriales, parálisis...) y es debido a una alteración en la circuitería motora (memoria motora). Sus implicaciones clínicas son profundas por su frecuente coexistencia con las afasias, debido a circuitos perisilvanos compartidos. Asimismo, cuando la apraxia se presenta como un síntoma asociado a demencias se ve mermada la capacidad de realizar actividades cotidianas como vestirse, comer o asearse, lo que dificulta la autonomía. La tabla 4 sintetiza sus bases neuroanatómicas para ofrecer una visión integrada de los déficits y las redes cerebrales implicadas (Kandel et al., 2021; Kolb & Wishaw, 2021). La tabla 4 resume los tipos de apraxias con información sobre los principales déficits y la localización de la lesión.

Tabla 4. Resumen anatómico funcional de los tipos de apraxias.			
Tipo de apraxia	**Afectación**	**Lesión cerebral principal**	**Lado más frecuente**
Ideomotora	Alteración en la programación espacio-temporal de los gestos. El paciente comprende la orden y sabe qué hacer, pero no es capaz de ejecutar el movimiento correctamente. Ej: puede usar el peine correctamente en la vida real, pero no puede simularlo bajo instrucción verbal.	Áreas inferiores del lóbulo parietal (áreas 39-40) o en áreas premotoras, predominantemente en el hemisferio izquierdo (HI).	Izquierdo
Ideatoria	Dificultad en organizar los movimientos para usar objetos o realizar actividades complejas en varios pasos. Ej: usar el cepillo de dientes como cuchara.	Lesiones extensas en el HI en regiones de asociación (área parietotemporal o. parietoccipital) o con demencias degenerativas	Izquierdo
Extremidades	Alteración en la ejecución motora en la mano izquierda o en ambas. Ej: al simular atarse los cordones, mueve la mano inapropiadamente, pasa el cordón por donde no es o no completa la secuencia	Cuerpo calloso, Broca o fascículo arqueado, parietal izquierdo o áreas frontoparietales	Izquierdo
Constructiva	Alteración de la capacidad para integrar componentes espaciales para formar un todo coherente. Se manifiesta en tareas como dibujar, percibir o imaginar figuras geométricas, o seguir un mapa.	Parietal del hemisferio derecho (HD) o bilateral en casos severos.	Derecho o bilateral
Agrafia	Se define como un déficit específico en la habilidad de escribir, no explicable por déficits motores primarios de la mano. Es una alteración en la programación de los movimientos gráficos necesarios para formar letras y palabras.	Área premotora y en la región parietal inferior izquierda (áreas supramarginal y angular) = área de Exner	Izquierdo
Bucofacial	Alteración en la ejecución de movimientos voluntarios de la cara, labios, lengua y mejillas. El paciente tiene dificultades para realizar acciones cuando se le pide, como soplar una vela, silbar o hinchar los carrillos.	Lesiones en área premotora inferior y opérculo frontal izquierdo (cerca de Broca), zonas parietales y en la ínsula.	Izquierdo
Oral o del habla	Desorganización en la secuencia motora de fonemas y sílabas, necesarios para la articulación del habla, sin alteración muscular ni afasia comprensiva.	Área de Broca / ínsula anterior o la corteza premotora inferior izquierda.	Izquierdo
Conceptual	El paciente realiza un movimiento que funcionalmente pertenece a otro objeto, a pesar de que es capaz de nombrar y diferenciar los objetos correctamente.	Parietal izquierda (posterior e inferior), incluyendo a veces la unión temporo-parieto-occipital.	Izquierdo
Del vestir	Incapacidad para orientar y manipular la ropa correctamente con el fin de ponérsela, mostrando desorientación espacial y secuencial. El paciente se coloca la ropa al revés o en el lado equivocado del cuerpo.	HD, especialmente en regiones parietales y frontales. Síntoma característico de Alzheimer.	Derecho

Un análisis de estos patrones revela una clara lateralización funcional. Se destaca la preponderancia del hemisferio izquierdo en la mayoría de las funciones práxicas, incluyendo la planificación de gestos (apraxia ideomotora), la secuenciación de actos complejos (apraxia ideatoria) y la programación del habla (apraxia oral). Por otro lado, el hemisferio derecho asume un rol protagonista en las tareas con un alto componente visuoespacial, como se evidencia en la apraxia constructiva. Esta distribución funcional subraya la compleja arquitectura cerebral que sostiene nuestras habilidades motoras.

4. CONCLUSIONES

El sistema motor es el principal responsable de la interacción del organismo con su entorno. Su funcionamiento se organiza jerárquicamente: las órdenes se originan en los centros encefálicos superiores y descienden hasta los músculos efectores. La base fisiológica de toda acción es la contracción muscular, producida por la interacción entre filamentos de actina y miosina, iniciada en la unión neuromuscular mediante la liberación de acetilcolina, que convierte la señal nerviosa en movimiento.

Esta estructura jerárquica del sistema motor permite coordinar desde reflejos automáticos hasta acciones voluntarias planificadas. En el nivel inferior, los reflejos medulares garantizan respuestas rápidas y posturales; en el nivel superior, las áreas corticales motora primaria, secundaria y de asociación se encargan de la planificación y ejecución voluntaria. Dos sistemas moduladores son esenciales: el cerebelo, que corrige errores y permite el aprendizaje motor, y los ganglios basales, que regulan la iniciación e inhibición de movimientos mediante la dopamina. Ambos, junto con la corteza prefrontal, participan en el aprendizaje procedimental y la formación de hábitos motores.

Las vías descendentes transmiten los planes motores a la médula espinal. El grupo lateral (especialmente la vía corticoespinal o piramidal) controla los movimientos voluntarios y precisos de las extremidades, mientras que el grupo ventromedial regula la musculatura axial y postural, proporcionando estabilidad.

Los trastornos del movimiento ilustran el papel de cada componente: el Parkinson (hipocinesia) y la Corea de Huntington (hipercinesia) reflejan alteraciones en los ganglios basales, y las apraxias muestran fallos en la planificación motora cortical, destacando la especialización del hemisferio izquierdo en gestos complejos.

En conjunto, el control sensoriomotor surge de una red neuronal integrada donde cada nivel contribuye a la precisión, coordinación y finalidad del movimiento.

5. BIBLIOGRAFIA

Bear, M.F., Connors, B.W., & Paradiso, M.A. (2016). *Neuroscience: Exploring the brain* (4ª ed.). Wolters Kluwer.

Carlson, N.R., & Birkett, M.A. (2021). *Physiology of behavior* (13ª ed.). Pearson.

Graziano, M.S.A. (2015). Ethological action maps: A paradigm shift for the motor cortex. Trends in Cognitive Sciences, 20(2), 121–132. https://doi.org/10.1016/j.tics.2015.10.009

Meier, J.D., Aflalo, T.N., Kastner, S., & Graziano, M.S.A. (2008). Complex organization of human primary motor cortex: A high-resolution fMRI study. *Journal of Neurophysiology, 100*(4), 1800–1812. https://doi.org/10.1152/jn.90531.2008

Kandel, E.R., Koester, J.D., Mack, S.H., & Siegelbaum, S.A. (2021). *Principles of neural science* (6ª ed.). McGraw-Hill.

Kolb, B., & Whishaw, I.Q. (2021). *Fundamentals of human neuropsychology* (8th ed.). W.H. Freeman.

Penfield, W., & Rasmussen, T. (2014). *The cerebral cortex of man: A clinical study of localization of function*. Martino Fine Books. (Trabajo original publicado en 1950)

Pinel, J.P.J., & Barnes, S.J. (2021). *Biopsychology* (11th ed.). Pearson.

Purves, D., Augustine, G.J., Fitzpatrick, D., Hall, W.C., LaMantia, A.S., & White, L.E. (2018). *Neuroscience* (6ª ed.). Sinauer Associates.

Rizzolatti, G., & Sinigaglia, C. (2010). The functional role of the parieto-frontal mirror circuit: Interpretations and misinterpretations. *Nature Reviews Neuroscience, 11,* 264–274. https://doi.org/10.1038/nrn2805

Tortora, G.J., & Derrickson, B. (2023). *Principios de anatomía y fisiología* (16.ª ed.). Editorial Médica Panamericana.

Capítulo 3

Bases biológicas de los ritmos biológicos

https://youtu.be/qp55E4GGcRg

Patricia Mesa-Gresa

Bases biológicas de los ritmos biológicos

1. INTRODUCCIÓN

Los ritmos biológicos constituyen mecanismos adaptativos fundamentales que permiten sincronizar los procesos internos de los seres vivos con las variaciones ambientales de luz y oscuridad y con otros procesos internos. Casi todos los animales coordinan su conducta en base a los ritmos circadianos (término que proviene del latín, donde *circa* es "aproximadamente" y *dies* significa "día"). La investigación contemporánea en cronobiología ha revelado la complejidad genética, fisiológica y conductual del reloj biológico humano y de los ritmos circadianos, estableciendo este campo como una disciplina esencial para comprender la salud y la enfermedad.

La relevancia clínica del estudio de los ritmos biológicos ha adquirido gran importancia en las últimas décadas, especialmente considerando que las alteraciones en los ritmos, o la cronodisrupción, se asocian con alteraciones y trastornos, por lo que es importante una comprensión profunda de los mecanismos neurobiológicos subyacentes.

El presente capítulo examina sistemáticamente los fundamentos neurobiológicos de los ritmos biológicos, organizando el contenido en tres secciones principales que abarcan desde los conceptos fundamentales hasta las aplicaciones clínicas más actuales. La primera sección establece las bases conceptuales y clasificatorias de los ritmos biológicos, la segunda profundiza en los mecanismos neurales y moleculares subyacentes, y la tercera explora las aplicaciones prácticas en el campo de la cronobiología clínica.

2. DEFINICIÓN Y CLASIFICACIÓN DE LOS RITMOS BIOLÓGICOS

2.1. Definición y características de los ritmos biológicos

Los **ritmos biológicos** se definen como oscilaciones regulares y rítmicas en los procesos biológicos, que se repiten de forma cíclica a lo largo del tiempo en intervalos más o menos regulares (Kandel et al., 2021). Estas fluctuaciones rítmicas representan una propiedad intrínseca de los sistemas vivos, manifestándose desde el nivel molecular hasta el comportamental. Los ritmos biológicos son propios de cada especie, habiéndose observado el funcionamiento de los **relojes biológicos**, entendidos como un sistema endógeno capaz de generar y regular ritmos fisiológicos y conductuales de manera periódica, incluso en ausencia de señales externas, tanto en especies animales como vegetales (Bear et al., 2016).

Los seres vivos exhiben múltiples ritmos que afectan prácticamente a todos los aspectos de su funcionamiento, en los que se alternan periodos de máxima actividad con periodos de mínima actividad:

• **Aspectos conductuales:** Los patrones de actividad-reposo constituyen el ejemplo más evidente. La mayoría de los mamíferos, incluyendo los humanos, muestran períodos definidos de vigilia y sueño que se repiten aproximadamente cada 24 h. Otros ejemplos incluyen los patrones de alimentación, la conducta reproductiva estacional y los ciclos de migración.
• **Aspectos fisiológicos:** La temperatura corporal fluctúa de manera rítmica, alcanzando su mínimo durante las primeras horas de la madrugada y su máximo al final de la tarde. La presión

arterial, la frecuencia cardíaca y la función respiratoria también muestran variaciones cíclicas significativas.

• **Aspectos bioquímicos:** Las concentraciones de hormonas como el cortisol, la melatonina, la hormona del crecimiento y las hormonas tiroideas fluctúan de manera rítmica. Los niveles de glucosa, los parámetros hematológicos y la actividad de numerosas enzimas también siguen patrones temporales específicos.

La importancia de los ritmos biológicos radica en su capacidad para ajustar los procesos internos del organismo con las variaciones ambientales predecibles, como los ciclos de luz/oscuridad, variaciones de temperatura y humedad, etc. (Bear et al., 2016). Esta sincronización permite a los organismos anticipar y prepararse para cambios ambientales, optimizando así su supervivencia y eficacia biológica. Estas señales ambientales actúan como **sincronizadores** (o *zeitgebers*, término alemán que significa "marcador de tiempo"), que ajustan los ritmos endógenos y el reloj biológico (Carlson & Birkett, 2021). Sin estos sincronizadores, los ritmos endógenos funcionarían como un reloj de "curso libre" con un período ligeramente diferente a 24 h, que para los humanos oscila entre 24,5 h y 25,5 h (Bear et al., 2016).

Entre los principales *zeitgebers* **externos** se encuentran la luz ambiental, la temperatura ambiental, la disponibilidad de alimento y las señales sociales (horarios de comidas, actividad social o rutinas laborales, entre otras). Por lo que respecta a los **zeitgebers internos**, encontramos los relojes biológicos periféricos, localizados en los tejidos y en los distintos órganos, que pueden actuar como sincronizadores internos, coordinando diferentes sistemas fisiológicos bajo el control del reloj central localizado en el encéfalo (específicamente en el núcleo supraquiasmático del hipotálamo), tal y como se analizará en el siguiente apartado (Bear et al., 2016; Carlson & Birkett, 2021).

La **acrofase** representa el momento en que un ritmo biológico alcanza su valor máximo durante su ciclo (Sempere-Rubio et al., 2022). Este parámetro es crucial para caracterizar los ritmos, ya que permite determinar la fase temporal específica del organismo. Por ejemplo, la acrofase de la melatonina se presenta durante las primeras horas de la noche, mientras que la de la temperatura corporal en humanos ocurre típicamente entre las 18:00 y las 20:00 horas. Atendiendo a esta cuestión, y siguiendo con el ejemplo, observamos que en el caso de la fiebre, la "acrofase febril" suele presentarse en las horas de la tarde o al anochecer, mientras que las temperaturas más bajas se registran en la mañana, manteniéndose este patrón marcado por el funcionamiento de los ritmos biológicos, incluso durante procesos infecciosos.

2.2. Clasificación de los ritmos biológicos

Los ritmos biológicos se clasifican tradicionalmente según su período, es decir, el tiempo que transcurre para completar un ciclo completo (Carlson & Birkett, 2021):

• **Ritmos Circadianos:** son aquellos que tienen una periodicidad aproximada de 24 h. Representan los ritmos más estudiados debido a su relevancia para la vida cotidiana humana. Entre los principales ejemplos destaca el ciclo sueño-vigilia, la temperatura corporal, y la secreción de hormonas como el cortisol (que presenta su pico máximo en las primeras horas de la mañana) o la melatonina (que alcanza su máximo durante la noche).
• **Ritmos Ultradianos:** presentan períodos menores a 24 h, repitiendo sus ciclos varias veces durante el día. Algunos ejemplos de este tipo de ritmos incluyen los ciclos de sueño REM/No-

REM (que se repiten en ciclos de 90-120 min durante el sueño nocturno), la secreción de algunas hormonas, como la hormona luteinizante, los ritmos de alimentación, o los ritmos cardíacos.

• **Ritmos Infradianos:** se producen en períodos superiores a 24 h, extendiéndose desde días hasta años. El ejemplo más destacado es el del ciclo menstrual, pero también se incluirían los ritmos estacionales, lunares o anuales propios de algunas especies animales (como cambios en la reproducción, migración o hibernación).

3. BASES NEURALES DE LOS RITMOS BIOLÓGICOS

3.1. El núcleo supraquiasmático (NSQ)

El **núcleo supraquiasmático (NSQ)** es el principal reloj biológico en mamíferos, ya que funciona como el marcapasos central que coordina los ritmos circadianos en todo el organismo. Este pequeño núcleo (Figura 1), compuesto por aproximadamente veinte mil neuronas en humanos, se sitúa de manera bilateral en el hipotálamo anterior, inmediatamente superior al quiasma óptico, y tiene proyecciones recíprocas con los centros neuronales que regulan diferentes funciones como el sueño y la vigilia (Carlson & Birkett, 2021; Fernández-Mendoza, 2023).

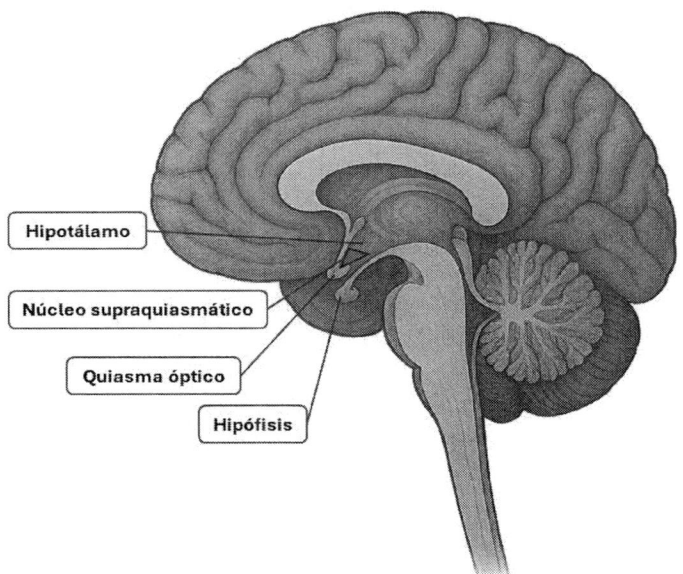

Figura 1. Vista sagital del núcleo supraquiasmático (NSQ), localizado en el hipotálamo anterior, sobre el quiasma óptico y al lado del tercer ventrículo.

Diversos estudios clásicos, realizados en animales, demostraron el papel de NSQ en el control de los ritmos biológicos. A continuación, se describen los principales hallazgos obtenidos en función del tipo de estudios realizados:

- **Estudios de estimulación del NSQ:** En estos estudios se observó que cuando se estimula eléctricamente esta región se pueden desplazar los ritmos circadianos de una manera predecible (Bear et al., 2016).
- **Estudios de lesión del NSQ:** Cuando la lesión del NSQ se produjo de manera bilateral, se anularon los ritmos circadianos de la actividad física, la secreción hormonal, y la conducta de ingesta. También se observó que la lesión del NSQ provoca la alteración del ciclo sueño-vigilia, de modo que los animales con esta lesión presentan un sueño fragmentado en episodios que se distribuyen al azar a lo largo del día y de la noche, pero que tienen, en conjunto, una duración total similar al de los animales con el NSQ no lesionado (Fernández-Mendoza, 2023; Moore & Eichler, 1972). De este hallazgo se desprende el modelo de los dos procesos de Borbely relacionado con el sueño, en el que se indica que su regulación está controlada por un proceso circadiano (relacionado con el reloj biológico situado en el NSQ) y por un proceso homeostático, que depende de la duración de las fases de sueño y vigilia, calculando así la "deuda" de sueño que adquiere una persona en función de las horas de vigilia (Fernández-Mendoza, 2023).
- **Estudios de trasplante del NSQ:** Si después de la lesión se trasplantaba un nuevo NSQ, se observó que los roedores recuperaban los ritmos en 2-4 semanas (Edgar et al., 1993). Otros estudios observaron que, si se realizaba un trasplante de NSQ entre roedores con diferentes períodos circadianos endógenos, el período del ritmo del receptor adoptaba el período característico del donador (Ralph et al., 1990).

El NSQ recibe información lumínica a través del sistema visual, de modo que la luz le permite sincronizar la mayoría de los ciclos de actividad. Esta vía se denomina **vía retinohipotalámica**, y está compuesta por axones de las células ganglionares situadas en la retina que hacen sinapsis directamente sobre las dendritas de las neuronas del NSQ (Figura 2).

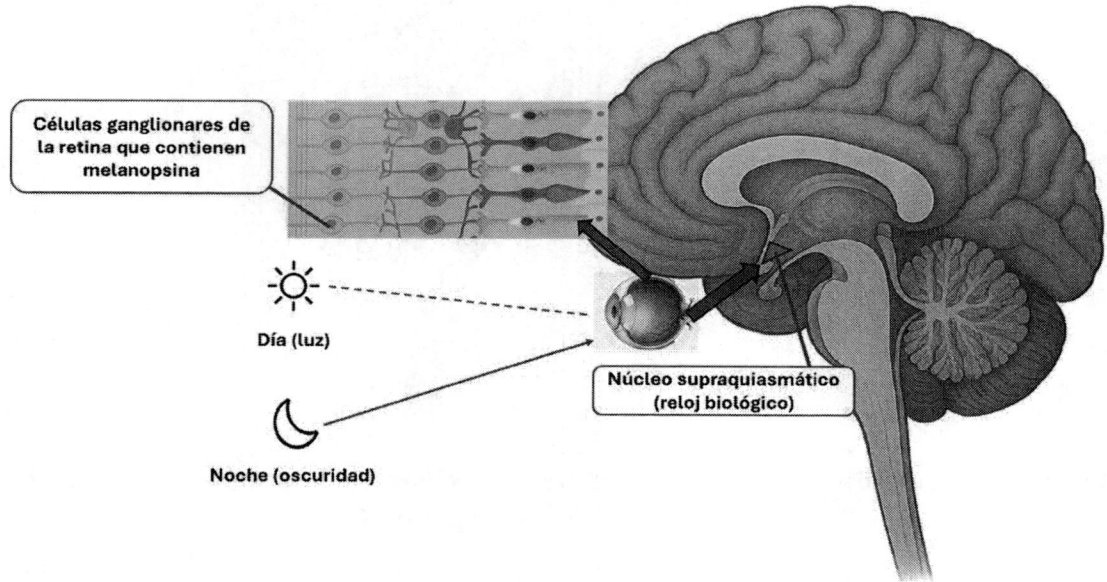

Figura 2. Vía retinohipotalámica, que envía información desde las células ganglionares del sistema visual hasta el núcleo supraquiasmático.

Las células ganglionares de la retina son intrínsecamente fotosensibles, y expresan **melanopsina**, un fotopigmento especializado en detectar cambios en la iluminación ambiental. Las células ganglionares son fotorreceptoras diferentes a los conos y los bastones, ya que expresan melanopsina y, a pesar de ser excitadas muy lentamente por la luz, son capaces de integrar información lumínica durante períodos prolongados (Bear et al., 2016; Carlson & Birkett, 2021; Fernández-Mendoza, 2023).

Por tanto, el NSQ recibe aferencias del sistema visual a través de la vía retinohipotalámica y proyecta eferencias a estructuras imprescindibles para la regulación del ciclo sueño-vigilia, como el núcleo paraventricular o el área preóptica ventrolateral del hipotálamo (Purves et al., 2018; Fernández-Mendoza, 2023). Tal y como se muestra en la Figura 3, los axones eferentes del NSQ relacionados con el ciclo sueño-vigilia proyectan hacia el **núcleo paraventricular**, y de ahí al **núcleo dorsomedial** del hipotálamo. Desde este núcleo se proyecta a distintas áreas, entre las que destaca el **área preóptica ventrolateral** y el **hipotálamo lateral** (grupo de células que producen orexinas -o hipocretinas-). Se ha observado, además, que las proyecciones al área preóptica ventrolateral son inhibidoras, por lo que se inhibe el sueño; mientras que las enviadas al hipotálamo lateral estimulan a las neuronas orexinérgicas que son excitadoras, por lo que favorecen la vigilia. Ambos procesos están activados en los periodos de actividad, en seres humanos y en el resto de los mamíferos (Carlson & Birkett, 2021).

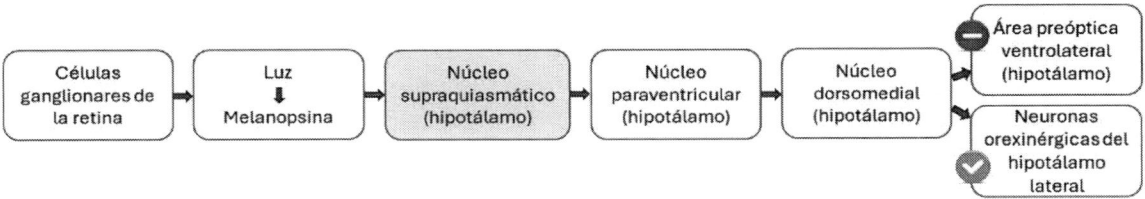

Figura 3. Vía de control del NSQ del ciclo sueño-vigilia.

El funcionamiento del NSQ, similar al de un reloj en el que se observan ritmos diarios de actividad y oscilaciones de aproximadamente 24 horas, se relaciona con un mecanismo molecular basado en la expresión génica de distintos **genes *clock***. Aunque cada especie puede mostrar características ligeramente diferentes, el funcionamiento básico de estos genes es el de un bucle de retroalimentación negativa. Este "mecanismo de relojería molecular" tiene las siguientes características (Bear et al., 2016; Carlson & Birkett, 2021):

• Los genes *clock* se transcriben produciendo ARN mensajero que posteriormente se traduce en proteínas.

• Cuando se alcanza el nivel máximo, la alta concentración de las proteínas en la célula interrumpe su propia producción a través de la retroalimentación negativa, y como consecuencia los niveles de la proteína empiezan a descender.

• Cuando esto sucede, se vuelve a incrementar la expresión de los genes, lo que se suprime la inhibición y el ciclo de producción se inicia de nuevo.

• Este ciclo tarda unas 24 h en completarse y es por esto por lo que se regulan los ritmos circadianos.

Atendiendo a este funcionamiento, se observa que cada neurona del NSQ es un "reloj" o "mecanismo tictac" en el que la transcripción de los genes y la frecuencia de disparo van cambiando cíclicamente cada 24 h. La información lumínica de la retina se utiliza para ajustar los relojes de las neuronas NSQ cada día, aunque estas neuronas también se comunican entre ellas de manera directa (Bear et al., 2016).

3.2. La glándula pineal (GP)

La **glándula pineal (GP)**, también conocida como **epífisis**, es una pequeña estructura endocrina localizada en la línea media del diencéfalo, posterior al tercer ventrículo y anterior al cerebelo. En mamíferos, funciona como un traductor neuroendocrino que convierte información neural sobre los ciclos de luz-oscuridad en una señal hormonal mediante la síntesis y secreción de **melatonina**, una hormona que se sintetiza a través del triptófano (Carlson & Birkett, 2021; Purves et al., 2018).

Si atendemos a la anatomía y conexiones de la GP, se observa que recibe inervación simpática desde el ganglio cervical superior a través de una vía neural compleja que la conecta con el NSQ (Figura 4):

- NSQ → núcleo paraventricular del hipotálamo → médula espinal → ganglio cervical superior → GP → secreción de melatonina (en periodo de oscuridad).

La secreción de la melatonina depende de los ciclos de luz y oscuridad, disminuyendo durante el día (la señal de la luz disminuye su secreción) y aumentando por la noche (la ausencia de luz estimula su secreción). Esta conexión permite que la información circadiana y estacional generada en el NSQ module la síntesis de melatonina.

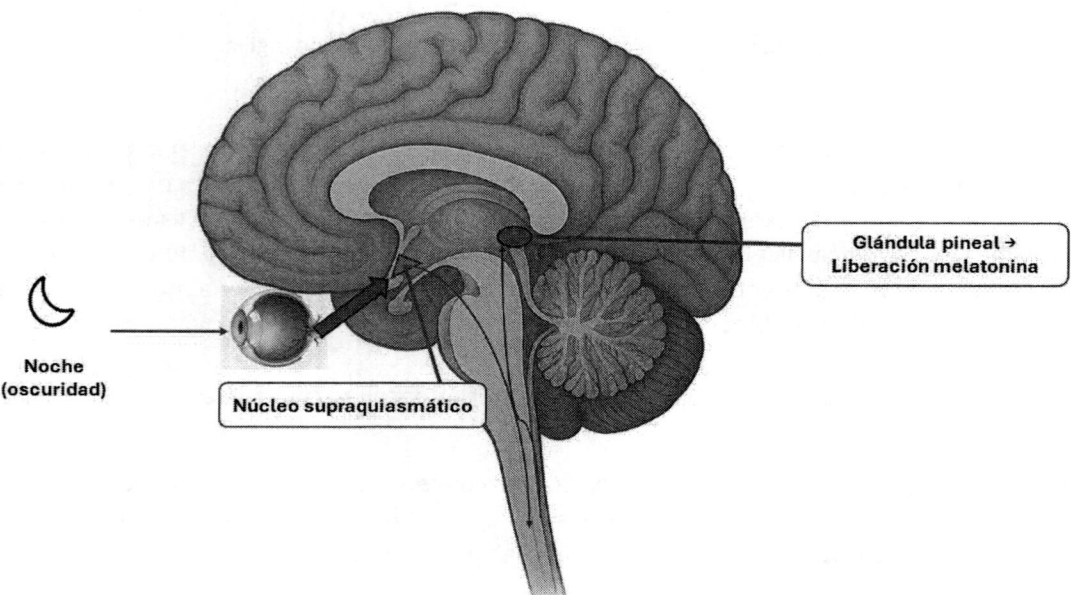

Figura 4. Liberación de melatonina por la glándula pineal y la vía neural que la conecta con el núcleo supraquiasmático.

Entre las principales funciones de la melatonina se encuentran las siguientes (Guerrero et al., 2017):

- **Señalización circadiana:** La melatonina actúa como una señal hormonal que informa sobre la fase del día a tejidos y órganos periféricos. Su patrón de secreción nocturna permite sincronizar ritmos periféricos.
- **Regulación del sueño:** Aunque no es un inductor directo del sueño, la melatonina facilita el inicio del sueño al reducir la temperatura corporal y promover la somnolencia.
- **Función antioxidante:** La melatonina posee potentes propiedades antioxidantes, protegiendo células y tejidos del daño oxidativo.
- **Control de ritmos estacionales:** La duración del pulso nocturno de melatonina varía estacionalmente, siendo más prolongado durante los días cortos del invierno y más breve durante los días largos del verano. Esta variación en la duración del pulso de melatonina permite a muchos organismos detectar cambios estacionales y ajustar procesos fisiológicos como la reproducción estacional, los cambios en el metabolismo y almacenamiento de energía, las modificaciones en el comportamiento y estado de ánimo, o la preparación para hibernación en especies apropiadas. Se ha observado que las lesiones en el NSQ, en el núcleo paraventricular o en la GP alteran la aparición de ritmos estacionales en los animales.

3.3. Los relojes periféricos

Aunque el NSQ funciona como el reloj principal, se ha demostrado que prácticamente todos los tejidos del organismo contienen relojes moleculares capaces de generar ritmos biológicos locales. Estos **relojes periféricos** utilizan los mismos mecanismos moleculares que el NSQ, pero pueden ser influenciados por señales específicas del tejido (Bear et al., 2016). Los últimos estudios han determinado la localización y funciones de los diversos relojes periféricos, entre los que destacan los que se incluyen en la Figura 5. Específicamente se han localizado estos relojes periféricos en órganos centrales como el hígado, el corazón, los pulmones, los riñones, el intestino y el páncreas, así como en el tejido graso y en el sistema musculoesquelético. A nivel general, las principales funciones de los relojes periféricos incluyen la regulación de los procesos específicos del tejido donde se localizan, incluyendo el control de la expresión génica (un 10% de los genes de cada tejido muestra una expresión rítmica), regulación metabólica (sincronización de los procesos metabólicos con la disponibilidad de nutrientes) y la optimización funcional (relacionada con la preparación anticipada para períodos de mayor demanda funcional). Para más información, consultar Bautista et al. (2025).

Se ha observado que el NSQ regula los relojes circadianos mediante **señales neurales**, que incluyen el control de algunas de las funciones del sistema nervioso autónomo (Bear et al., 2016). Otras señales también implicadas en la sincronización de los relojes periféricos incluyen las **señales hormonales** (liberación de cortisol y otras hormonas con patrones circadianos), **señales metabólicas** (temperatura corporal, disponibilidad de nutrientes, metabolismo), y **patrones de actividad** (locomoción, ejercicio físico y alimentación). La jerarquía entre el reloj central y los relojes periféricos es compleja. Mientras que el NSQ mantiene el control general, los relojes periféricos pueden mostrar cierta autonomía (Finger & Kramer, 2021). Estudios recientes han observado que los mecanismos de comunicación entre el reloj central y los relojes periféricos pueden verse alterados en el envejecimiento, lo que podría estar relacionado con algunos de los cambios que aparecen en esta etapa vital (como los observados en los ritmos relativos a la respuesta neuroendocrina, la temperatura corporal o la conducta) (Mortimer et al., 2025).

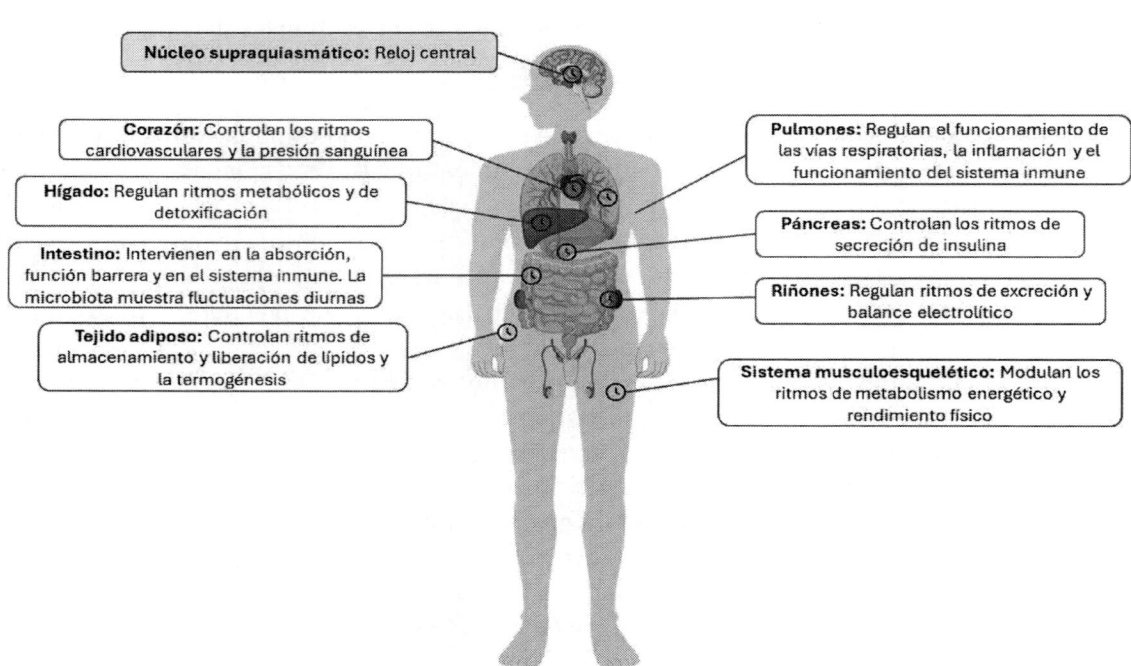

Figura 5. Localización y principales funciones de los relojes periféricos.

4. CRONOBIOLOGÍA

4.1. Definición y objetivos

La **cronobiología** es la disciplina científica que estudia los ritmos biológicos, analizando el modo en que los procesos biológicos se organizan de manera cíclica en respuesta a los cambios del entorno, e investigando sus mecanismos, funciones y aplicaciones (Fraile-Martínez et al., 2024). El término fue acuñado por Franz Halberg en la década de 1960 para describir el estudio sistemático de la organización temporal de los seres vivos.

Entre los principales objetivos de la cronobiología, se incluyen los siguientes:

- **Caracterización de ritmos**: Identificar y describir los diferentes ritmos biológicos presentes en organismos vivos, determinando sus períodos, amplitudes, fases y estabilidad.
- **Comprensión de los mecanismos adyacentes**: Elucidar los mecanismos moleculares, celulares y sistémicos responsables de la generación y mantenimiento de los ritmos biológicos.
- **Función adaptativa:** Investigar el valor evolutivo y las ventajas adaptativas que proporcionan los ritmos biológicos a los organismos.
- **Aplicaciones clínicas:** Desarrollar aplicaciones prácticas del conocimiento cronobiológico en medicina, farmacología y salud pública.

El estudio de la cronobiología ha permitido establecer franjas horarias en las que se producen algunos de los cambios fisiológicos más relevantes, y sus correspondientes efectos sobre la conducta y el rendimiento de los seres humanos. De manera general, se ha observado que el pico de secreción de cortisol, que suele producirse entre las 7:00 h y las 9:00 h, se asocia con un incremento posterior del nivel de alerta, alcanzando su máximo aproximadamente hacia las 10:00 h de la mañana. De forma paralela, los niveles de testosterona tienden a ser más elevados alrededor de las 9:00 h. En cuanto al rendimiento físico y cognitivo, la coordinación motora y el tiempo de reacción suelen alcanzar su punto óptimo entre las 14:30 h y las 15:30 h, mientras que la mayor eficiencia cardiovascular y la fuerza muscular se observan en torno a las 17:00 h. Asimismo, la presión arterial tiende a registrar su valor máximo alrededor de las 18:30 h, momento tras el cual comienzan los cambios fisiológicos dirigidos a favorecer el descanso nocturno. Hacia las 21:00 h se inicia el aumento en la secreción de melatonina, hormona clave en la inducción del sueño, y el sueño profundo suele alcanzarse hacia las 2:00 h de la madrugada (Fraile-Martínez et al., 2024; Maroto-Gómez et al., 2023). Es importante subrayar que estas referencias constituyen estimaciones promedio y que las variaciones individuales —especialmente las determinadas por el cronotipo— pueden desplazar estos picos temporales hacia momentos más tempranos o tardíos del día.

4.2. Áreas de aplicación

Diversos estudios han establecido distintas áreas de aplicación de los conocimientos adquiridos en los estudios relacionados con la cronobiología. A continuación, se incluyen algunos ejemplos con el fin de mostrar aplicaciones prácticas de esta cuestión. Una de las áreas de aplicación de la cronobiología hace referencia a la determinación de los cronotipos. El **cronotipo** puede definirse como la manifestación individual de los ritmos circadianos a través de diversos mecanismos fisiológicos y conductuales, entre los que se incluyen la variación en la temperatura corporal, la secreción de cortisol, las funciones cognitivas, así como los patrones de alimentación y de sueño (Vitale et al., 2017). Tradicionalmente, se distinguen tres tipos principales de cronotipo (Fraile-Martínez et al., 2024):

• **Matutino**, caracterizado por una mayor activación y rendimiento en las primeras horas del día.
• **Vespertino**, en el que la actividad y el estado de alerta se concentran en las horas más tardías.
• **Intermedio o mixto**, que presenta rasgos situados entre ambos extremos.

La determinación del cronotipo de una persona depende de la interacción entre múltiples factores internos —como la dotación genética, el desarrollo, el sexo, la edad o la personalidad— y factores externos —como la exposición a la luz natural, la estación del año, la altitud, la longitud y la latitud geográfica—, además de influencias sociales y de estilo de vida (Chauhan et al., 2023). Comprender las particularidades de los cronotipos reviste una importancia considerable para la salud y el bienestar, ya que permite explicar las diferencias individuales en la sincronización entre los ritmos biológicos internos y las demandas del entorno, contribuyendo así a una mejor adaptación fisiológica y conductual (Fraile-Martínez et al., 2024).

Un campo particularmente prometedor dentro de la cronobiología es la **cronofarmacología**, que estudia cómo los ritmos biológicos afectan a la eficacia y a la toxicidad de los medicamentos, esto es, cómo el momento de administración de un fármaco puede influir en su eficacia, metabolismo y efectos secundarios, optimizando los resultados terapéuticos. Por ejemplo, diversos estudios han observado que los corticosteroides son mejor tolerados cuando se administran por la mañana, siguiendo el ritmo natural del cortisol. Un estudio reciente ha evaluado un posible tratamiento para la insuficiencia adrenal congénita mediante el desarrollo de una formulación modificada de hidrocortisona. Esta nueva formulación libera la hormona de acuerdo con un patrón de liberación diferida o sostenida, lo que permite reproducir el ritmo circadiano fisiológico del cortisol. Los resultados indican que este enfoque mejora el control de la enfermedad y reduce las perturbaciones en el eje hipotálamo-pituitario-adrenal (Whitaker et al., 2024). Estas aplicaciones ilustran cómo el conocimiento de los cronotipos individuales y de los ritmos hormonales y metabólicos circadianos puede informar de la dosificación, la formulación y el horario de los tratamientos, con impacto clínico directo: mejorar eficacia, reducir efectos secundarios y favorecer una mayor sincronización fisiológica entre el individuo y el entorno.

Numerosos estudios han confirmado que el **rendimiento físico y deportivo** presenta variaciones diurnas bien definidas. De este modo, se han observado **variaciones en la capacidad física**, de modo que la fuerza muscular, la capacidad anaeróbica y la resistencia cardiovascular muestran variaciones circadianas, típicamente alcanzando sus máximos durante las horas vespertinas. Por lo que respecta a la **temperatura corporal y rendimiento**, se ha observado una correlación positiva entre la temperatura corporal y el rendimiento físico (con un pico general alrededor de las últimas horas de la tarde, coincidiendo con el máximo de la temperatura corporal interna), explicando así parcialmente las variaciones circadianas en capacidad atlética. En cuanto al **mejor momento del día para entrenar**, hay evidencias de que entrenamientos vespertinos tienden a generar mayores ganancias de masa muscular cuando se comparan con los matutinos, al menos en estudios con programas de fuerza y resistencia combinados a lo largo de varias semanas (Vitale et al., 2017). También, un metanálisis reciente sobre intensidad y hora del ejercicio muestra que cuando se realiza por la mañana, durante un tiempo prolongado, puede mejorar la calidad del sueño y reducir los niveles de cortisol al despertar, mientras que el ejercicio realizado por la noche puede retrasar los ritmos de melatonina y temperatura corporal, aunque sin necesariamente comprometer parámetros como la eficiencia del sueño en sujetos sanos (Kim et al., 2023). Teniendo en cuenta estas variaciones, los deportistas y atletas de élite pueden optimizar su rendimiento planificando entrenamientos y competencias considerando sus ritmos circadianos individuales.

4.3. Cronodisrupción y cronomedicina

La **cronodisrupción** hace referencia a la alteración significativa de los ritmos circadianos, resultando en una desincronización o desalineamiento —también denominado *mismatch*— entre los relojes internos y las demandas ambientales o conductuales. Entre los principales factores externos que favorecen este desajuste se encuentran: la insuficiente exposición a la luz natural, la exposición excesiva a la luz artificial durante las horas diurnas y nocturnas, las exigencias sociales o laborales como el trabajo por turnos o los eventos nocturnos, así como los hábitos conductuales relacionados con los horarios de alimentación, la práctica de actividad física y el patrón de sueño. En este sentido, diversos estudios han señalado que la alteración o desincronización de los ritmos circadianos puede desempeñar un papel relevante tanto en el desarrollo como en la manifestación de múltiples patologías. La disrupción circadiana puede actuar como un factor contribuyente en el desarrollo de enfermedades, presentarse como una consecuencia de las mismas o reflejar procesos fisiopatológicos compartidos, lo que se traduce en un deterioro significativo de la salud y la calidad de vida, tanto a nivel individual como poblacional (Fraile-Martínez et al., 2024; Marino et al., 2023).

La cronificación de este desajuste entre los relojes endógenos y las demandas externas se asocia con alteraciones metabólicas, inmunológicas y neuroendocrinas. Además, es importante destacar que los procesos patológicos en sí mismos pueden modificar la sincronía y la función de los relojes circadianos centrales y periféricos, lo que contribuye a un círculo vicioso en el que la enfermedad y la desincronización se retroalimentan mutuamente, amplificando sus efectos sobre la salud (Fraile-Martínez et al., 2024; Marino et al., 2023).

Un ejemplo claro de cronodisrupción en las sociedades modernas es el **trabajo por turnos**, especialmente cuando este se lleva a cabo en turnos de trabajo nocturno. En estos casos, se ha observado que la cronodisrupción puede producir alteraciones en la secreción de hormonas como la melatonina y el cortisol, así como la desincronización entre los diferentes ritmos circadianos. De hecho, la regularidad de los horarios de sueño y una cantidad de sueño mínimo (entre 7 y 9 horas), se han descrito como predictores de mortalidad y desarrollo de diversas patologías (Carlson & Birkett, 2021; Zuraikat et al., 2024). Así, la disrupción que es provocada por la falta de regularidad en los horarios de sueño en los trabajos por turnos es uno de los mecanismos más relevantes a la hora de explicar su relación con el mayor riesgo de desarrollar patologías como enfermedades cardiovasculares, diabetes tipo 2, obesidad, trastornos gastrointestinales, algunos tipos de cáncer y trastornos del estado de ánimo, así como una mayor frecuencia a padecer accidentes relacionados con la somnolencia (Fraile-Martínez et al., 2024; Zuraikat et al., 2024). Otro ejemplo interesante de cronodisrupción es el que observamos en las personas que presentan **_jet lag_** o síndrome del cambio de la zona horaria, que se produce cuando viajamos y cruzamos diferentes zonas horarias en periodos breves. Los síntomas principales incluyen fatiga y somnolencia, dificultad para conciliar el sueño, disminución del rendimiento cognitivo y alteraciones del estado de ánimo. Entre los principales factores moduladores se ha destacado el número de zonas horarias cruzadas, la dirección del viaje (los viajes hacia el este suelen ser más problemáticos), la edad y las diferencias individuales en el cronotipo de las personas afectadas (Carlson & Birkett, 2021; Fraile-Martínez et al., 2024). Otro ejemplo que se relaciona con las enfermedades neurodegenerativas es un estudio realizado en ratones, en el cual se ha observado que diversos genes relacionados con la Enfermedad de Alzheimer están regulados por los ritmos circadianos, lo que abre la puerta a nuevas estrategias terapéuticas dirigidas a mejorar el funcionamiento de los relojes biológicos, de manera que permitan prevenir la acumulación a los daños asociados a esta enfermedad neurodegenerativa (Sheedan et al., 2025).

En estos casos, las estrategias de intervención tratan de eliminar o minimizar el desfase horario y los problemas que origina el desajuste entre los relojes internos y las demandas externas. Algunas de las estrategias más utilizadas son la fototerapia (exposición controlada a luz brillante en momentos específicos para facilitar la adaptación circadiana), la administración de melatonina exógena, la promoción de medidas dirigidas a mejorar la higiene del sueño (que incluyen la optimización del ambiente y conductas facilitadoras del sueño), y la planificación de horarios (que permitan diseñar horarios de trabajo y descanso que minimicen la cronodisrupción). Este tipo de estrategias se enmarcarían en lo que se define como **cronomedicina**, que constituye una rama emergente del conocimiento biomédico que se dirige a intervenir sobre los factores responsables de la cronodisrupción, con el objetivo de prevenir y tratar patologías asociadas. Su enfoque se basa principalmente en restablecer la sincronía de los ritmos biológicos, especialmente el ciclo sueño-vigilia, y en ajustar los tratamientos disponibles. De este modo, la cronomedicina no solo persigue optimizar la eficacia y reducir los efectos adversos de las intervenciones médicas, sino también favorecer una mejor adaptación del organismo a los ritmos naturales (Fraile-Martínez et al., 2024; Lee et al., 2021).

5. CONCLUSIONES

Los ritmos biológicos constituyen un aspecto fundamental de la organización temporal de los seres vivos, representando adaptaciones evolutivas que permiten la sincronización con variaciones ambientales predecibles. El núcleo supraquiasmático, situado en el hipotálamo, funciona como el reloj central que coordina múltiples ritmos del organismo, mientras que los relojes periféricos, situados en los distintos órganos y tejidos corporales, proporcionan regulación de los mecanismos fisiológicos y metabólicos, favoreciendo la optimización funcional y la flexibilidad adaptativa a distintas situaciones y a los factores ambientales.

La cronobiología ha emergido como una disciplina con importantes aplicaciones clínicas y prácticas, desde la optimización de tratamientos farmacológicos hasta la comprensión de trastornos relacionados con la desincronización circadiana. El conocimiento actual sobre los mecanismos moleculares y neurales de los ritmos biológicos continúa estudiándose, prometiendo nuevas intervenciones terapéuticas y estrategias preventivas para mejorar la salud y el bienestar humano. En nuestro país, seguimos debatiendo si debemos seguir realizando el cambio de horario durante el año y, si atendemos a lo revisado en el presente capítulo, parece que la recomendación pasa por establecer un horario estándar permanente. Además, se recomendaría mantener el "horario de invierno", más cercano a nuestro huso horario solar, ya que favorecería los ciclos de sueño-vigilia, viviríamos más alineados con la luz solar y disminuirían muchos de los riesgos para la salud relacionados la cronodisrupción.

Futuros estudios se centrarán en el avance de la medicina personalizada basada en cronotipos individuales, el desarrollo de una cronofarmacología más específica y efectiva, y en la comprensión más profunda de cómo los factores ambientales modernos (luz artificial, exposición a pantallas, horarios irregulares, disponibilidad constante de alimentos) impactan en nuestros sistemas de temporización biológica, pudiendo favorecer la cronodisrupción.

6. BIBLIOGRAFIA

Bautista, J., Ojeda-Mosquera, S., Ordóñez-Lozada, D., & López-Cortés, A. (2025). Peripheral clocks and systemic zeitgeber interactions: From molecular mechanisms to circadian precision medicine. *Frontiers in Endocrinology*, 16, 1606242. https://doi.org/10.3389/fendo.2025.1606242

Bear, M.F., Connors, B.W., & Paradiso, M.A. (2016). *Neuroscience: Exploring the brain* (4.ª ed.). Wolters Kluwer.

Carlson, N.R., & Birkett, M.A. (2021). *Physiology of behavior* (13.ª ed.). Pearson.

Chauhan, S., Norbury, R., Faßbender, K.C., Ettinger, U., & Kumari, V. (2023). Beyond sleep: A multidimensional model of chronotype. *Neuroscience and Biobehavioral Reviews*, 148, 105114. https://doi.org/10.1016/j.neubiorev.2023.105114

Edgar, D.M., Dement, W.C., & Fuller, C.A. (1993). Effect of SCN lesions on sleep in squirrel monkeys: Evidence for opponent processes in sleep–wake regulation. *The Journal of Neuroscience*, 13: 1065-1079. https://doi.org/10.1523/JNEUROSCI.13-03-01065.1993

Fernández-Mendoza, J. (2023). Sueño y arousal. En D. Redolar (Coord.), *Neurociencia cognitiva* (pp. 615–647). Editorial Médica Panamericana.

Finger, A M., & Kramer, A. (2021). Peripheral clocks tick independently of their master. *Genes & Development*, 35: 304-306. https://doi.org/10.1101/gad.348305.121

Fraile-Martínez, O., García-Montero, C., Ríos, L., Sáez, M.A., de Mon-Soto, M.A., & Ortega, M.A. (2024). *Cronobiología y aplicaciones médicas (I). Los ritmos circadianos*. Medicine – Programa de Formación Médica Continuada Acreditado, 14, 1350-1363. https://10.1016/j.med.2024.11.020

Guerrero, J.M., et al. (2017). La melatonina. *Investigación y Ciencia*, Especial "Relojes biológicos", 32-40.

Kandel, E.R., Koester, J.D., Mack, S.H., & Siegelbaum, S.A. (2021). *Principles of neural science* (6.ª ed.). McGraw-Hill.

Kim, N., Ka, S., & Park, J. (2023). Effects of exercise timing and intensity on physiological circadian rhythm and sleep quality: A systematic review. *Physical Activity and Nutrition*, 27: 52–63. https://doi.org/10.20463/pan.2023.0029

Lee, Y., Field, J.M., & Sehgal, A. (2021). Circadian rhythms, disease and chronotherapy. *Journal of Biological Rhythms*, 36: 503-531. https://doi.org/10.1177/07487304211044301

Marino, G.M., & Arble, D.M. (2023). Peripheral clock disruption and metabolic disease: Moving beyond the anatomy to a functional approach. *Frontiers in Endocrinology*, 14, 1182506. https://doi.org/10.3389/fendo.2023.1182506

Maroto-Gómez, M., Malfaz, M., Castro-González, A., Carrasco-Martínez, S., & Salichs, M.A. (2023). Adaptive circadian rhythms for autonomous and biologically inspired robot behavior. *Biomimetics*, 8, 413. https://doi.org/10.3390/biomimetics8050413

Moore, R.Y., & Eichler, V.B. (1972). Loss of a circadian adrenal corticosterone rhythm following suprachiasmatic lesions in the rat. *Brain Research*, 42: 201-206. https://doi.org/10.1016/0006-8993(72)90054-6

Mortimer, T., Smith, J. G., Muñoz-Cánoves, P., & Aznar Benitah, S. (2025). Circadian clock communication during homeostasis and ageing. *Nature Reviews Molecular Cell Biology*, 26: 314-331. https://doi.org/10.1038/s41580-024-00802-3

Purves, D., Augustine, G.J., Fitzpatrick, D., Hall, W.C., LaMantia, A.S., & White, L.E. (2018). *Neuroscience* (6.ª ed.). Sinauer Associates.

Ralph, M.R., Foster, R.G., Davis, F.C., & Menaker, M. (1990). Transplanted suprachiasmatic nucleus determines circadian period. *Science*, 247: 975-978. https://doi.org/10.1126/science.2305266

Sempere-Rubio, N., Aguas, M., & Faubel, R. (2022). Association between chronotype, physical activity and sedentary behaviour: A systematic review. *International Journal of*

Environmental Research and Public Health, 19, 9646. https://doi.org/10.3390/ijerph19159646

Sheehan, P.W., Fass, S.B., Sapkota, D., ... & Musiek, E.S. (2025). A glial circadian gene expression atlas reveals cell-type and disease-specific reprogramming in response to amyloid pathology or aging. *Nature Neuroscience.* https://doi.org/10.1038/s41593-025-02067-1

Vitale, J.A., & Weydahl, A. (2017). Chronotype, physical activity, and sport performance: A systematic review. *Sports Medicine,* 47: 1859-1868. https://doi.org/10.1007/s40279-017-0741-z

Whitaker, M.J., Debono, M., & Ross, R.J. (2024). Developing oral chronotherapy for cortisol replacement in congenital adrenal hyperplasia. *Clinical Endocrinology,* 101: 311-317. https://doi.org/10.1111/cen.14976

Zuraikat, F.M., Aggarwal, B., Jelic, S., & St-Onge, M.P. (2024). Consistency is key: Sleep regularity predicts all-cause mortality. *Sleep,* 47, zsad285. https://doi.org/10.1093/sleep/zsad285

Capítulo 4

Bases psicofisiológicas del sueño

https://youtu.be/vTTs8KXcERs

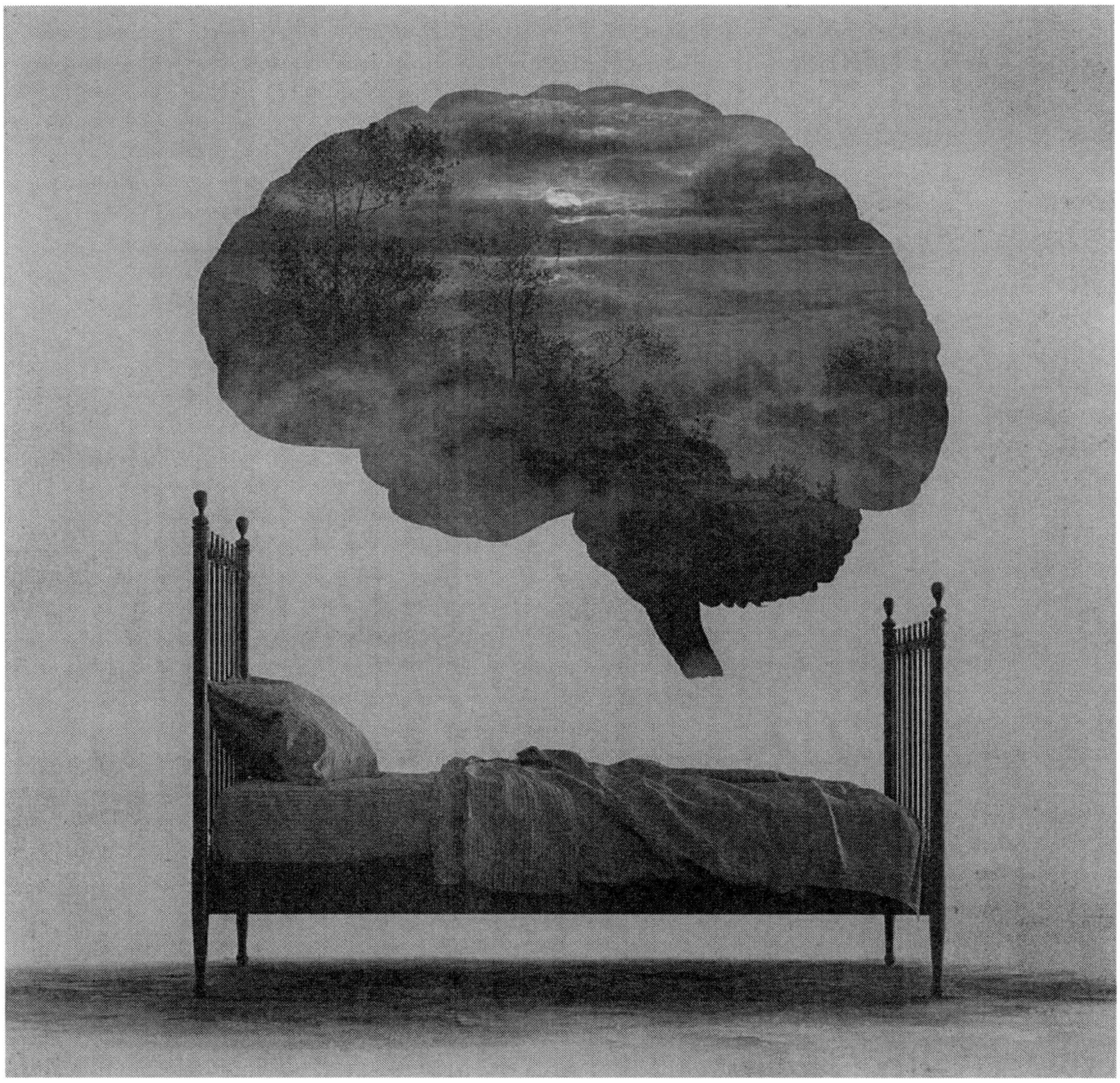

Santiago Monleón Verdú

Bases psicofisiológicas del sueño

1. INTRODUCCIÓN

El sueño es uno de los procesos biológicos más fundamentales y universales en el reino animal. En nuestra especie, ocupa aproximadamente un tercio de la vida. A pesar de su importancia para la salud física y mental, durante mucho tiempo se consideró que el sueño era simplemente una fase de inactividad o reposo. Sin embargo, la investigación sobre el mismo ha revelado que el sueño es un proceso activo y altamente complejo que involucra la interacción de diversas estructuras cerebrales, neurotransmisores y sistemas fisiológicos. Estas interacciones no solo permiten el restablecimiento físico y mental del organismo, sino que también están involucradas en funciones vitales como la restauración de los procesos metabólicos, el fortalecimiento del sistema inmunológico, la consolidación de la memoria y la regulación emocional.

El estudio del sueño ha evolucionado significativamente, pasando de ser considerado un fenómeno envuelto en el misterio y la especulación a un campo de investigación neurocientífica rigurosa. Desde una perspectiva psicofisiológica se han identificado una serie de estructuras cerebrales y neurotransmisores clave que intervienen en la regulación del ciclo sueño-vigilia, así como en la modulación de sus diferentes etapas.

Este capítulo tiene como objetivo proporcionar una visión integral sobre las bases psicofisiológicas del sueño, centrándose en los procesos biológicos y neurofisiológicos involucrados en su regulación. A lo largo del mismo, se abordarán aspectos clave como las fases y ciclos del sueño, las posibles funciones que desempeña el sueño, las estructuras cerebrales implicadas, los neurotransmisores y las hormonas que modulan estos procesos, así como las implicaciones para el bienestar psicológico y fisiológico. Comprender las bases psicofisiológicas del sueño no solo es esencial para estudiar sus funciones, sino también para reconocer cómo su alteración puede dar lugar a trastornos del sueño con repercusiones significativas en la salud física y mental. Al final del capítulo se abordarán los principales trastornos del sueño, como el insomnio, la narcolepsia, la apnea del sueño; y otros, llamados parasomnias, como el sonambulismo y las pesadillas.

2. CICLO SUEÑO-VIGILIA

El sueño es una conducta. Desde una perspectiva comportamental, el sueño es un estado funcional del organismo cíclico con cuatro manifestaciones conductuales características:

1) Adopción de una postura específica. Una postura que puede variar de unas especies a otras pero que es muy similar dentro de la misma especie. En la mayoría de los casos, tumbado y con los ojos cerrados.

2) Inmovilidad conductual prolongada. El individuo permanece relativamente quieto durante horas.

3) Elevación del umbral de respuesta a estímulos externos. Durante el sueño se requieren estímulos mucho más intensos para que el sujeto responda.

4) Reversibilidad conductual. El sueño es un estado fácilmente reversible, a diferencia de otros estados alterados de consciencia como el coma.

El sueño es pues un estado fisiológico cíclico caracterizado por la disminución de la conciencia, la inactividad motora y la reducción de la reactividad sensorial al entorno.

Desde un punto de vista psicofisiológico el sueño se caracteriza por la sucesión regular de cuadros poligráficos precisos, las llamadas *fases del sueño*. Un registro poligráfico del sueño, llamado registro polisomnográfico, se lleva a cabo mediante un aparato llamado *polígrafo* (= varios grafos), en un laboratorio del sueño, ubicado generalmente en algún centro médico o universidad. Un **laboratorio del sueño** consta básicamente de uno o varios pequeños dormitorios (donde duerme la persona) adyacentes a una sala de observación (donde se encuentra el experimentador y los aparatos de registro, como el polígrafo, ordenador, vídeo...).

2.1. Indicadores del sueño

En un polisomnograma se registran varios parámetros electrofisiológicos, como los siguientes:

- Actividad cerebral, mediante *electroencefalograma* (**EEG**) a través de electrodos colocados en el cuero cabelludo.

- Movimientos oculares, mediante *electrooculograma* (**EOG**) a través de electrodos colocados en las órbitas oculares.

- Actividad muscular, mediante *electromiograma* (**EMG**) a través de electrodos colocados en la barbilla.

- Tasa cardíaca y frecuencia respiratoria, mediante pletismógrafo, una especie de banda elástica colocada alrededor de la cavidad torácica.

- Conductancia eléctrica de la piel, a través de electrodos colocados en los dedos de la mano.

- En ocasiones también se registra la erección del pene (mediante una técnica llamada *falografía*), del clítoris (*clitografía*) y el flujo vaginal (*colpografía*).

- Y, si el estudio lo requiere, también se utilizan técnicas de neuroimagen.

De estos parámetros, los tres primeros (EEG, EOG y EMG) son los parámetros en base a los cuales se diferencian las fases del sueño. Siendo si cabe, el más importante de ellos el EEG, por lo que a continuación se describen las ondas electroencefalográficas. Estas ondas reflejan la actividad eléctrica de las neuronas de la corteza cerebral. Cada electrodo EEG registra muchas neuronas a la vez. Si estas neuronas se activan aproximadamente al mismo tiempo se trata de una activación sincronizada y se refleja en ondas grandes y lentas (separadas), mientras que si las neuronas se activan de forma aleatoria es una activación desincronizada y se refleja en ondas pequeñas y rápidas (juntas). Las ondas EEG se clasifican por su frecuencia, medida en hertzios (Hz) o número de oscilaciones por segundo. Atendiendo a este criterio, las principales ondas EEG son las siguientes (Figura 1):

• **Ondas beta**: Con una frecuencia de 13-30 Hz. Son características de la vigilia activa, es decir, cuando el sujeto está despierto y mentalmente activo (a mayor concentración o actividad mental, mayor frecuencia). Gráficamente se traduce en un trazado de ondas muy juntas (actividad desincronizada) y pequeñas (de bajo voltaje).

• **Ondas alfa**: Con una frecuencia de 8-12 Hz. Son características de la vigilia relajada, es decir, cuando el sujeto está despierto pero mentalmente relajado. Aunque pueden aparecer cuando la persona tiene los ojos abiertos, son mucho más frecuentes cuando los tiene cerrados (estando relajado). Gráficamente se traduce en un trazado de ondas un poco más separadas que las ondas beta (y todavía de bajo voltaje).

• **Ondas theta**: Con una frecuencia de 4-8 Hz. Son características de sueño ligero. Gráficamente se traduce en un trazado de ondas más separadas y de mayor voltaje que las ondas anteriores.

• **Ondas delta**: Con una frecuencia de 0-4 Hz. Son características de sueño profundo. Gráficamente se traduce en un trazado de ondas más lentas (separadas) y son las de mayor voltaje de todas.

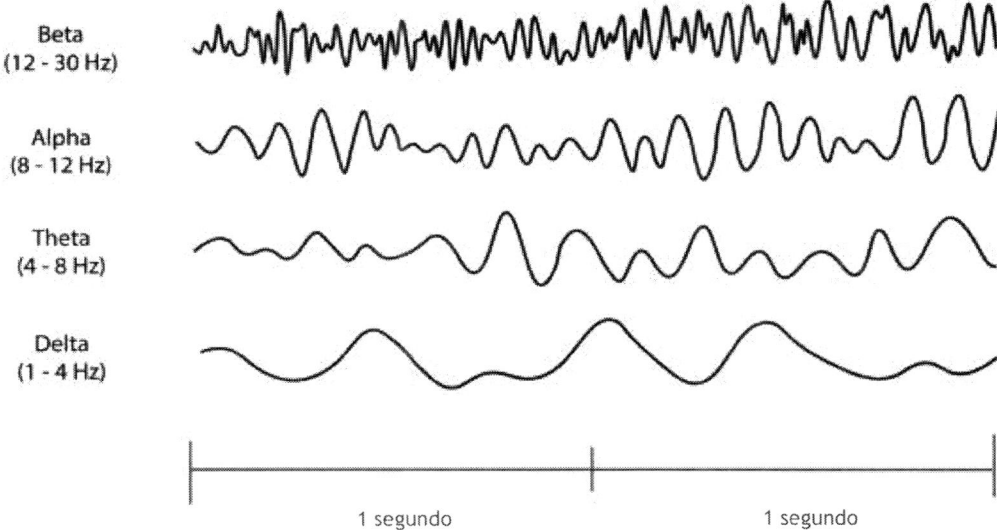

Figura 1. Principales ondas electroencefalográficas.

2.2. Fases del sueño

Durante el sueño, el cuerpo experimenta una serie de cambios fisiológicos que permiten la restauración de funciones vitales. Si bien el sueño sigue un patrón cíclico con variaciones de un individuo a otro, las investigaciones han identificado dos tipos fundamentales de sueño:

- Sueño No-REM: En el cual se distinguen varias etapas, que van desde el sueño más ligero hasta el sueño profundo.

- Sueño REM (*Rapid Eye Movements*): En el que se producen movimientos oculares rápidos y sueños vívidos, y se asocia con una mayor actividad cerebral.

Sueño No-REM

Se divide a su vez en tres fases o estadios:

• **Estadio I / N1**: Es una fase de adormecimiento, una etapa de transición de la vigilia al sueño. El sujeto puede despertarse fácilmente en esta etapa. El EEG se caracteriza por un predominio de ondas alfa y por la aparición de ondas theta (EEG de bajo voltaje y las ondas se van enlenteciendo). El EOG muestra movimientos oculares lentos o nulos. Y en el EMG se observa una reducción progresiva del tono muscular. Estos dos parámetros son similares, pero más acentuados en las siguientes fases No-REM. Este estadio I aparece en el inicio del sueño y tiene una duración aproximada de unos 10 minutos.

• **Estadio II / N2**: Es una fase de sueño ligero. El EEG es más enlentecido y muestra un predominio de ondas theta. Esta fase se caracteriza por dos fenómenos electroencefalográficos:

- *Husos del sueño*: Breves ráfagas de actividad de alta frecuencia (12-14 Hz) con forma de huso. Aparecen entre 2 y 5 por minuto y se cree que están relacionadas con la consolidación de la memoria.

- *Complejos K*: Ondas de gran amplitud, indicadores de la consolidación del sueño. Aparecen aproximadamente con una regularidad de una por minuto, de manera espontánea o cuando se produce un estímulo en el ambiente (e.g., un ruido).

El estadio II tiene una duración de 15 minutos o menos. La primera vez que aparece este periodo y a medida que se repite en la noche su duración aumenta.

• **Estadio III / N3**: Es la fase de sueño más profundo y más reparador. Predominan las ondas delta, que son las de frecuencia más lenta por lo que este estadio recibe también el nombre de *Sueño de Ondas Lentas* (SOL). Son ondas de baja frecuencia y alta amplitud, indicativas de actividad sincronizada de las neuronas de la corteza cerebral. Esta es la fase más profunda de sueño, en la que resulta más difícil despertar al sujeto, y en caso de ser despertado se muestra aturdido y confuso.

El estadio III tiene una duración de 50-60 minutos, la primera vez que aparece, y a medida que se repite en la noche su duración va disminuyendo hasta casi desaparecer.

Sueño REM

Aparece aproximadamente 90 min después del inicio del sueño nocturno. En esta fase se produce un cambio brusco en el EEG, mostrando una actividad desincronizada con predominio de ondas alfa y beta, que son características del periodo de vigilia, por lo que -

cuando fue descubierta- esta fase también recibió el nombre de *sueño paradójico* (aunque esta terminología actualmente está en desuso).

El sueño o fase REM debe su nombre al acrónimo en inglés de *Rapid Eye Movements* (movimientos oculares rápidos), fenómeno que caracteriza esta fase. También se le denomina sueño MOR, por su acrónimo en castellano.

Durante la fase REM la actividad cerebral se asemeja a la de la vigilia, pero hay atonía muscular (los músculos del cuerpo están paralizados, excepto los responsables de los movimientos oculares y el diafragma, necesario para la respiración) para evitar que el sujeto actúe durante los sueños.

Esta fase se caracteriza también porque en ella se producen *ondas PGO*, así llamadas porque se originan en el **P**uente o protuberancia, en el cuerpo **G**eniculado lateral del tálamo y en la corteza **O**ccipital.

Se cree que esta fase está relacionada con la consolidación de la memoria emocional y el procesamiento de experiencias emocionales. La fase REM también juega un papel importante en la consolidación de memorias no declarativas y la plasticidad neuronal.

La fase REM tiene una duración de 20 minutos o menos, la primera vez que aparece, y a medida que se repite en la noche su duración va aumentando hasta unos 60 minutos.

Ciclos de sueño

Durante la noche se alternan períodos de sueño No-REM y sueño REM. El conjunto formado por un grupo de estadios No-REM y el subsiguiente sueño REM recibe el nombre de *ciclo de sueño*. Un ciclo de sueño típico dura entre 90 y 110 minutos, y un individuo atraviesa varias repeticiones de estos ciclos a lo largo de la noche. Como ya hemos indicado, a medida que avanza la noche, la duración del Estadio II y del sueño REM va aumentando y paralelamente disminuye la cantidad de sueño de ondas lentas o sueño profundo. Así, durante la primera mitad de la noche predomina el sueño de ondas lentas, mientras que en la segunda mitad predomina el estadio N2 y el sueño REM. En total, un adulto promedio pasa por aproximadamente cuatro o cinco ciclos de sueño por noche (Figura 2).

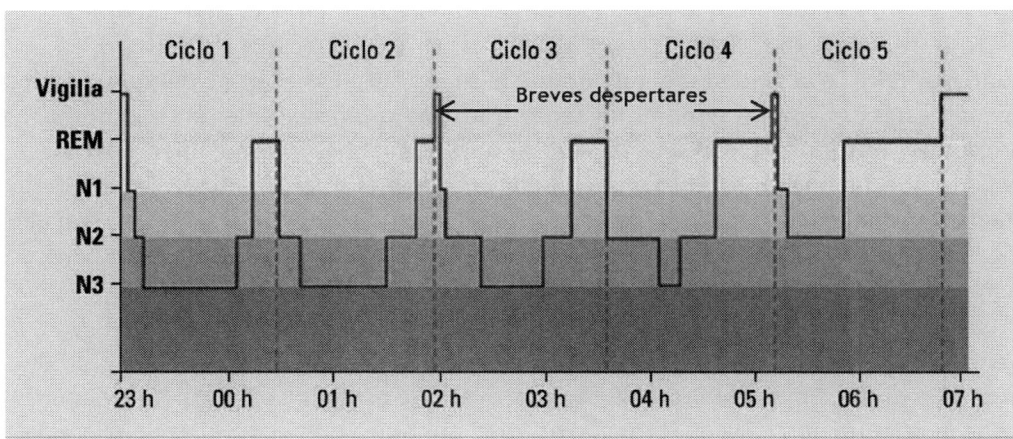

Figura 2. Representación de un hipnograma standard de un adulto joven sano (Adaptado de Merino & Naranjo, 2023).

81

La proporción de cada una de las fases del sueño con respecto al sueño total es aproximadamente la siguiente

- Estadio I: 5%

- Estadio II: 50%

- Estadio III (SOL): 20-25%

- Sueño REM: 20-25%

Durante el sueño se producen los siguientes cambios fisiológicos, siendo diferentes en los dos tipos de sueño:

- Sueño no-REM: Miosis (contracción pupilar), disminución de tasa cardíaca, de la presión arterial, de la respiración, de la temperatura corporal y de la secreción lacrimal.

- Sueño REM: Cambio brusco en las medidas fisiológicas anteriores, con un aumento de las mismas. El encéfalo está muy activo, aumentando el flujo sanguíneo cerebral y el consumo de oxígeno, especialmente en algunas regiones de la corteza cerebral como la corteza extraestriada (área de asociación visual). También se producen erecciones en el hombre y aumento de la secreción vaginal en la mujer (sin que implique ensueños de contenido sexual). La comprobación de estas erecciones del pene durante el sueño REM puede ser utilizada para el diagnóstico diferencial de la impotencia (permite descartar causas puramente fisiológicas).

Para más información sobre las fases del sueño se pueden consultar los manuales Carlson & Birkett (2021), Collado et al. (2024) y Pinel & Barnes (2021).

2.3. Actividad mental durante el sueño

Aunque durante el sueño disminuye la respuesta a los estímulos externos, es incorrecto referirse a él como un estado de completa inconsciencia (la consciencia es diferente a la de la vigilia). Generalmente olvidamos la mayor parte de lo experimentado mientras dormíamos, pero eso no significa que no tengamos consciencia y actividad mental durante el sueño. Esta actividad mental es también diferente durante el sueño No-REM y el sueño REM.

- Sueño No-REM: La actividad mental durante el sueño No-REM es principalmente en forma de imágenes estáticas, por lo general un tanto borrosas o difusas. Pueden ir acompañadas de impresiones emocionales, con sensaciones de opresión, ahogo, asfixia, miedo, temor... que en el caso de que sean muy intensas y puedan llevar a que el sujeto se despierte constituyen los llamados *terrores nocturnos* (ver apartado 4. Trastornos del sueño), siendo más frecuentes en niños. En definitiva, la actividad mental en el sueño No-REM es más vaga, menos visual, más conceptual, y más pobremente recordada que en el sueño REM.

- Sueño REM: En esta fase se produce la mayor parte de los *ensueños* (más del 80% de los sujetos despertados durante la fase REM informan que estaban soñando). Son sueños vívidos con una estructura narrativa en forma de historia, aunque a menudo es irracional y sin sentido; por ejemplo, pasado, presente y futuro a menudo están entremezclados. Se ha comprobado que durante los ensueños se produce una alta actividad en la corteza de asociación visual, en consonancia con el alto componente visual de los mismos. Además, se ha sugerido que los movimientos oculares durante el sueño REM se relacionan con las imágenes visuales que suceden mientras se sueña.

Algunas personas experimentan lo que se conoce como **sueños lúcidos**, aquellos en los que la persona es consciente de que está soñando (incluso parece ser que algunos sujetos son capaces de decidir sobre el contenido o el devenir de la historia de dichos sueños). Se ha especulado que la activación de la corteza prefrontal, normalmente inactiva durante la fase REM, puede intervenir en la experiencia de los sueños lúcidos.

Además, los datos indican que determinados mecanismos cerebrales que se activan durante un sueño son los mismos que se activarían si los acontecimientos del sueño estuvieran ocurriendo en realidad. Por ejemplo, los mecanismos motores corticales y subcorticales se activan durante un sueño en el que hay movimiento, como si la persona estuviera realmente moviéndose. Se ha hipotetizado que en ocasiones esto podría servir como una especie de entrenamiento virtual, desempeñando una importante función en la consolidación de aprendizajes motores.

Todos soñamos. Aunque algunas personas tienen la sensación de que no sueñan porque no suelen recordar haber soñado, todos soñamos y además varias veces por noche (como sabemos, a lo largo de un sueño nocturno pasamos varias veces por fase REM), independientemente de que tengamos el recuerdo del ensueño.

Para más información sobre la actividad mental durante el sueño se puede consultar el manual Carlson & Birkett (2021).

2.4. Ontogenia del sueño

El término *ontogenia* hace referencia a cómo cambia un determinado proceso o función (en este caso, el sueño) a lo largo del ciclo vital de una especie (en este caso, la especie humana). Pues bien, el principal cambio que se observa en el sueño a lo largo del ciclo vital humano, es una disminución significativa del tiempo total de sueño: mientras que un neonato duerme unas 16 h o más al cabo del día (como sabemos, de forma fragmentada); un adolescente duerme alrededor de 8 h diarias; un adulto suele dormir sobre 7 h; y una persona de edad avanzada duerme unas 6 h o menos. Así mismo, dentro de esta disminución del tiempo total de sueño, proporcionalmente se produce una mayor disminución del sueño REM: mientras que un bebé pasa alrededor del 50% en fase REM (8 h o más); un adulto joven pasa entre un 20 y un 25% en fase REM; y una persona mayor, un 20% o menos. Esto parece indicar que el sueño REM es más necesario o desempeña una mayor función al principio del ciclo vital.

2.5. Filogenia del sueño

El término *filogenia* hace referencia a cómo cambia un determinado proceso o función a lo largo de la escala evolutiva; es decir, a las diferencias que se observan en el mismo entre las diferentes especies. Pues bien, el sueño es un fenómeno universal entre los vertebrados. Los mamíferos y las aves duermen (incluyendo sueño No-REM y sueño REM). Los reptiles también duermen, y los peces, anfibios e incluso los insectos entran en períodos de inactividad que recuerdan al sueño (una especie de sueño primitivo, sin fase REM). Sólo los vertebrados de sangre caliente (mamíferos y aves) manifiestan un auténtico sueño REM. Obviamente algunas aves que duermen de pie o sobre una sola pata, no pierden el tono muscular para mantenerse en pie.

Curiosamente, algunos mamíferos marinos, como los delfines, han desarrollado un patrón de sueño extraordinario, denominado *sueño unilateral*: un hemisferio cerebral está despierto y el otro dormido alternativamente; de esta manera al menos un hemisferio está alerta para nadar y emerger para respirar.

3. FUNCIONES DEL SUEÑO

La pregunta de partida de este apartado sería ¿por qué dormimos? o ¿para qué dormimos? A priori no parece muy complicado responder a la misma, y muchos dirían que dormimos para descansar, para recuperarnos del desgaste o cansancio acumulado durante la vigilia; en definitiva, que la función del sueño es la recuperación corporal. Pero una respuesta completa a dicha pregunta es mucho más compleja. Podríamos decir que, incluso hoy en día, a pesar de las investigaciones realizadas no tenemos una respuesta totalmente satisfactoria sobre qué función o funciones desempeña el sueño. No obstante, como veremos resumidamente en este apartado, se han atribuido diversas funciones al sueño; y muy probablemente el sueño No-REM y el sueño REM desempeñen distintas funciones.

Resulta evidente que el sueño desempeña alguna función vital puesto que no podemos sobrevivir sin dormir. Exceptuando la necesidad de respirar, el sueño es probablemente la motivación más apremiante: una persona puede permanecer más tiempo sin comer o sin beber que sin dormir, incluso suicidarse negándose a comer o beber; pero hasta la persona más estoica no puede estar sin dormir indefinidamente, antes o después cae irremediablemente en los brazos de Morfeo.

Efectos de la privación de sueño

La ontogenia y la filogenia del sueño, antes comentadas, nos pueden aportar pistas sobre la función o funciones del sueño. Pero además de éstas, se han realizado estudios sobre los efectos de la privación de sueño, esperando que éstos también arrojen luz sobre esta cuestión. En estos estudios, la estrategia seguida es privar de sueño a personas o animales de laboratorio y observar qué capacidades resultan afectadas (e inferir así, que el sueño —o determinada fase del sueño— es necesario para el correcto rendimiento de esas funciones).

1) **Privación de sueño en humanos**. Los estudios de privación de sueño en seres humanos no han obtenido pruebas convincentes de que el sueño sea necesario para el funcionamiento normal del cuerpo. En la mayoría de estos estudios no se vio afectada la capacidad física de los sujetos; por lo tanto, la función primordial del sueño no parece ser que el cuerpo descanse (para ello sería suficiente el reposo). Sin embargo, sí que se vieron afectadas las capacidades cognitivas, con un rendimiento cognitivo significativamente peor, distorsiones sensoriales e incluso alucinaciones; lo que apunta a que el sueño sería más bien necesario para que el *cerebro* descanse.

El caso de mayor privación total de sueño documentado en la bibliografía científica corresponde a Randy Gardner, un joven estadunidense de 17 años que en las Navidades de

1963, con motivo de un trabajo escolar, se propuso batir el record *Guiness* de permanencia en vigilia y se mantuvo despierto 264 h seguidas (11 días). Durante ese tiempo estuvo acompañado y controlado por dos compañeros; y durante los últimos días de vigilia y los primeros de recuperación, por William Dement, uno de los pioneros de la neurofisiología del sueño. Después de la proeza, el primer día de recuperación Randy durmió 14 h y media seguidas, el segundo día 10 h y media, y el tercero 9 h. Unas 67 h no se recuperaron; y el porcentaje de recuperación no fue igual para todas las fases, mostrando mayor recuperación el sueño de ondas lentas (68%) y el sueño REM (53%), lo que sugiere que la fase N3 y la fase REM son más importantes que las fases N1 y N2.

2) **Privación de sueño en animales**. Los estudios de privación de sueño en animales tienen el hándicap de que requieren forzar a los mismos para permanecer despiertos mediante procedimientos que les producen estrés, por lo que los efectos pueden deberse en parte a dicho estrés. El método más empleado para privar de sueño a las ratas durante largos períodos de tiempo es el "disco sobre el agua", que consiste en un disco giratorio suspendido sobre una bandeja de agua y controlado por un ordenador. La rata experimental se coloca en una mitad del disco y la rata control en la otra mitad (separadas por una barrera). Ambas tienen insertados electrodos que registran cuando entran en fase de sueño. Cuando la rata experimental se duerme el ordenador activa el movimiento del disco, lo que obliga a la rata a moverse o caerá al agua y se despertará. Así, mientras que la rata experimental es privada de sueño, la rata control duerme en los periodos en que la rata experimental está despierta y el disco está parado.

Mediante este procedimiento se ha comprobado que las ratas privadas de sueño —pero no las controles— desarrollan graves deterioros, que incluyen la pérdida de regular la temperatura corporal, el incremento de la tasa metabólica, el incremento de la ingesta —y aun así la pérdida de peso—, lesiones en la piel, debilitamiento y, finalmente, tras dos o tres semanas sin dormir, la muerte del animal. Si la privación de sueño se interrumpe antes de que las ratas se encuentren muy debilitadas, éstas se recuperan. Además, se ha observado que durante dicha recuperación se produce un rebote de sueño de ondas lentas y de sueño REM (rebote = más tiempo en esa fase).

Cabe señalar que los efectos de la privación de sueño forzada en ratas, incluyendo la muerte, son similares a los síntomas de un raro trastorno neurológico hereditario en humanos, llamado **insomnio familiar letal**, que, en un periodo de unos doce meses tras la aparición de los síntomas —y como su nombre indica—, causa la muerte del paciente.

Los estudios de privación total de sueño en ratas han puesto de manifiesto que dormir cumple una función vital, pero no han resuelto la cuestión: las necropsias de las ratas no han mostrado anormalidades en ningún órgano, aparte de la piel, y no ha sido posible identificar cuál es el déficit primario o fundamental que genera no dormir.

Veamos a continuación las principales funciones atribuidas por un lado al sueño no-REM con respecto al sueño en su totalidad, y por otro lado las funciones específicas atribuidas al sueño REM:

3.1. Funciones del sueño no-REM/sueño total

Función adaptativa

Se ha hipotetizado que el sueño se habría originado en alguna especie ancestral por ser un fenómeno adaptativo. Las principales funciones adaptativas atribuidas al sueño han sido la evitación de peligros y la conservación de energía.

1) **Evitación de peligros**. El sueño resulta adaptativo ya que en dicho estado el animal permanece inactivo, inmóvil (y a menudo escondido); evitando peligros como depredadores o sufrir accidentes durante el periodo (la noche para animales diurnos; el día para animales nocturnos) en que sus habilidades sensoriales y motoras son más desventajosas.

2) **Conservación de energía**. El sueño disminuye la tasa metabólica, permitiendo que el cuerpo conserve energía. La reducción de la actividad física y el descenso de la temperatura corporal ayudan a conservar recursos energéticos durante las horas de descanso. Este mecanismo de conservación es especialmente relevante para especies con un metabolismo más alto, con limitación de recursos energéticos o que se encuentran en situaciones de escasez de alimentos.

Esta hipótesis sobre la función energética del sueño se ve apoyada por el hecho de que, en términos generales (con alguna excepción), en el reino animal se observa que las especies de menor tamaño –y metabolismo más rápido– muestran más horas de sueño al día que las especies de mayor tamaño –con menos requerimientos energéticos por unidad de peso corporal–. El ahorro energético resulta más vital para los animales pequeños (e.g., murciélago, musaraña...), por lo que duermen más que los animales de gran tamaño (e.g., jirafa, elefante...).

Función restauradora

Una de las funciones más intuitivas del sueño es la restauración física. Durante el sueño No-REM profundo el cuerpo se dedica a procesos de reparación y crecimiento. Se libera hormona del crecimiento, se sintetizan proteínas, se reparan tejidos y se eliminan productos de desecho metabólicos acumulados durante la vigilia.

En este sentido, se ha comprobado que la privación prolongada de sueño produce un aumento de *radicales libres* en el tejido nervioso del encéfalo de las ratas. Los radicales libres son sustancias con al menos un electrón desapareado; estas sustancias son muy oxidantes ya que pueden unirse con electrones de otras moléculas y dañar las células, proceso conocido como *estrés oxidativo*. Posiblemente, durante el sueño de ondas lentas, la disminución del metabolismo permite que los mecanismos de restauración de las células destruyan los radicales libres, impidiendo así sus efectos nocivos.

Además de los estudios de privación de sueño, antes comentados, otra forma de dilucidar la función restauradora del sueño es examinar los efectos de la actividad física y de la actividad mental sobre el sueño.

1) **Efectos de la actividad física sobre el sueño**. Si la función del sueño consiste en corregir los efectos de la actividad física durante la vigilia, cabría esperar una correlación directa entre ejercicio y sueño. Sin embargo, los datos no son muy concluyentes. Por ejemplo, en un estudio en el que sujetos sanos permanecieron seis semanas en cama no se observaron cambios

significativos en su sueño (si el sueño repone del desgaste, cabría esperar que estas personas hubieran dormido menos). De forma similar, personas tetrapléjicas tampoco presentan menor cantidad de tiempo total de sueño. Complementariamente, realizar más ejercicio físico durante el día no aumenta el tiempo total de sueño. Pero el ejercicio físico sí que aumenta el sueño de ondas lentas, lo que apunta a que la función restauradora corresponda más específicamente a esta fase de sueño.

2) **Efectos de la actividad mental sobre el sueño**. Si la función principal del sueño de ondas lentas es que el encéfalo descanse y se recupere de la actividad diaria, cabría esperar que una persona pase más tiempo en sueño de ondas lentas después de un día de intensa actividad cerebral. Varios experimentos en los que se aumentó la actividad mental (pero no la física) de los sujetos, observaron un aumento de su sueño de ondas lentas. Además, las regiones cerebrales que tuvieron un nivel más alto de actividad durante la vigilia presentaron el nivel más alto de ondas delta.

En conclusión, la función restauradora del sueño parece ser que se trata más de una restauración cerebral (para la recuperación corporal podría ser suficiente el reposo) y dicha función restauradora es una función más específica del sueño de ondas lentas.

3.2. Funciones del sueño REM

El sueño REM tiene unas características fisiológicas diferentes, en general opuestas, al sueño No-REM. Por tanto, no sería esperable que tuviera las mismas funciones que el sueño de ondas lentas. Además, la privación selectiva de sueño REM da lugar a un fenómeno de **rebote de sueño REM** (mayor porcentaje de esta fase tras la privación); lo que sugiere que se necesita una cierta cantidad de sueño REM y que éste desempeña alguna función o funciones específicas.

Desarrollo cerebral

Algunos datos de la ontogenia y filogenia del sueño sugieren que el sueño REM desempeña un papel importante en el desarrollo cerebral. Así, la proporción de sueño REM es mucho mayor durante la fase más activa del desarrollo cerebral, en la etapa perinatal. Como vimos, en nuestra especie el sueño REM representa el 50% del sueño total de un recién nacido; porcentaje incluso mayor en bebés prematuros. Por otro lado, las especies llamadas *altriciales* (que nacen con encéfalos más inmaduros), como la nuestra, presentan mayor proporción de sueño REM al nacer que las llamadas especies *precociales* (cuyos encéfalos ya están bien desarrollados al nacer), como las reses.

Pero, si la función del sueño REM es favorecer el desarrollo del cerebro, ¿por qué los adultos tienen sueño REM? Es posible que, además de esta función, el sueño REM tenga otras funciones en etapas posteriores de la vida.

Aprendizaje y memoria

Las investigaciones realizadas tanto con seres humanos como con animales de laboratorio indican que el sueño también facilita la consolidación de la memoria a largo plazo. De hecho, el sueño de ondas lentas y el sueño REM juegan papeles diferentes en la consolidación de la memoria.

Numerosos estudios han mostrado que el sueño REM facilita marcadamente la consolidación de la *memoria implícita* o no declarativa (e.g., aprendizaje de habilidades motoras). Así, cuando a los sujetos se les somete a un entrenamiento para aprender una tarea que implica este tipo de memoria, aumenta su sueño REM posterior. Por otro lado, si a los sujetos se les priva de sueño REM, éstos tienen un peor rendimiento en la tarea que aquellos a los que se les permite dormir entre el entrenamiento y la prueba. Aunque existen menos estudios, éstos sugieren que el sueño de ondas lentas facilita la consolidación de la *memoria explícita* o declarativa (aquellos recuerdos que se pueden verbalizar). Por ejemplo, se ha demostrado que una siesta compuesta sólo por sueño de ondas lentas (se despertaba a los sujetos antes de entrar en sueño REM) aumenta el rendimiento en una tarea declarativa (aprender una lista de pares de palabras).

Regulación emocional

El sueño es esencial para la regulación emocional (memoria emocional no declarativa) y la salud mental. La falta de sueño se asocia con irritabilidad, cambios de humor, aumento del estrés y una mayor vulnerabilidad a trastornos mentales como la depresión y la ansiedad. Especialmente durante el sueño REM, el cerebro parece procesar y regular las emociones, ayudando a reducir la reactividad emocional a eventos estresantes. Un sueño reparador contribuye a una mejor capacidad para manejar el estrés, tomar decisiones y mantener un estado de ánimo equilibrado.

Para más información sobre las funciones del sueño se pueden consultar los manuales Carlson & Birkett (2021), Collado et al. (2024) y Pinel & Barnes (2021).

4. BASES NEUROFISIOLÓGICAS DEL SUEÑO Y LA VIGILIA

4.1. Control químico del sueño-vigilia

La explicación más sencilla del sueño como proceso homeostático es que durante la vigilia el organismo produce una sustancia que induce sueño, que se va acumulando y que se elimina durante el sueño (aunque también serviría una que se acumulase durante el sueño –especie de "combustible"– y se degradase durante la vigilia). La **adenosina**, una molécula que funciona como neuromodulador y se encuentra presente por todo el encéfalo, es la más aceptada para ser esa sustancia.

La adenosina se genera en las neuronas y en los astrocitos, como resultado de la degradación del ATP (adenosintrifosfato), en proporción directa con el gasto energético. Por lo tanto, las cantidades elevadas de adenosina en el espacio extracelular podrían estar señalando un desequilibrio homeostático relacionado con el gasto energético generado durante la vigilia susceptible de ser recuperado durmiendo.

Algunos datos respaldan esta función de la adenosina sobre el sueño. Así, se ha comprobado que la administración de un agonista de la adenosina (una sustancia con efectos similares a la adenosina) a ratas de laboratorio hace que los animales duerman profundamente, como si hubiesen estado privados de sueño. También se ha demostrado que la concentración de adenosina extracelular –medida mediante microdiálisis– en el prosencéfalo basal en gatos, aumentaba en función del tiempo que estos pasaban despiertos, y disminuía lentamente cuando dormían. Por otro lado, la cafeína del café o la teofilina del té, que son psicoestimulantes, funcionan como antagonistas de la adenosina.

Al parecer, la adenosina a través de sus receptores A1 inhibe las neuronas de centros nerviosos que inducen vigilia; y a través de sus receptores A2$_A$ activa estructuras nerviosas impulsoras del sueño, principalmente el área preóptica ventrolateral del hipotálamo (principal región para la inducción del sueño, como veremos en el epígrafe 4.3).

4.2. Neuroquímica de la vigilia

Existen varios circuitos neuronales que intervienen en el nivel de alerta y vigilia del sujeto, lo que se denomina *arousal* o nivel de activación. De ellos, la principal región cerebral relacionada con dicho arousal es la **Formación Reticular** ascendente (compuesta por varios núcleos dispersos por el troncoencéfalo). Asimismo, existen al menos cinco neurotransmisores que favorecen el arousal o la vigilia (para más detalle puede consultarse Franco-Pérez et al., 2012):

1) **Noradrenalina** (NA). La estimulación del sistema noradrenérgico del *locus coeruleus* (LC), localizado en la protuberancia dorsal, aumenta la vigilancia. Así, agonistas noradrenérgicos (e.g., anfetaminas) producen arousal e insomnio. En ratas, se ha comprobado que la actividad de las neuronas noradrenérgicas del LC está estrechamente relacionada con la activación comportamental de las mismas (la frecuencia de descarga era alta durante la vigilia, baja durante el sueño de ondas lentas y prácticamente nula durante el sueño REM). La NA es considerada el principal neurotransmisor que aumenta el arousal.

2) **Acetilcolina** (ACh). La acetilcolina está implicada en el nivel de activación, principalmente de la corteza cerebral. Dos grupos de neuronas colinérgicas, uno en la *protuberancia* y otro en el *prosencéfalo basal*, producen activación y desincronización cortical. Así, se ha comprobado que la mayoría de las neuronas del prosencéfalo basal muestran una alta frecuencia de descarga tanto durante la vigilia como durante el sueño REM (y una baja frecuencia durante el sueño de ondas lentas). Desde hace tiempo se sabe también que los agonistas colinérgicos aumentan las señales EEG de activación cortical, mientras que los antagonistas colinérgicos las disminuyen. Por tanto, la ACh, además de favorecer la vigilia, es un importante neurotransmisor que promueve el sueño REM.

3) **Serotonina** (5HT). La mayoría de las neuronas serotoninérgicas del encéfalo se localizan en los *núcleos del rafe*, ubicados a lo largo del troncoencéfalo y formando parte de la formación reticular. La estimulación de los núcleos del rafe produce actividad locomotora y arousal cortical (registrado mediante EEG). Parece ser que una contribución específica de las neuronas serotoninérgicas a la activación es la de facilitar los movimientos automáticos y continuos (e.g., caminar).

4) **Histamina** (H$_2$). La histamina se sintetiza a partir del aminoácido L-histidina. Es muy conocido que los antihistamínicos que se utilizan para el tratamiento de alergias pueden producir somnolencia, al bloquear los receptores de H$_2$ en el encéfalo (no obstante, los antihistamínicos más recientes no atraviesan la barrera hematoencefálica y no causan somnolencia). Las neuronas histaminérgicas se localizan en el *núcleo tuberomamilar* (NTM) del hipotálamo y

aumentan la activación cortical directamente e indirectamente a través de las neuronas colinérgicas de la protuberancia dorsal y el prosencéfalo basal.

5) **Hipocretinas**. Las hipocretinas u orexinas son dos neurotransmisores peptídicos (cadenas de aminoácidos) localizados en el hipotálamo lateral. Reciben ambos nombres porque fueron así etiquetados por dos grupos de investigación que los descubrieron de forma independiente. Uno de estos grupos le llamó "hipocretina" porque el hipotálamo lateral contiene todas las neuronas que secretan este péptido. El otro grupo le llamó "orexina" por su efecto estimulante sobre el hambre (del griego *orexis* = apetito). En realidad existen dos hipocretinas u orexinas (un péptido de 28 y otro de 32 aminoácidos): La hipocretina 1 u orexina A; y la hipocretina 2 u orexina B. En relación con el sueño y la vigilia, las hipocretinas favorecen la vigilia, aumentando la motivación para permanecer despierto. Así, la causa de la *narcolepsia* es la degeneración de las neuronas hipocretinérgicas en humanos y la carencia de sus receptores en algunas razas de perros que también manifiestan este trastorno, caracterizado —entre otros síntomas— por ataques de sueño (ver apartado Trastornos del sueño). Las neuronas hipocretinérgicas del hipotálamo lateral proyectan a diversas regiones del encéfalo, incluyendo el LC, la protuberancia dorsal, el prosencéfalo basal los núcleos del rafe y el NTM; ejerciendo un efecto excitador sobre los otros neurotransmisores que promueven la vigilia.

4.3. Neuroquímica del sueño No-REM

La principal región cerebral implicada en el control del sueño No-REM es el **Área Preóptica Ventrolateral** (APOvl), localizada en la zona anterior del hipotálamo. Así, los pacientes afectados de encefalitis letárgica de Von Economo, caracterizada por alteraciones graves del sueño, presentan una lesión del APOvl. Y el principal neurotransmisor promotor del sueño No-REM es el **GABA**: El APOvl contiene neuronas gabaérgicas cuyos axones establecen sinapsis inhibidoras con las neuronas del arousal (las neuronas noradrenérgicas del LC, las neuronas colinérgicas del prosencéfalo basal, las neuronas serotoninérgicas del rafe y las neuronas histaminérgicas del NTM). Las neuronas gabaérgicas del APOvl han sido llamadas *neuronas del sueño*. La lesión de estas neuronas suprime el sueño, mientras que durante el sueño aumenta la actividad de estas neuronas.

El APOvl también está implicada en la regulación de la temperatura. Su calentamiento produce somnolencia, de ahí el sueño que acompaña a la fiebre o un día cálido. Igualmente, cuando el encéfalo se ha calentado más durante el día, se observa más sueño de ondas lentas durante la noche posterior.

Mecanismo "flip-flop"

La transición vigila-sueño está regulada por un mecanismo denominado "flip-flop", que es un mecanismo de inhibición mutua; una especie de oscilador, interruptor o balancín, de manera que el sistema está en estado de vigilia o en estado de sueño, encendido ("on") o apagado ("off"), sin que pueda estar en ambos estados a la vez. Así, las neuronas del sueño del APOvl reciben aferencias inhibidoras de las mismas regiones que ellas inhiben, las neuronas del arousal. Entre ellas se produce una inhibición recíproca, imponiéndose unas u otras según su actividad (y dando lugar a vigilia o sueño).

Se ha sugerido que la función principal de las neuronas hipocretinérgicas es contribuir a la estabilización del oscilador *flip-flop* vigilia-sueño mediante sus conexiones excitadoras con las otras neuronas del arousal, de modo que la actividad de estas neuronas hipocretinérgicas inclina el *flip-flop* hacia el estado de vigilia. De hecho, en las personas que padecen narcolepsia (patología en la que hay una degeneración de las neuronas hipocretinérgicas) lo que se observa precisamente es que el sistema es inestable. En definitiva, la activación de las neuronas hipocretinérgicas proporciona una motivación extra para permanecer despierto, manteniendo el *flip-flop* en estado "on".

A su vez, la actividad de las neuronas hipocretinérgicas se ve influida por señales excitatorias que reciben del núcleo supraquiasmático, el reloj biológico que controla los ritmos circadianos. También reciben señales procedentes de los mecanismos cerebrales que controlan el estado de nutrición del animal (las señales de hambre activan a las neuronas hipocretinérgicas, mientras que las señales de saciedad las inhiben). De modo que las neuronas hipocretinérgicas mantienen el estado de arousal cuando el animal tiene que buscar comida.

4.4. Neuroquímica del sueño REM

El sueño REM está también controlado por un mecanismo *flip-flop* similar al que controla la transición vigilia-sueño. El *flip-flop* de vigilia-sueño determina cuando dormimos y, una vez dormidos, el *flip-flop* de sueño REM controla los ciclos de sueño REM y sueño No-REM.

El **núcleo sublateral dorsal** (SLD), una región de la protuberancia dorsal situada debajo del LC, contiene neuronas REM-ON; mientras que la **sustancia gris periacueductal ventrolateral** (SGPAvl), una región del mesencéfalo dorsal, contiene neuronas REM-OFF. Ambas regiones están interconectadas mediante neuronas gabaérgicas inhibidoras, constituyendo ese mecanismo *flip-flop* de inhibición mutua.

Durante la vigilia, la región REM-OFF recibe input excitador de las neuronas hipocretinérgicas del hipotálamo lateral, así como de las neuronas noradrenérgicas del LC y las serotoninérgicas del rafe, inclinando el *flip-flop* de REM al estado OFF. Cuando el *flip-flop* de vigilia-sueño cambia a la fase de sueño, las aferencias hipocretinérgicas, noradrenérgicas y serotoninérgicas disminuyen. Finalmente, el *flip-flop* de REM cambia al estado ON y comienza el sueño REM.

El neurotransmisor que más facilita el sueño REM es la **acetilcolina** (es un hecho constatado que los agonistas colinérgicos facilitan el sueño REM). Ello es debido a que el núcleo sublateral dorsal —SLD— (región REM-ON) controla diversos componentes del sueño REM a través de conexiones con otras regiones cerebrales, conexiones en las que intervienen neuronas colinérgicas. Así por ejemplo, el SLD tiene conexiones con neuronas colinérgicas del prosencéfalo basal que originan arousal y desincronización cortical; y mediante conexiones con neuronas colinérgicas de la protuberancia dorsal, que a su vez proyectan al tectum del mesencéfalo, se originan los movimientos oculares rápidos.

A continuación, se presenta un resumen de las bases neurofisiológicas del sueño y la vigilia en la Tabla 1.

Tabla 1. Tabla-resumen de las bases neurofisiológicas del sueño y la vigilia.	
Neuroquímica	**Bases neurales**
Vigilia	
Noradrenalina	Locus coeruleus
Acetilcolina	Protuberancia y prosencéfalo basal
Serotonina	Núcleos del rafe
Histamina	Núcleo tuberomamilar
Hipocretinas	Hipotálamo lateral
Sueño No-REM	
GABA	Área Preóptica Ventrolateral
Sueño REM	
Acetilcolina	Núcleo sublateral dorsal (REM-ON)
GABA	Sustancia gris periacueductal ventrolateral (REM-OFF)

Para más información sobre las bases neurofisiológicas del sueño y la vigilia se pueden consultar los manuales Carlson & Birkett (2021) y Collado et al. (2024).

5. TRASTORNOS DEL SUEÑO

El sueño es un proceso fundamental para el bienestar físico y psicológico del ser humano. Pasamos aproximadamente un tercio de nuestra vida durmiendo y los trastornos del sueño pueden tener un impacto considerable en la salud física y psicológica de los individuos. Muchas personas experimentan dificultades para dormir de manera adecuada, lo que puede tener efectos negativos en su salud general y en su calidad de vida. Los trastornos del sueño son problemas comunes que afectan a una gran parte de la población mundial y están relacionados con diversas alteraciones en los procesos neurofisiológicos y psicológicos subyacentes al sueño. Asimismo, estos trastornos a menudo coexisten con otras condiciones médicas y psiquiátricas, y si no se tratan, pueden llevar a complicaciones graves. Los trastornos del sueño pueden variar desde interrupciones transitorias hasta afecciones crónicas que requieren tratamiento especializado. Desafortunadamente, muchos trastornos del sueño no se diagnostican o no se tratan de manera eficaz.

Existen diversas clasificaciones de estos trastornos, como la *Clasificación Internacional de los Trastornos del Sueño* (American Academy of Sleep Medicine, 2021) y las recogidas en los manuales de diagnóstico de psicopatologías, como el DSM-5 (American Psychiatric Association,

2013) y el ICD-11 (World Health Organization, 2019). En este apartado, se describirán los principales trastornos del sueño recogidos en dichos manuales. Algunos de estos trastornos son alteraciones que dificultan el inicio o mantenimiento del sueño, o producen somnolencia excesiva, tradicionalmente conocidos también con el nombre genérico de *disomnias*; y otros consisten en experiencias o comportamientos no deseados que se producen durante el sueño, interrumpiendo su desarrollo normal, también llamados *parasomnias*.

5.1. Insomnio

El insomnio se define como la incapacidad de obtener la cantidad o calidad de sueño necesaria para mantener una conducta adecuada durante el día. Se caracteriza por la dificultad para conciliar o mantener el sueño, o por despertar demasiado pronto, sin haber dormido lo suficiente, a pesar de que las condiciones sean adecuadas.

Es el trastorno de sueño con mayor prevalencia: Se estima que más de la mitad de la población ha sufrido insomnio en algún momento en su vida y alrededor del 10% lo padece de manera habitual. Su incidencia aumenta con la edad y afecta más a las mujeres. Su principal consecuencia es la somnolencia diurna. Además, afecta al psiquismo en la vigilia, con mayor irritabilidad, mal humor, falta de concentración...

Tipos de insomnio

Existen varios tipos de insomnio. Así, se distingue:

1) **Insomnio primario**. Cuando no es debido a otra patología principal.

2) **Insomnio secundario**. Asociado a otra enfermedad (primaria) como un trastorno mental o neurológico, patologías que cursan con dolor o por el uso de drogas o fármacos.

Atendiendo a la duración del trastorno, se distingue:

1) **Insomnio agudo** o transitorio. Cuando la duración del mismo es menor de un mes (remite cuando desaparecen las causas transitorias que lo produjeron).

2) **Insomnio subcrónico**. Cuando su duración es de uno a tres meses.

3) **Insomnio crónico**. Cuando su duración es de tres meses o más (por ejemplo cuando es secundario a una enfermedad crónica) y los síntomas aparecen tres o más veces por semana.

Atendiendo al criterio del momento del periodo nocturno en que se da la dificultad para dormir, se distingue:

1) **Insomnio de inicio o temprano**. Cuando la dificultad consiste en conciliar el sueño al principio del periodo de descanso. Se ha establecido como criterio diagnóstico que en este caso la latencia de sueño (tiempo desde que el sujeto se acuesta hasta que se duerme) sea superior a 30 minutos. Este tipo de insomnio es común cuando la persona atraviesa un periodo de estrés, ansiedad y preocupaciones (laborales, económicas, familiares...), lo que le dificulta conseguir relajarse para conciliar el sueño.

2) **Insomnio de mantenimiento**. Cuando la persona se despierta hacia la mitad del periodo nocturno y le cuesta más de 30 minutos en volver a conciliar el sueño. Este tipo de insomnio es común en enfermedades que cursan con dolor, como la fibromialgia, y algunas enfermedades respiratorias, como la enfermedad pulmonar obstructiva crónica.

3) **Insomnio de terminación o tardío**. Cuando la persona se despierta muy temprano, sin haber dormido lo necesario, y no consigue volver a dormirse. Este tipo de insomnio se da por ejemplo en algunas personas con depresión.

Tratamiento del insomnio

El tratamiento del insomnio —y otros trastornos del sueño— incluye dos grandes categorías: *tratamiento no farmacológico* o terapia cognitivo conductual y *tratamiento farmacológico*, pudiendo ser aplicados de forma complementaria.

La *terapia cognitivo conductual* es el tratamiento recomendado de primera línea, e incluye diversas técnicas como la **terapia de restricción de sueño** (reducir el tiempo en cama sin dormir), el **control de estímulos** (basada en principios de condicionamiento clásico y operante), el **entrenamiento en relajación** (técnicas de relajación para reducir la activación somática y cognitiva que dificulta el sueño), y la educación en **higiene del sueño** (pautas de hábitos saludables para el sueño). Esta última es especialmente recomendable, incluso para personas que no sufren insomnio como medida profiláctica para mantener un buen sueño. Aunque se trata de una serie de consejos de sentido común, a menudo descuidamos estos buenos hábitos para el sueño. Entre las **pautas de higiene del sueño** se encuentran (para más detalle puede consultarse Baranwal et al., 2023):

- Seguir horarios regulares; especialmente a la hora de acostarse y levantarse, pero también en el horario de la cena, sin que ésta sea muy próxima a la hora de dormir.

- No realizar cenas copiosas, ni muy especiadas, ya que conllevan una digestión pesada que puede dificultar el conciliar o mantener el sueño.

- Evitar estimulantes (como cafeína y nicotina) y alcohol; al menos unas horas antes de acostarse.

- Disponer de un dormitorio con una temperatura adecuada (18-22ºC), que sea un espacio tranquilo y cómodo (sin luz ni ruido), reservado para dormir.

- Utilizar la cama sólo para dormir (y el sexo), evitando otras actividades asociadas a la vigilia, como comer o ver la televisión. Evitar también otros dispositivos como móviles o tabletas, ya que la exposición a la luz blanca de los mismos inhibe la liberación de melatonina (inductora de sueño).

- Hacer ejercicio regularmente, pero evitar el ejercicio físico intenso próximo a la hora de acostarse.

- Evitar las siestas durante el día (y en caso de realizarla que no exceda los 30 minutos).

Dentro del *tratamiento farmacológico*, actualmente los fármacos más consumidos para aliviar el insomnio son las **benzodiacepinas** como el *triazolam* (Halcion®) y el *midazolam* (Dormicum®), agonistas del GABA que, además de hipnóticos, son ansiolíticos y relajantes musculares. No obstante, las benzodiacepinas tienen problemas asociados, especialmente que producen tolerancia (necesidad de aumentar la dosis para obtener el mismo efecto con su consumo repetido) y dependencia física (aparición de síndrome de abstinencia y efecto rebote al dejar de tomar el fármaco de forma brusca), por lo que no es recomendable tomarlos de forma continuada durante mucho tiempo. Además, las benzodiacepinas alteran la estructura del sueño, reduciendo el sueño de ondas lentas (N3) y el sueño REM, y aumentando la fase N2; es decir, provocan un sueño menos profundo y menos reparador.

Como alternativa, existen hipnóticos no-bezodiacepínicos como el *zolpidem* (Stilnox®), con un mejor perfil farmacológico y que no suprime el sueño profundo. La *melatonina*, además de cronobiótico, también puede ser utilizada como somnífero y cuya retirada no produce síntomas de abstinencia. Y una nueva estrategia farmacológica para tratar el insomnio consiste en antagonistas orexinérgicos, como el *suvorexant* (comercializado en EEUU y Canadá como Belsomra®) y el *daridorexant* (comercializado en España como Quviviq®), pertenecientes a la familia de fármacos denominada DORA (por su acrónimo inglés de "antagonistas duales de los receptores de orexinas"). Estos fármacos mejoran el inicio y mantenimiento del sueño, y parecen ser seguros y eficaces para el tratamiento a largo plazo del insomnio. A diferencia de los hipnóticos más habituales –las benzodiacepinas–, los DORA tienen un menor perfil adictivo, no producen somnolencia diurna y preservan las funciones psicomotoras al día siguiente, como la coordinación, la memoria y la atención.

5.2. Hipersomnia

La hipersomnia consiste en una somnolencia excesiva durante el día. La somnolencia excesiva caracteriza también otros trastornos, como la narcolepsia o la apnea del sueño; pero hablamos de *hipersomnia primaria* cuando dicha somnolencia no es debida a otro trastorno principal (es decir, en ausencia de síntomas de narcolepsia o apnea). En este caso, la persona muestra una fuerte necesidad de dormir durante el día sin causa aparente. Por lo demás, su sueño nocturno no está alterado. La hipersomnia puede requerir tratamiento farmacológico, que consiste en administrar un fármaco psicoestimulante, como el *metilfenidato* (Rubifen®, Concerta®), para mantener despierto al sujeto.

5.3. Narcolepsia

La narcolepsia es un trastorno neurológico que se caracteriza por 4 síntomas principales, la llamada *tétrada narcoléptica*:

1) **Ataques de sueño**. Suele ser el síntoma principal o más frecuente y el primero en manifestarse. Consiste en periodos irresistibles de sueño, en los que la persona tiene que dormir unos minutos (suelen durar entre 2 y 5 min), como pequeñas siestas frecuentes. Pueden ocurrir en cualquier momento del día, pero son más frecuentes en momentos de monotonía y aburrimiento. Por lo general, la persona se despierta sintiéndose despejada.

2) **Ataques de cataplejía**. Es quizás el síntoma más llamativo o sorprendente. Consiste en la pérdida brusca del tono muscular; la persona queda paralizada y se desploma en el suelo. Aunque puede parecer que la persona se ha desmayado, está plenamente consciente y percibe

lo que ocurre a su alrededor. Es de breve duración (entre algunos segundos y varios minutos). A diferencia de los ataques de sueño, la cataplejía normalmente es desencadenada por emociones intensas, como la risa o la ira, o un esfuerzo físico brusco; en especial si sorprende al paciente desprevenido.

3) **Parálisis de sueño**. Consiste en la inhibición del tono muscular durante la transición de la vigilia al sueño o –con mucha más frecuencia– al despertarse. Suelen ir acompañadas de miedo intenso, sobre todo las primeras veces que aparecen, ya que resulta angustiante para el sujeto experimentar la sensación de despertarse "tetrapléjico". Puede durar algunos minutos y también cesa si alguien toca al sujeto o le llama por su nombre.

4) **Alucinaciones hipnagógicas e hipnopómpicas**. Son alucinaciones (percepción de estímulos que no están realmente en el ambiente) al conciliar el sueño (hipnopómpicas) o al despertar (hipnagógicas). Consisten pues, en una especie de ensueños cuando la persona está despierta.

Estos síntomas son debidos a que en la narcolepsia se activan mecanismos cerebrales del sueño REM fuera del mismo, produciendo ciertos componentes característicos del sueño REM de forma aislada y durante el periodo de vigilia. Alguno de sus síntomas, como las parálisis de sueño, pueden aparecer también en personas que no padecen el trastorno, sobre todo tras privación de sueño (e.g., tras varios días sin dormir o durmiendo muy poco); otros, como los ataques de cataplejía, son bastante definitorios de la narcolepsia.

Otro signo característico de la narcolepsia es que los pacientes con este trastorno presentan una latencia de sueño REM inferior a 5 minutos. La latencia de sueño REM es el tiempo que transcurre desde que el sujeto se duerme hasta que entra en la primera fase REM de la noche. Como ya vimos, en personas sanas la latencia de sueño REM es de alrededor de 90 minutos.

La narcolepsia suele aparecer en torno a la adolescencia o la juventud, con una incidencia aproximada de 1 de cada 2.000 personas. Dependiendo del paciente predominan más unos síntomas u otros (y no se requiere que se manifiesten los 4 síntomas para su diagnóstico). Una vez que se estabiliza la sintomatología, es una enfermedad crónica (es decir, no tiene cura; aunque tiene tratamiento paliativo) pero no progresiva (los síntomas no empeoran).

Bases fisiopatológicas de la narcolepsia

Respecto a las bases fisiopatológicas, la narcolepsia es un trastorno hereditario que se ha relacionado con la alteración de un gen del cromosoma 6. En perros que manifiestan este trastorno se ha observado una mutación en dicho gen, cuyo producto es el receptor 2 de la orexina/hipocretina. En humanos, algunos casos también pueden ser debidos a dicha mutación; pero la mayor parte de los casos de narcolepsia en los seres humanos parecen ser debidos a una mutación del gen responsable de la producción de orexina/hipocretina. Debido a ello, en torno a la adolescencia el sistema inmunitario ataca y destruye las neuronas hipocretinérgicas (proceso autoinmune) y comienzan a manifestarse los síntomas.

Tratamiento de la narcolepsia

Como hemos señalado, actualmente la narcolepsia no tiene cura, siendo una enfermedad crónica, pero sí tiene tratamiento paliativo que mejora considerablemente la calidad de vida de los pacientes. El tratamiento de la narcolepsia debe ser individualizado, atendiendo a las características del paciente, ya que la severidad y frecuencia de los síntomas varían significativamente de una persona a otra.

Puesto que la narcolepsia está causada por la degeneración de neuronas hipocretinérgicas y el consiguiente déficit de orexina/hipocretina, el tratamiento evidente sería administrar orexina o un agonista orexinérgico; pero no es posible porque estos péptidos no atraviesan la barrera hematoencefálica. Actualmente se utiliza un tratamiento farmacológico más sintomático, abordando por un lado los ataques de sueño y por otro el resto de síntomas: para los primeros se emplean estimulantes de tipo anfetamínico como el *metilfenidato* (Rubifen®, Concerta®) y el *modafinilo* (Modiodal®, Provigil®) o estimulantes más nuevos como el *solriamfetol* (Sunosi®) y el *pitolisant* (Wakix®); y para la cataplejía, las parálisis de sueño y las alucinaciones se emplean antidepresivos (que disminuyen el sueño REM) como los antidepresivos tricíclicos *imipramina* (Tofranil®) y *clomipramina* (Anafranil®) o inhibidores selectivos de la recaptación de serotonina como la *fluoxetina* (Prozac®, Adofen®), inhibidores de la recaptación de serotonina y noradrenalina como la *venlafaxina* (Vandral®); así como el agonista del GABA *oxibato sódico* (Xyrem®, Anartex®).

5.4. Apnea del sueño

La apnea del sueño es un trastorno potencialmente grave que se caracteriza por interrupciones en la respiración durante el sueño. Estas interrupciones pueden durar desde unos pocos segundos hasta minutos y repetirse con mucha frecuencia (para su diagnóstico se ha establecido que deben producirse al menos 10 paradas respiratorias por hora), lo que lleva a una fragmentación del sueño. Es el segundo trastorno del sueño con mayor prevalencia (después del insomnio) y su incidencia va en aumento, pues a menudo va asociada a sobrepeso u obesidad, condiciones con tendencia alcista en nuestra sociedad actual. Existen dos tipos principales de apnea del sueño:

Apnea obstructiva

La apnea obstructiva o *Síndrome de Apnea Obstructiva del Sueño* (SAOS) es el tipo más común. Se caracteriza porque el aire no llega a los pulmones por obstrucción de la vía aérea superior (fosas nasales y faringe), a pesar de que hay esfuerzo respiratorio del paciente. Estas paradas respiratorias se producen más durante la fase de sueño REM. El SAOS es más frecuente en varones que en mujeres; aumenta con la edad; y las personas con sobrepeso u obesidad son más propensas a padecerlo. Suele ir acompañado de ronquidos intensos (que sufren las personas cercanas).

Apnea central

La apnea central se caracteriza porque el sujeto dormido deja de respirar de forma intermitente debido a que el cerebro no envía las señales adecuadas a los músculos que controlan la respiración, lo que resulta en una ausencia temporal de esfuerzo respiratorio.

Consiste pues en un fallo en el control neural de la respiración durante el sueño, con pérdida de esfuerzo respiratorio, sin que haya una obstrucción física de las vías respiratorias.

La fragmentación del sueño por los microdespertares que acompañan a los episodios de apnea hace que el sueño no sea lo suficientemente profundo y reparador, por lo que las personas que lo padecen muestran una gran somnolencia durante el día, con un peor rendimiento general y un mayor riesgo de errores o accidentes de diverso tipo (e.g. quedarse dormido al volante).

Tratamiento de la apnea del sueño

El tratamiento de la apnea del sueño, especialmente en el caso del SAOS, que es el tipo más frecuente, está orientado a:

- *Perder peso*. Como se ha indicado, la apnea es más frecuente en personas con sobrepeso u obesidad. La pérdida de peso, en particular en la región del cuello, reduce la apnea obstructiva.

- *Evitar alcohol y tranquilizantes*. Normalmente los pacientes con apnea no son conscientes de su trastorno durante las primeras etapas o hasta que no son diagnosticados, y creyendo erróneamente que sufren algún tipo de insomnio recurren en ocasiones a tomar alcohol o tranquilizantes, lo que en lugar de aliviar, agrava la apnea (se relajan más los músculos de la garganta y aumenta la obstrucción).

- *Máscara de presión*. Los dispositivos de presión positiva continua en las vías respiratorias (CPAP, por su acrónimo inglés de "Presión Aérea Positiva Continua") constituyen el tratamiento sintomático más común y eficaz para la apnea obstructiva del sueño. Consiste en una máscara que se coloca el durmiente en la cara y le proporciona aire a presión que mantiene abiertas las vías respiratorias. Según los propios pacientes, el alivio obtenido con estos dispositivos compensa con creces la incomodidad de dormir toda la noche con la máscara.

- *Tratamiento quirúrgico*. En algunos pacientes con apnea obstructiva está indicado realizar una pequeña intervención quirúrgica para reducir la obstrucción de la vía aérea superior.

- *Tratamiento farmacológico*. Aunque el farmacológico no es el tratamiento de primera elección, ciertos antidepresivos, especialmente la *clomipramina* (Anafranil®), han resultado efectivos en el tratamiento de la apnea. Asimismo, la *tirzepatida* (Zepbound®) es un fármaco aprobado por la FDA americana para la apnea obstructiva del sueño en adultos con obesidad. Este fármaco actúa ayudando a perder peso, lo que reduce los episodios de falta de aire durante el sueño.

5.5. Trastornos del ritmo circadiano

La principal característica de los trastornos del ritmo circadiano es una alteración cronobiológica: Implican una desincronización entre el reloj biológico interno y el entorno externo. Es decir, existe una incapacidad o grave dificultad para dormir durante el horario de sueño deseado (marcado por las normas sociales y la luz natural), pero una vez dormido no hay anormalidad en el sueño. Los principales trastornos del ritmo circadiano son:

• Síndrome del cambio de zona horaria o jet-lag

El *jet-lag* consiste en alteraciones de los ritmos circadianos, especialmente del sueño, al viajar en avión atravesando varios husos horarios. Su gravedad depende del número de husos horarios cruzados (a mayor número, mayor desajuste). Remite en cuestión de días, conforme el reloj circadiano se adapta al nuevo horario (de promedio es necesario un día de adaptación por cada huso), siendo más lento de adaptar cuando se viaja hacia el este (el nuevo horario implica acortar el día).

• Síndrome de la fase retrasada del sueño

El síndrome de la fase retrasada del sueño se caracteriza por la incapacidad de dormir hasta una hora muy avanzada de la noche (e.g., 3 o 4 a.m.) y una gran dificultad para despertarse temprano. La persona se duerme y se despierta muy tarde. Es más frecuente en adolescentes.

• Síndrome de la fase avanzada del sueño

El síndrome de la fase avanzada del sueño es simétrico al caso anterior, y se caracteriza por la incapacidad de mantener la vigilia a partir de cierta hora temprana de la tarde (e.g., 7 p.m.). La persona se duerme y se despierta muy temprano, antes del horario deseado. Es más frecuente en personas mayores.

En estos dos últimos casos, el diagnóstico dependerá de que el desfase interfiera significativamente con la vida social y familiar (y a veces laboral) de la persona, y de que se sienta incapaz de modificarlo por sus propios medios.

• Trastorno del sueño por turno de trabajo

El trastorno del sueño por turno de trabajo consiste en alteraciones de los ritmos circadianos de personas que trabajan en turnos nocturnos o turnos rotatorios, lo que interrumpe los patrones naturales de sueño y vigilia. Es un trastorno relativamente frecuente en nuestra sociedad actual.

• Tratamiento de los trastornos del ritmo circadiano

Muchos de los casos de *jet-lag* no requieren tratamiento puesto que se produce una adaptación espontánea al nuevo horario en cuestión de unos días. Para aquellos casos que la gravedad y/o urgencia lo requieran se pueden adoptar ciertas medidas terapéuticas, como ir adaptando progresivamente los hábitos al horario de destino ya en el lugar de origen. Para facilitar el sueño (viajes hacia el este) está indicado el tratamiento mediante la administración de **melatonina** un par de horas antes de la hora deseada para dormir. Para retrasar el sueño (viajes hacia el oeste) se recomienda realizar actividades que mantengan la atención y exponerse a buena iluminación.

Para el tratamiento del síndrome de la fase retrasada del sueño también está indicada la melatonina, y benzodiacepinas de vida media corta/ultracorta, como el *triazolam* (Halcion®) y el *midazolam* (Dormicum®), con el fin de conciliar el sueño antes. En el síndrome de la fase avanzada del sueño, por el contrario, está indicado el uso de fototerapia, exponiendo al sujeto a iluminación intensa durante las últimas horas de la tarde.

Finalmente, en el caso del trastorno del sueño por cambios de turno de trabajo, se recomienda planificar los cambios en el sentido de tener que retrasar el reloj circadiano (entrar más tarde a trabajar en cada turno, teniendo que alargar el día).

5.6. Síndrome de piernas inquietas

El síndrome de piernas inquietas es un trastorno neurológico caracterizado por una necesidad incontrolable de mover las piernas, generalmente acompañada o causada por sensaciones incómodas y desagradables en las extremidades inferiores. Estas sensaciones suelen empeorar durante los períodos de inactividad, especialmente por la tarde o por la noche, y se alivian temporalmente con el movimiento. Las sensaciones descritas por los pacientes varían e incluyen hormigueo, picazón, ardor, dolor, tirantez, calambres... Estas sensaciones pueden ser muy molestas y dificultar significativamente el inicio y el mantenimiento del sueño. Este trastorno puede darse junto con **mioclonus nocturno**, caracterizado por sacudidas involuntarias de las extremidades, principalmente de las piernas (especie de patadas).

El tratamiento para el síndrome de piernas inquietas varía según la gravedad e incluye cambios en el estilo de vida y medicamentos. Para casos leves, se recomiendan medidas como evitar el alcohol, cafeína y tabaco, hacer ejercicio moderado por las mañanas y aplicar frío o calor. En casos más graves, se pueden recetar medicamentos como la *gabapentina* (Neurontin®) o la *pregabalina* (Lyrica®), o suplementos de hierro si hay deficiencia.

5.7. Parasomnias

Las parasomnias son comportamientos o experiencias indeseables que ocurren durante el sueño, interrumpiendo su desarrollo normal. Son fenómenos anormales que acompañan al sueño y pueden ser perturbadores para el individuo o para quienes duermen cerca. Las parasomnias son más frecuentes en la infancia y suelen desaparecer con la edad, generalmente hacia la adolescencia. Su frecuencia e intensidad suelen aumentar si el niño atraviesa un periodo de estrés (e.g., en época de exámenes). Algunas de ellas son propias de un tipo de sueño (No-REM o REM).

Parasomnias del sueño No-REM

Existen trastornos del sueño que están asociados específicamente al sueño No-REM, especialmente al sueño de ondas lentas (fase N3). Dentro de éstos, los principales son:

• *Terrores nocturnos*

Como señalamos anteriormente, cuando la actividad mental durante el sueño No-REM es muy intensa y hace que la persona se despierte (aunque no es un despertar completo y el sujeto permanece un tanto inconsciente del entorno), pueden aparecer los llamados *terrores nocturnos*. El sujeto se despierta angustiado, pálido y con sudor frío. En los niños se caracteriza también por un llanto incontrolable. El episodio puede ser confundido con una pesadilla, pero son fenómenos diferentes. Los terrores nocturnos se producen durante la fase de sueño profundo (N3), por lo que suelen manifestarse durante el primer tercio de la noche (comúnmente entre una hora, y una hora y media después de que el niño se ha dormido). El sujeto es prácticamente incapaz de relatar ninguna historia (no son ensueños terroríficos, como en el caso de las pesadillas) y no se recuerda al día siguiente. Alrededor del 10% de la población infantil padece terrores nocturnos, sin diferencias de sexo en su prevalencia.

• *Sonambulismo*

El sonambulismo consiste en conductas complejas ocurridas durante el sueño, como levantarse, deambular y llevar a cabo otros comportamientos (e.g., comer). Cabe resaltar que el sonambulismo no es una representación de los sueños (el sujeto está en sueño profundo, fase N3, y no está soñando). Al igual que los terrores nocturnos, los episodios de sonambulismo suelen producirse durante el primer tercio de la noche. Se estima que entre el 10 y el 15% de la población infantil padece sonambulismo (y cerca de un 5% de la población adulta también sufre episodios de sonambulismo). Su mayor incidencia se produce entre los 10 y los 14 años de edad, siendo raro antes de los 5 años.

• *Enuresis nocturna*

La enuresis nocturna consiste en mojar la cama (orinar mientras se duerme) en niños mayores de cuatro años que ya han adquirido el control de esfínteres.

Parasomnias del sueño REM

De modo similar a los trastornos anteriores (parasomnias del sueño No-REM), existen trastornos del sueño que están asociados específicamente al sueño REM. Dentro de éstos, los principales son:

• *Pesadillas*

Las pesadillas consisten en ensueños cuyo contenido se va haciendo más intenso y angustioso, y terminan despertando al sujeto; quien es capaz de recordarlas de forma vívida y, a veces, terrorífica. A diferencia de los terrores nocturnos, las pesadillas aparecen con más frecuencia durante el tercio final del periodo nocturno (en el que predomina la fase REM). Casi la mitad de la población infantil padece pesadillas en algún momento, siendo algo más frecuentes en las chicas.

• *Trastorno conductual del sueño REM*

También llamado *sueño REM sin atonía*, el trastorno conductual del sueño REM se caracteriza por la ausencia de la atonía muscular característica de la fase REM, por lo que la persona actúa físicamente durante los sueños (exterioriza lo que está soñando), a veces de forma agresiva y violenta, lo que puede resultar en lesiones tanto para la persona afectada como para su pareja. Se observa principalmente en varones mayores de 50 años y se calcula una incidencia del 0,5%.

Otras parasomnias: Existen otras parasomnias que no están asociadas específicamente a un tipo de sueño, como el **somniloquio** (hablar o emitir sonidos mientras se duerme) y el **bruxismo** (rechinar los dientes durante el sueño).

Tratamiento de las parasomnias

Como primera opción, los especialistas recomiendan no aplicar ningún tratamiento ya que la mayoría no son graves, suelen limitarse a la infancia y desaparecer con la edad. No obstante, si su intensidad y frecuencia lo aconsejan se pueden aplicar algunos tratamientos.

En el caso del sonambulismo es conveniente tomar medidas de precaución, evitando que en el dormitorio haya obstáculos u objetos con los que la persona se pueda dañar, así como cerrar ventanas y puertas. Durante el episodio se recomienda no despertar al sujeto (pues se mostrará muy aturdido y desorientado; y además ha de volver a dormirse) y reconducirlo a la cama. Si los episodios son muy frecuentes está indicado administrar dosis bajas de benzodiacepinas.

Para la enuresis nocturna un tratamiento efectivo es el llamado "Pipi-Stop", un dispositivo con un sensor que se coloca bajo la sábana y cuando detecta las primeras gotas de orina (unas cuantas gotas preceden a un flujo más profuso) hace sonar una alarma que despierta al niño, evitando mojar la cama. Para el tratamiento de las pesadillas se ha mostrado eficaz la técnica psicológica de terapia de ensayo en imaginación. Y el trastorno conductual del sueño REM se ha tratado con éxito administrando *clonazepam* (benzodiacepina) o *desipramina* (antidepresivo tricíclico).

A continuación, se presenta un resumen de los principales trastornos del sueño en la Tabla 2.

Tabla 2. Tabla-resumen de los principales trastornos del sueño.	
Disomnias	**Parasomnias**
Insomnio	Parasomnias del sueño No-REM:
Hipersomnia	Terrores nocturnos
Narcolepsia	Sonambulismo
Apnea del sueño	Enuresis nocturna
Trastornos del ritmo circadiano:	Parasomnias del sueño REM:
Síndrome del cambio de zona horaria (jet-lag)	Pesadillas
Síndrome de la fase retrasada del sueño	Trastorno conductual del sueño REM
Síndrome de la fase avanzada del sueño	Otras parasomnias:
Trastorno del sueño por turno de trabajo	Somniloquio
Síndrome de piernas inquietas	Bruxismo

Para más información sobre los trastornos del sueño se puede consultar la *Clasificación Internacional de los Trastornos del Sueño* (American Academy of Sleep Medicine, 2021) y la revisión de Robbins & Quan (2024).

6. CONCLUSIONES

El sueño constituye un proceso biológico universal, indispensable para el mantenimiento de la homeostasis y el adecuado funcionamiento del cerebro. Lejos de representar un estado pasivo o de simple inactividad, el sueño es un fenómeno activo, dinámico y regulado por complejas interacciones neurofisiológicas que involucran diversas estructuras cerebrales, neurotransmisores y hormonas.

El sueño es una conducta cíclica en la que se suceden de manera alternante las fases de sueño No-REM y sueño REM. El sueño No-REM se subdivide en los estadios I (adormecimiento), II (sueño ligero, caracterizado por husos del sueño y complejos K) y III (sueño profundo o de ondas lentas, el más reparador). Por otro lado, el sueño REM, se caracteriza por movimientos oculares rápidos y atonía muscular. Uno y otro parecen cumplir funciones diferenciadas pero complementarias. El sueño No-REM, en particular su estadio profundo o de ondas lentas, desempeña un papel preponderante en los procesos de recuperación metabólica, reparación tisular y restauración neuronal. Por su parte, el sueño REM se asocia estrechamente con la consolidación de la memoria implícita, el desarrollo cerebral y el procesamiento emocional.

El conocimiento de las bases neurofisiológicas del sueño ha permitido identificar el papel de distintos sistemas neuroquímicos —entre ellos la adenosina, la acetilcolina, la serotonina, la noradrenalina, la histamina y las hipocretinas— en la regulación de los estados de vigilia y sueño. Estos mecanismos, organizados a través de circuitos de inhibición recíproca y procesos homeostáticos, garantizan la alternancia equilibrada entre el descanso y la activación cortical.

Finalmente, el capítulo ha dedicado una sección significativa a los trastornos del sueño, reconociendo que su alteración puede tener repercusiones importantes en la salud. Se han descrito el insomnio (dificultad para iniciar o mantener el sueño), la apnea del sueño (interrupciones respiratorias), la narcolepsia (somnolencia diurna excesiva y cataplejía), y las parasomnias, que incluyen el sonambulismo, los terrores nocturnos, las pesadillas, la enuresis nocturna y el trastorno conductual del sueño REM. Estos trastornos evidencian la estrecha vinculación entre los procesos fisiológicos del sueño y la salud física y mental.

En síntesis, el sueño es un pilar fundamental de la salud y el bienestar, cuya comprensión requiere una perspectiva psicofisiológica integral. La investigación en este campo no solo profundiza nuestro conocimiento sobre uno de los procesos más complejos y esenciales de la organización funcional del cerebro humano, sino que también proporciona las bases para mejorar la calidad de vida de aquellos afectados por sus alteraciones.

7. BIBLIOGRAFÍA

American Academy of Sleep Medicine (AASM) (2021). *International Classification of Sleep Disorders* (ICSD-3).

American Psychiatric Association (2013). *Diagnostic and Statistical Manual of Mental Disorders. 5th ed. (DSM-5)*. American Psychiatric Association: Arlington, VA.

Baranwal, N., Yu, P.K., & Siegel, N.S. (2023). Sleep physiology, pathophysiology, and sleep hygiene. *Progress in Cardiovascular Diseases*, 77: 59-69.

Bear, M.F., Connors, B.W., & Paradiso, M.A. (2016). *Neuroscience: Exploring the brain* (4th ed.). Wolters Kluwer.

Carlson, N.R., & Birkett, M.A. (2021). *Physiology of behavior* (13th ed.). Pearson.

Carskadon, M.A., & Dement, W.C. (2011). Normal human sleep: an overview. In: *Principles and Practice of Sleep Medicine* (4th ed., pp 16-26). St. Louis: Elsevier Saunders

Collado, P., Guillamón, A., Claro, F., Rodríguez, M., Pinos, H., & Venero, C. (2024). *Psicología fisiológica*. UNED, Madrid.

Franco-Pérez, J., Ballesteros-Zebadúa, P., Custodio, V., & Paz, C. (2012). Principales neurotransmisores involucrados en la regulación del ciclo sueño-vigilia. *Revista de Investigación Clínica*, 64: 182-192.

Kandel, E.R., Koester, J.D., Mack, S.H., & Siegelbaum, S.A. (2021). *Principles of neural science* (6th ed.). McGraw-Hill.

Merino, M., & Naranjo, M. (2023). Trastornos del sueño. *Medicine*, 13: 4243-4255.

Pinel, J.P.J., & Barnes, S. (2021). *Biopsychology* (11th ed.). Pearson.

Purves, D., Augustine, G.J., Fitzpatrick, D., Hall, W.C., LaMantia, A.S., & White, L.E. (2018). *Neuroscience* (6th ed.). Sinauer Associates.

Redolar, D. (2023). *Neurociencia cognitiva* (2ª ed.). Panamericana, Madrid.

Robbins, R., & Quan, S.F. (2024). Sleep disorders. *NEJM Evidence*, 3: EVIDra2400096.

San, L., & Arranz, B. (2024). The night and day challenge of sleep disorders and insomnia: A narrative review. *Actas Españolas de Psiquiatría*, 52: 45-56.

Walker, M. (2017). Why we sleep: Unlocking the power of sleep and dreams. Scribner, New York.

World Health Organization (2019). *ICD-11 for Mortality and Morbidity Statistics. Version 04*. Available at: https://icd.who.int/browse/11/2022-02/mms/en

Capítulo 5

Bases biológicas de la ingesta

Concepción Blasco Ros y
Sandra Montagud Romero

https://youtu.be/D7EXrZJlYwE

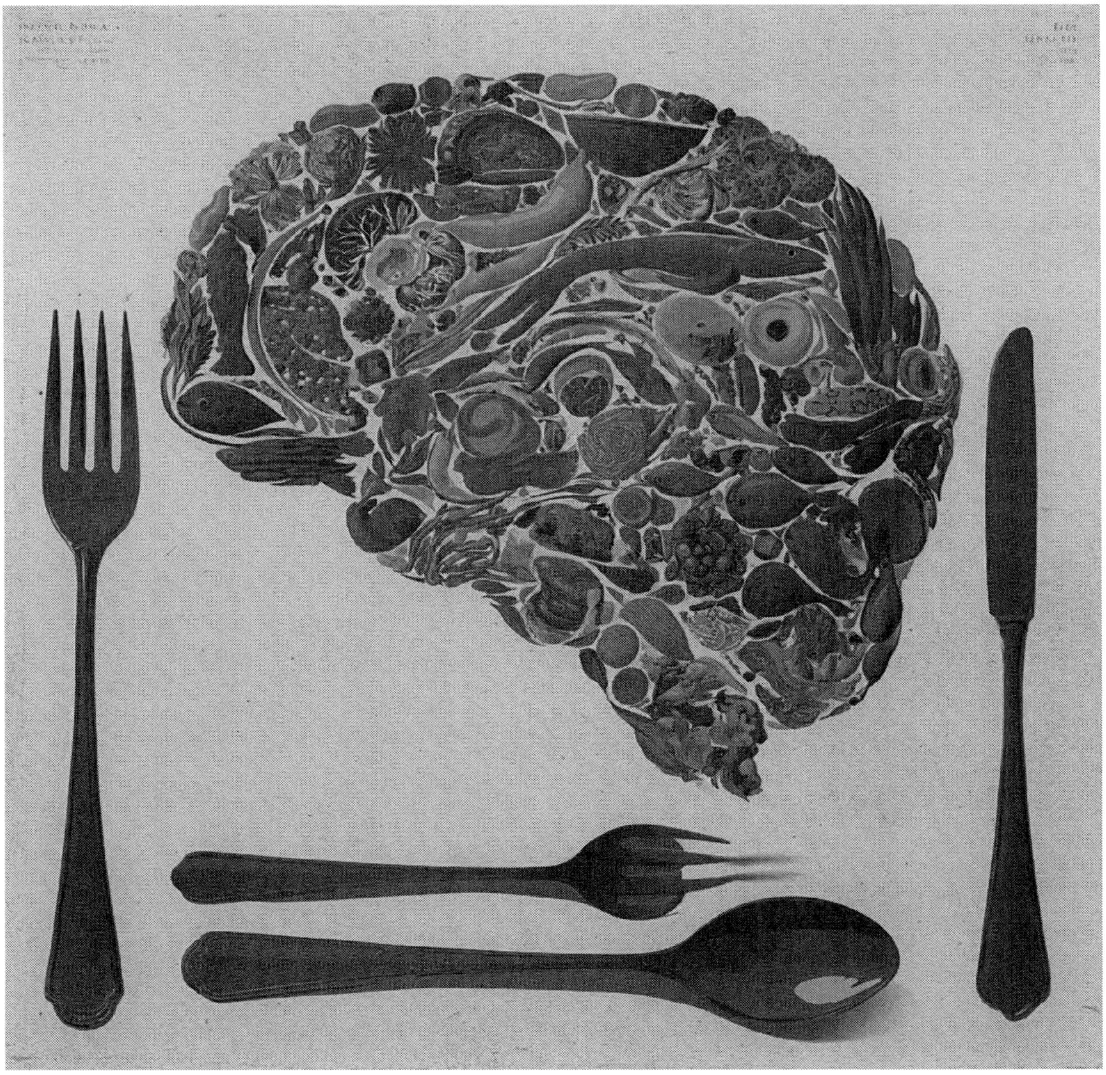

Bases biológicas de la ingesta

1. INTRODUCCIÓN

La conducta de ingesta, que abarca tanto el acto de comer como el de beber, se considera una función vital para la supervivencia de los organismos. Desde una perspectiva psicofisiológica, esta conducta no solo responde a necesidades biológicas básicas, sino que también está regulada por complejos mecanismos neurales, hormonales y motivacionales. El estudio de la ingesta permite comprender cómo el cuerpo detecta desequilibrios internos, como la falta de agua o nutrientes, y pone en marcha mecanismos conductuales y fisiológicos para restaurar el equilibrio. En este capítulo abordaremos los sistemas reguladores implicados, la ingesta de bebida: los tipos sed; y la ingesta de comida: los factores que determinan la ingesta de alimentos y los mecanismos de saciedad; se revisará también el papel del sistema nervioso central (SNC) en el control de estas conductas. Comprender la interacción entre cuerpo y cerebro en este proceso resulta esencial para explicar tanto comportamientos normales como alteraciones en la ingesta.

Mecanismos de regulación fisiológicos

Un sistema regulador básico consta de cuatro elementos clave: 1) una variable del sistema que debe mantenerse estable (como el nivel de agua o nutrientes); 2) un valor ideal o de referencia para esa variable; 3) un sensor o detector que monitorea su estado; y 4) un mecanismo corrector que actúa cuando se detecta una desviación, devolviendo la variable a su valor óptimo. Estos sistemas operan bajo el **principio de retroalimentación negativa**, donde la acción correctiva cesa una vez que se logra el equilibrio.

Comer y beber son respuestas correctoras activadas cuando el cuerpo detecta un déficit de agua o nutrientes. Dado que existe un desfase entre la ingesta y la absorción real de lo ingerido, se necesitan mecanismos de saciedad para evitar una ingesta excesiva. Por ejemplo, si una persona pasa tiempo al sol en un día de verano, su cuerpo pierde agua. Los sensores internos detectan esta pérdida y activan la necesidad de beber. Sin embargo, después de tomar varios vasos de agua, la persona deja de beber, aunque el agua aún no ha sido absorbida por completo ni ha llegado a las células donde se necesita. Esto se debe a que intervienen mecanismos de saciedad anticipatorios, que detienen la ingesta antes de que se restablezca por completo el equilibrio, previendo que la corrección se dará en breve.

Además, estos mecanismos de saciedad tienen un papel crucial en la prevención del sobreconsumo, protegiendo al organismo de desequilibrios como la hiponatremia (la disminución de la concentración sérica de sodio < 136 mEq/L (< 136 mmol/L) (causada por un exceso de agua en relación con los solutos) o la hiperglucemia (cantidad de glucosa en sangre más alta de lo normal). En el caso de la alimentación, por ejemplo, los sensores gastrointestinales y hormonales informan al cerebro sobre la cantidad y calidad de los alimentos ingeridos. Así, el SNC integra esta información para modular el apetito y decidir cuándo detener el acto de comer o beber. Este complejo sistema de señales permite al organismo anticiparse a sus propias necesidades fisiológicas, manteniendo un control fino y adaptativo sobre la ingesta. De este modo, el cuerpo logra conservar su homeostasis frente a condiciones ambientales y metabólicas variables.

2. INGESTA DE BEBIDA

2.1. Balance hídrico y su regulación

La ingesta de líquidos es un proceso fundamental para mantener el equilibrio hidroelectrolítico del cuerpo humano. Entendemos la sed como la sensación subjetiva que las personas experimentan cuando su cuerpo necesita reponer líquidos, una señal importante para iniciar la conducta de ingesta. El agua participa en múltiples funciones fisiológicas, como la regulación de la temperatura corporal, el transporte de nutrientes y la eliminación de desechos. El agua constituye alrededor del 60% del peso corporal en adultos y se encuentra organizada en distintos **compartimentos**. Estos compartimentos permiten el intercambio controlado de sustancias y mantienen el equilibrio entre las funciones celulares y sistémicas.

1. Compartimento intracelular (líquido intracelular): Este compartimento representa aproximadamente **dos tercios (2/3)** del agua total del cuerpo. Corresponde al **agua que se encuentra dentro de las células**, donde se llevan a cabo la mayoría de los procesos metabólicos. En este medio intracelular, se encuentran disueltas diversas sustancias como potasio, magnesio, fosfatos y proteínas que participan en el funcionamiento normal de las células. El equilibrio hídrico en este compartimento es esencial para mantener el volumen y la actividad celular.

2. Compartimento extracelular (líquido extracelular): Este representa el **tercio (1/3)** restante del agua corporal total y está dividido a su vez en subcompartimentos:

• **Líquido intersticial (26%)**: Es el fluido que se encuentra **entre las células**, llenando los espacios que las separan en los tejidos. Sirve como un medio de transporte de nutrientes, gases y productos de desecho entre la sangre y las células.
• **Líquido plasmático (7%)**: Corresponde al **plasma sanguíneo**, es decir, la parte líquida de la sangre sin células (glóbulos rojos, glóbulos blancos, plaquetas). Este fluido circula por los vasos sanguíneos y cumple funciones cruciales en el transporte de oxígeno, nutrientes, hormonas y desechos metabólicos. Además, participa en la regulación de la presión arterial y el equilibrio osmótico.
• **Líquido cefalorraquídeo (1%)**: Es el fluido que circula alrededor del cerebro y la médula espinal. Aunque representa una pequeña fracción del total, su función es vital. Actúa como amortiguador frente a impactos mecánicos, facilita el intercambio de nutrientes y desechos entre el sistema nervioso central y el resto del cuerpo, y contribuye a mantener una presión intracraneal estable.

Para que el organismo funcione correctamente, es necesario que tanto el volumen del líquido dentro de las células (líquido intracelular) como el del plasma sanguíneo (líquido intravascular) se mantengan dentro de rangos saludables. Cuando se produce una pérdida de agua en el interior de las células, estas se ven impedidas para llevar a cabo muchas de sus funciones bioquímicas esenciales. Por otro lado, si las células acumulan demasiada agua, sus membranas pueden romperse debido al exceso de presión interna. Además, el volumen del plasma sanguíneo también debe mantenerse con gran precisión, ya que está directamente relacionado con el funcionamiento adecuado del corazón. Si este volumen disminuye demasiado, el corazón no puede bombear la sangre de manera eficiente, lo que puede llevar a un fallo circulatorio conocido como **hipovolemia**.

El organismo utiliza distintos receptores para regular el líquido intracelular y el volumen sanguíneo, ya que ambos pueden alterarse de forma independiente. Por eso se requieren mecanismos de control separados para mantener el equilibrio hídrico. En la mayoría de los casos, consumimos más agua y sodio de lo que realmente necesitamos, y son los riñones (mecanismo fisiológico) los encargados de eliminar el exceso a través de la orina. Sin embargo, cuando los niveles de agua o sodio disminuyen por debajo de lo necesario, se activan de nuevo mecanismos fisiológicos pero también conductuales, como la conducta de ingesta de agua o sodio.

Dos tipos de Sed

Dado que tanto la pérdida de agua del líquido intracelular como del plasma sanguíneo (líquido intravascular) pueden estimular la necesidad de beber, se utilizan dos términos para diferenciar el tipo de sed que se genera: sed osmótica y sed volémica (Carlson & Birkett, 2021). La **sed osmótica** se asocia a un aumento en la presión osmótica del medio intracelular, que ocurre cuando las células pierden agua y se deshidratan. En cambio, la **sed volémica** está relacionada con la detección de una reducción en el volumen del plasma sanguíneo, sin deshidratar el líquido intersticial.

1. Sed osmótica: La sed osmótica aparece cuando se incrementa la concentración de solutos en el líquido intersticial, lo que eleva su tonicidad y lo vuelve hipertónico. Este aumento provoca que el agua salga de las células, reduciendo su volumen. El término "osmótica" se utiliza porque los sensores implicados responden específicamente a los cambios en la concentración del entorno líquido que los rodea. La ósmosis, por su parte, es el proceso mediante el cual el agua se desplaza a través de una membrana semipermeable desde una zona de baja concentración de solutos hacia otra de mayor concentración.

En 1947, Verney propuso la existencia de células nerviosas -**osmorreceptores**- sensibles a las variaciones en la concentración de solutos del líquido intersticial, describiendo que su actividad eléctrica (frecuencia de disparo) se veía modificada según su grado de hidratación (Bourque, 2008). Es decir, cuando el entorno se volvía más concentrado, estas neuronas perdían agua por ósmosis, lo que generaba un encogimiento celular que alteraba su patrón de actividad.

Al consumir alimentos con alto contenido de sal, experimentamos sed de tipo osmótico. Esto ocurre porque la sal absorbida desde el sistema digestivo pasa a la sangre, haciendo que el plasma se vuelva más concentrado (hipertónico). Como consecuencia, el agua del líquido intersticial se traslada al plasma, lo que aumenta la concentración en el compartimento intersticial y favorece la salida de agua desde el interior celular.

Los osmorreceptores que detectan esta condición se encuentran en una zona cerebral llamada **lámina terminal**, localizada en la parte anteroventral del tercer ventrículo. Esta región alberga dos estructuras periventriculares especializadas: el **órgano vascular de la lámina terminal** (OVLT) y el **órgano subfornical** (OST), también llamado subtrigonal. Estas áreas forman parte de un conjunto de órganos cerebrales situados alrededor del sistema ventricular, caracterizados por su elevado flujo sanguíneo y funciones especializadas en la detección de cambios fisiológicos.

El OVLT y el OST, al igual que otras estructuras periventriculares del cerebro, están ubicados en regiones que no están protegidas por la barrera hematoencefálica. Esto implica que los compuestos presentes en la sangre pueden entrar con facilidad en el líquido que baña estas áreas cerebrales. La evidencia científica indica que la mayor parte de los osmorreceptores relacionados con la sed de tipo osmótico se encuentran en el OVLT, aunque también se han identificado algunos en el OST.

Por otra parte, el **núcleo supraóptico** del hipotálamo también contiene osmorreceptores, pero estos están implicados en la regulación de la vasopresina (ADH), una hormona que libera la hipófisis posterior y que cumple una función esencial en el control de la retención de agua por los riñones.

Otra estructura relacionada con la sensación de sed osmótica es la **corteza cingulada anterior**, concretamente el descenso de actividad de esta estructura parece reflejar la activación del mecanismo de saciedad (mecanismo de anticipación, que se desencadena por el hecho de beber).

2. Sed volémica: La sed volémica aparece cuando el volumen del plasma sanguíneo disminuye (hipovolemia) sin afectar al resto de compartimentos, es decir, se produce una disminución del líquido presente en el sistema circulatorio. La pérdida de agua por medio de la evaporación (principal causa de la pérdida continua de agua en el cuerpo), afecta a los tres compartimentos de líquidos: intracelular, intersticial e intravascular. Consecuentemente, la evaporación puede provocar tanto sed osmótica como volémica. No obstante, ciertas situaciones como el sangrado, los vómitos o la diarrea reducen el volumen sanguíneo (hipovolemia) sin afectar de forma significativa al contenido de agua dentro de las células.

Una de las causas más evidentes de sed volémica es la pérdida de sangre, como ocurre en una hemorragia. En esta situación no solo se reduce el volumen de agua en el compartimento extracelular, sino también la cantidad de sodio, que es el principal ion de dicho espacio y esencial para mantener la osmolaridad y el volumen plasmático. Por eso, la respuesta compensatoria del organismo no se limita únicamente al impulso de beber agua, sino que también aparece un marcado apetito por la sal (natriorexia). Este doble mecanismo asegura que, al reponer líquidos, se recupere no solo el volumen circulante, sino también la concentración de sodio necesaria para retener el agua en el espacio extracelular y restablecer así la presión arterial y el equilibrio hidroelectrolítico.

Los riñones están equipados con células especializadas que detectan una reducción en el flujo de sangre que les llega, lo cual generalmente es consecuencia de una disminución del volumen circulante. En respuesta a esta señal de hipovolemia, los riñones liberan una enzima llamada renina. Esta enzima ingresa al torrente sanguíneo y promueve la conversión de una proteína, el angiotensinógeno, en una sustancia conocida como angiotensina. Inicialmente se forma angiotensina I, que posteriormente es transformada, mediante una enzima específica, en angiotensina II, su forma activa.

La angiotensina II cumple diversas funciones fisiológicas importantes: estimula la liberación de hormonas desde la neurohipófisis (vasopresina) y la corteza de las glándulas suprarrenales (aldosterona), promoviendo así la retención de agua y sodio por parte de los riñones. Esta retención ayuda a restablecer la presión arterial y a conservar los líquidos perdidos. A nivel vascular, provoca la contracción de las arteriolas, lo que también contribuye al aumento de la presión sanguínea. Además, tiene efectos sobre el comportamiento: induce la necesidad de beber agua y el deseo de consumir sal. En conjunto, estos mecanismos ayudan al organismo a recuperar el equilibrio hidrosalino tras una pérdida significativa de volumen.

En la sed volémica, cuando disminuye el volumen sanguíneo o la presión arterial, los **barorreceptores** (neuronas ubicadas en el corazón y en los vasos sanguíneos) detectan el menor estiramiento y envían menos señales al sistema nervioso a través del nervio del tracto solitario. Esta disminución de la señal desinhibe al hipotálamo, lo que provoca un aumento en la liberación de vasopresina desde la neurohipófisis, favoreciendo la retención de agua en el riñón, y activa el centro de la sed, impulsando la ingesta de líquidos (Figura 1). De manera complementaria, la angiotensina II potencia estos efectos, asegurando la recuperación del volumen extracelular; sin embargo, cabe señalar que cuando sus niveles en sangre son excesivos, ya sea por un aumento en la secreción de renina u otras causas, la angiotensina II también puede contribuir al desarrollo de hipertensión arterial.

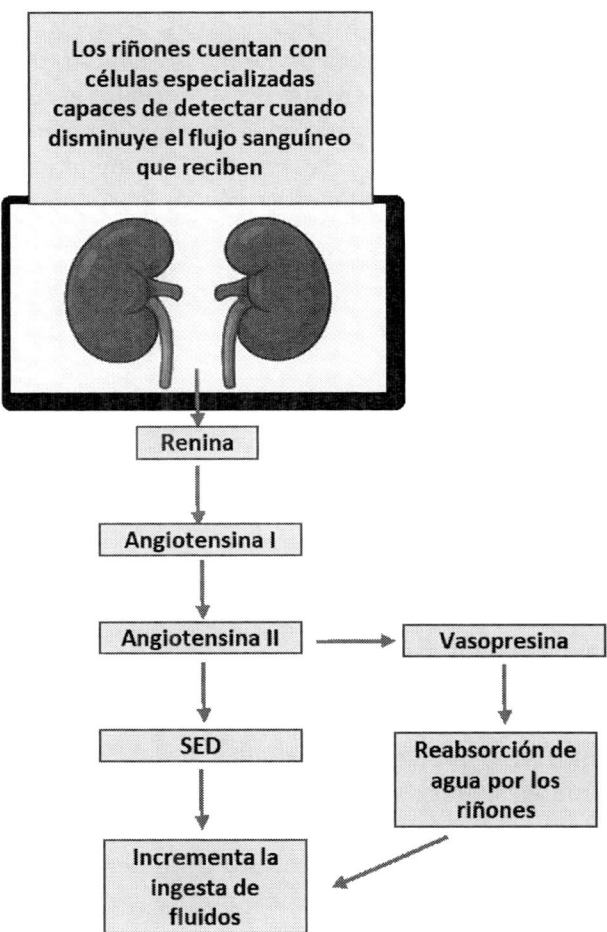

Figura 1. Esquema de la respuesta renal a la hipovolemia.

2.2. Mecanismos neurales de la conducta de beber

Como ya se ha mencionado anteriormente, los osmorreceptores que desencadenan la necesidad de beber se encuentran principalmente en dos estructuras cerebrales: el OVLT y OST. La lámina terminal parece ser el área del cerebro encargada de integrar las señales relacionadas tanto con la sed osmótica como con la sed provocada por pérdida de volumen sanguíneo (volémica).

En el caso de la sed volémica, la señal clave es la angiotensina II, una hormona que no puede atravesar la barrera hematoencefálica. Esto significa que no puede afectar a la mayoría de las neuronas del cerebro, salvo aquellas ubicadas en regiones que están fuera de esta barrera, como los órganos periventriculares. Según diversas investigaciones, el órgano subfornical es el sitio donde la angiotensina presente en la sangre ejerce su acción para estimular la conducta de beber. Esta estructura se encuentra justo debajo de la comisura del trígono ventral, de ahí su nombre.

Estudios realizados en 1978 (por autores como por Simpson, Epstein y Camardo) demostraron que pequeñas cantidades de angiotensina inyectadas directamente en el OST eran suficientes para inducir la conducta de beber. En cambio, si se destruía esta región o se bloqueaban sus receptores de angiotensina, desaparecía la respuesta de beber normalmente inducida por la angiotensina administrada en la sangre. Complementando estos hallazgos, se observó que la introducción de angiotensina en el OST aumentaba la actividad eléctrica de las neuronas de esa zona, indicando que estas células poseen receptores sensibles a dicha hormona.

Las neuronas del OST envían sus proyecciones al núcleo preóptico mediano, otra estructura ubicada en la lámina terminal. Este núcleo rodea la parte anterior de la comisura anterior, un conjunto de fibras nerviosas que conecta la amígdala con el lóbulo temporal anterior. Esta zona actúa como un centro integrador de las señales que regulan la sed, tanto osmótica como volémica. Recibe información desde el OST (relacionada con la angiotensina), del OVLT (donde se detectan los cambios en la concentración de solutos), y del núcleo del tracto solitario, que transmite datos provenientes de los barorreceptores auriculares.

Se ha demostrado que lesiones selectivas del núcleo preóptico mediano, que destruyen las neuronas, pero no sus conexiones axonales, producen disfunciones graves en la regulación de la sed inducida por cambios osmóticos.

La lámina terminal también parece desempeñar un papel importante en la regulación de la sed en humanos. Como indican los estudios de neuroimagen, esta región muestra una mayor actividad durante estados de sed osmótica. Además, algunas investigaciones informaron que personas con daño cerebral en esta área pueden desarrollar **adipsia**, es decir, una pérdida del deseo de beber. Las personas que sufren esta enfermedad no sienten sed, incluso cuando sus niveles de sal en el cuerpo están elevados, por lo que deben obligarse a ingerir líquidos regularmente para evitar la deshidratación.

3. INGESTA DE COMIDA

En este punto se van a revisar los siguientes temas relacionados con la ingesta: el equilibrio energético del organismo, factores determinantes de la ingesta de alimentos, mecanismos de la saciedad, mecanismos neurales del hambre y trastornos de la conducta alimentaria.

3.1. El equilibrio energético del organismo

La necesidad de alimentarnos ha influido de manera decisiva en nuestra evolución como seres humanos. A través de la ingesta obtenemos los nutrientes y la energía indispensables para sobrevivir, por lo que debemos incorporar cantidades adecuadas de hidratos de carbono, grasas, aminoácidos, vitaminas, minerales y también sodio. Nuestro organismo requiere combustible para realizar actividades como correr, caminar, respirar o sostener sus propios procesos celulares, de modo que almacena y utiliza la energía según sus necesidades. En este contexto, la glucosa constituye la principal fuente energética del cerebro, y sus niveles deben mantenerse estables incluso entre comidas. Como ingerimos alimentos de forma intermitente, el organismo debe guardar los nutrientes (glucosa, ácidos grasos y aminoácidos) recibidos del sistema digestivo durante los periodos de ingesta (fase de absorción) y ser capaz de descomponerlos y utilizarlos cuando sea necesario (fase de ayuno). De esta manera, los nutrientes cumplen tres funciones para el organismo:

• Mantenimiento de la homeostasis del organismo.
• Construir y mantener nuestros propios órganos para obtener energía.
• Producción de calor para mantener el organismo termorregulado.

Estas tres funciones necesarias para el equilibrio energético en nuestro organismo comprenden una serie de reacciones bioquímicas que generan la energía necesaria para crecer, desarrollarnos y mantener la funcionalidad de órganos y tejidos. Estos requerimientos energéticos se conocen como tasa metabólica basal y, de forma general, se necesitan unas 2000 kcal/día. Si bien, diversos factores pueden afectar a que estos requerimientos sean diferentes, como: una actividad física intensa, la cantidad de energía almacenada o alteraciones metabólicas, entre otros.

Cuando la energía se agota, el organismo genera señales metabólicas que indican que los nutrientes almacenados están disminuyendo (hambre) para reponer sus depósitos e iniciar la conducta de ingesta. A su vez, una vez iniciada la ingesta se generan señales anticipatorias, tanto aprendidas como innatas, para detenerla (saciedad).

El suministro de energía a través de la ingesta comienza con el proceso de digestión de los alimentos en el que el sistema gastrointestinal descompone los nutrientes y procede a su absorción. Este proceso se divide en varias etapas comenzando por la masticación y la mezcla de los alimentos con la saliva para lubricarlos e iniciar su digestión. Los nutrientes descienden por el esófago hasta el estómago donde se almacenan, y donde el ácido clorhídrico los descompone en partículas más pequeñas y la pepsina degrada las proteínas en péptidos. A medida que el estómago va vaciando el contenido en el duodeno, a través del píloro, las enzimas que provienen principalmente del páncreas descomponen las moléculas proteicas en aminoácidos y en azúcares simples; que serán transportadas al hígado por el torrente circulatorio. Las grasas son emulsionadas por la bilis del hígado, pero como no pueden atravesar las paredes del duodeno son transportadas por los conductos de la pared del duodeno hacia el sistema linfático. Finalmente, el agua y los electrolitos son absorbidos de los desechos por el intestino grueso quedando el resto para su expulsión por el ano.

Las fases del metabolismo energético por las cuales el organismo utiliza y transforma la energía almacenada en disponible para su uso, son las siguientes:

- **Fase cefálica**: Es una fase preparatoria ante la expectativa de recibir comida. Se activa al ver, oler o pensar en comida. Termina cuando la comida empieza a ser absorbida.
- **Fase de absorción**: Se absorben los nutrientes presentes en el intestino y son liberados al torrente circulatorio. Los excedentes se almacenan.
- **Fase de ayuno**: Consiste en la obtención de la energía para el organismo a partir de las reservas almacenadas.

El intercambio energético en estas tres fases está regulado por dos hormonas del páncreas: la **insulina** y el **glucagón**.

A continuación, se desarrollarán, principalmente las fases de absorción y de ayuno.

Fase de Absorción

Esta fase, también llamada postprandial, ocurre inmediatamente después de la ingesta en el proceso de digestión, como se ha descrito anteriormente. Consiste en la descomposición de los alimentos y la absorción de sus componentes por el organismo en forma de azúcares simples (glucosa), ácidos grasos y aminoácidos que entran en el torrente sanguíneo. Su objetivo es cubrir las necesidades energéticas inmediatas del organismo y almacenar el excedente.

Tanto en la fase cefálica como en la de absorción se favorecen los siguientes procesos:

- Uso de la glucosa disponible en sangre como fuente de energía.
- El excedente de glucosa se transforma en glucógeno (hidrato de carbono complejo insoluble) y en grasa.
- El glucógeno se almacena en el hígado y en los músculos.
- Los aminoácidos se transforman en proteínas y péptidos, el excedente se transformará también en grasas.
- Las grasas no utilizadas de inmediato son almacenadas directamente en el tejido adiposo.

Además, en las fases cefálica y de absorción se inhibe la transformación del glucógeno, grasas y proteínas en energía disponible para su uso en forma de glucosa, ácidos grasos libres y cetonas.

Para llevar a cabo todos estos procesos mencionados, la insulina mantiene un papel relevante. La estimulación sensorial en la fase cefálica asociada a la ingesta, activa la liberación neural de insulina por parte de las células beta del páncreas. De este modo, incluso antes de ingerir el alimento, se ha producido una reducción de la glucosa en sangre inducida por la insulina, lo que aumenta la sensación de hambre. En la fase de absorción, cuando ya hemos comenzado la ingesta, se continúa produciendo insulina. En estas dos fases la liberación de insulina es elevada y, en cambio, la liberación de glucagón es muy baja.

Las funciones principales de la insulina en estas fases son (Tabla 1):

- Estimular el uso de la glucosa como combustible para el organismo
- Estimular la conversión de glucosa en glucógeno a nivel hepático, también en piruvato y lactato. El glucógeno es almacenado en el hígado y en los músculos, y representa un combustible de reserva (aproximadamente de unas 300 kcal) para unas horas.
- Facilitar el almacenamiento del exceso glucosa en glucógeno en el hígado y en los músculos, las grasas en el tejido adiposo, así como las proteínas en los músculos.

Tabla 1. Tabla resumen de la función de la insulina y glucagón en las fases de absorción y ayuno, respectivamente.	
Fase de absorción: Insulina	**Fase de ayuno: Glucagón**
Facilita la entrada de glucosa a células periféricas	Transforma el glucógeno hepático en glucosa
Estimula la conversión de glucosa en glucógeno en hígado y músculo	Descomposición de los triglicéridos en ácidos grasos y glicerol (que será convertido en glucosa para el encéfalo)
Estimula la conversión de glucosa en grasas	
Facilita el almacenamiento de aminoácidos a las células Inhibe el catabolismo (descomposición) del glucógeno y las grasas	
Inhibe el catabolismo (descomposición) del glucógeno y las grasas	
Facilita el almacenamiento de grasas en tejido adiposo	

Además, en la fase de absorción se libera leptina (hormona producida por el tejido adiposo) a la sangre en proporción a la concentración total de grasa en un organismo, indicando al cerebro que hay energía almacenada.

Fase de Ayuno

Ayuno significa no ingerir alimentos durante horas o unos pocos días, mientras la inanición se produce tras semanas o meses de privación alimentaria. Podemos sobrevivir sin comida durante dos meses o más si estamos bien hidratados. Durante ese tiempo el organismo usará la energía almacenada, principalmente los triglicéridos y las proteínas estructurales, para mantenernos vivos. Por tanto, en esos casos nuestra supervivencia dependerá de la cantidad de grasas almacenadas en nuestros adipocitos.

Esta fase de ayuno se inicia cuando han sido absorbidas todas las sustancias en el intestino y las células obtienen la energía de los nutrientes almacenados: glucógeno (depósito a corto plazo) y triglicéridos (depósito a largo plazo). Esta fase termina con el inicio de una nueva fase cefálica. De esta manera, el sistema metabólico está especialmente diseñado para mantener al cerebro con un nivel constante de combustible, la glucosa.

En condiciones normales de ingesta, en el inicio de la fase de ayuno, las células alfa del páncreas liberan glucagón y se inhibe la insulina para mantener los niveles de glucosa constantes. El proceso empieza con la descomposición del glucógeno almacenado en el hígado y este proceso se conoce como glucogenólisis. Además, durante el ayuno, también se da otro proceso por el cual se produce glucosa a partir de aminoácidos en el hígado (la gluconeogénesis) y la estimulación simpática inicia el catabolismo (descomposición) de las grasas para mantener el aporte de energía al organismo. Si el ayuno se prolonga o ante un ejercicio físico de moderado a intenso, los niveles de insulina se mantienen bajos y se produce una respuesta simpática ante este estrés liberando noradrenalina (NA) y aumentando los niveles de glucagón y otras hormonas como la hormona del crecimiento (GH) y el cortisol, que inician la lipólisis (descomposición de los triglicéridos en ácidos grasos y glicerol en el tejido adiposo) (Tabla 2).

Tabla 2. Tabla resumen de los procesos implicados en el equilibrio energético y el metabolismo de la glucosa y las hormonas implicadas. GH: hormona del crecimiento; NA: noradrenalina.

Proceso	Descripción	Hormonas implicadas
Glucogénesis	Síntesis del glucógeno en el hígado a partir de la glucosa	Insulina
Lipogénesis	Almacenamiento de triglicéridos en el tejido adiposo	Insulina
Lipólisis	Descomposición de los triglicéridos en ácidos grasos y glicerol	Glucagón, GH, cortisol
Glucogenólisis	Descomposición del glucógeno almacenado en el hígado/músculos	Glucagón y NA
Gluconeogénesis	Síntesis de glucosa a partir de precursores no glucídicos (glicerol, lactato y aminoácidos)	Glucagón y cortisol

En resumen, durante la fase de ayuno descienden los niveles de glucosa en sangre y la liberación de glucagón por parte de las células alfa del páncreas, así como la inhibición de la liberación de insulina que permite el mantenimiento constante del combustible necesario para el organismo. De esta manera, tomando ambas fases se podría decir que el equilibrio en el metabolismo de la glucosa es circular: la insulina alcanza su nivel máximo durante la fase de absorción para almacenar la glucosa circulante en sangre. A medida que se alcanza este objetivo y ya no hay glucosa que introducir en las células o transformar en glucógeno o grasas, los niveles de insulina comienzan a descender. En este descenso de la insulina, los niveles de glucagón comenzarán a incrementarse utilizando los diferentes combustibles e iniciando la necesidad de comer para poder reponer las reservas energéticas (Figura 2).

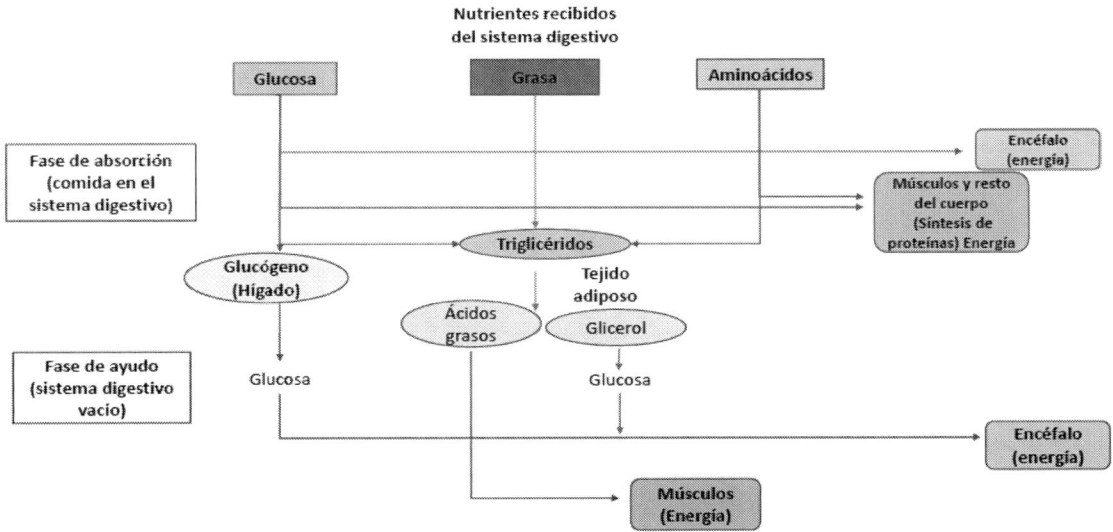

Figura 2. Vías metabólicas durante la fase de ayuno y la fase de absorción. Modificado de Carlson & Birkett (2021).

Teorías sobre el hambre y la ingesta de alimentos

A lo largo del tiempo, comprender por qué sentimos hambre y cómo regulamos la ingesta de alimentos ha sido un tema central en el estudio del comportamiento humano y la fisiología. Diversas teorías han intentado explicar los mecanismos biológicos, psicológicos y ambientales que influyen en estos procesos, ofreciendo marcos distintos para entender cómo nuestro organismo detecta sus necesidades y responde a ellas. Entre ellas, la **teoría del punto de ajuste** sostiene que el organismo mantiene un nivel estable (o relativamente estable) del peso corporal, la grasa o los niveles de energía. Si estas variables se desvían del nivel "programado" o "establecido", aparece una señal que modula el hambre o el gasto energético para volver al nivel (Assanand et al., 1998a, 1998b). Esta teoría se puede considerar una forma de regulación homeostática. Tomando el contexto de la ingesta: el organismo tendría un "termostato" interno (o algún mecanismo equivalente) que detecta variaciones en sus reservas de energía o grasa, y ajusta la ingesta y/o el gasto para mantenerse en equilibrio. Por ejemplo: si la grasa corporal desciende por debajo del punto de ajuste, el sistema impulsa a comer más o reducir el gasto para recuperar la grasa; si la grasa supera ese nivel, se reduce el hambre o se aumenta el gasto.

Siguiendo la línea de la teoría del punto de ajuste surgieron otras dos teorías a mediados del siglo XX que se consideran complementarias y no excluyentes. La **teoría glucostática** formulada por el fisiólogo Jean Mayer (1955) y la **teoría lipostática** propuesta por Gordon G. Kennedy (1953). En la primera, se propone que la ingesta está regulada para el nivel o punto de ajuste de la glucosa en sangre (**hambre glucoprívica**). Según esta hipótesis, cuando los niveles de glucosa están por debajo de cierto umbral, aparece la sensación de hambre y se produce el inicio de la ingesta. Por el contrario, si el nivel de glucosa se recupera, se alcanza la saciedad y se detiene la ingesta. En segundo lugar, la teoría lipostática, propone que el organismo posee mecanismos que regulan la cantidad de grasa corporal (tejido adiposo) en un determinado nivel y que las variaciones en este nivel generan señales que modulan la ingesta y el gasto energético. En otras palabras: cuando el nivel de grasa corporal cae por debajo del "punto de ajuste", el organismo genera hambre (**hambre lipoprívica**) para iniciar la ingesta o ahorrar energía; si se supera el nivel, se inhibe la ingesta o se aumenta el gasto.

Sin embargo, aunque estas teorías fueron muy influyentes, han recibido críticas importantes. Veamos las principales críticas:

• A lo largo de la evolución, uno de los retos a los que se enfrentaron nuestros antepasados fue precisamente la falta de regularidad y la falta de previsión en la disponibilidad de recursos alimentarios. Por este motivo, en cuanto tenían disponibilidad, ingerían alimentos para ser almacenados en forma de grasa corporal como depósito de energía a largo plazo (en caso de periodos de escasez). Su supervivencia hubiera estado comprometida de haber dejado de comer en cuanto los niveles o punto de ajuste hubieran sido corregidos.

• En humanos, los mecanismos de control parecen mucho más complejos que la simple relación "glucosa/grasa baja → hambre → comer".

• Aunque la caída del nivel de glucosa/así como el consumo de grasa puede asociarse con el inicio del hambre, los resultados experimentales no siempre la apoyan con claridad: por ejemplo, infusiones de glucosa no siempre suprimen el hambre o la ingesta.

• El supuesto "punto de ajuste" de la grasa no parece corregir tanto los niveles "homoeostáticos": muchas personas ganan peso progresivamente con los años, lo que cuestiona la idea de que el cuerpo "regresa" automáticamente a un nivel previo. En este sentido, los mecanismos reguladores tienen errores y falta de precisión: diversos estudios muestran que la compensación de la ingesta tras sobrealimentación o restricción es limitada, lo que significa que el sistema no ajusta perfectamente para volver al "punto".

• Estas teorías enfatizan demasiado los mecanismos fisiológicos internos, prestando menos atención al aprendizaje, al ambiente, a los estímulos externos (por ejemplo, olor o sabor), a la cultura alimentaria o al contexto social.

Debido a la falta de evidencias que respalden firmemente las teorías del punto de ajuste surgió otro enfoque alternativo: la **perspectiva del incentivo positivo**. Esta teoría propone que más que comer porque tenemos un déficit fisiológico (glucosa o grasa por debajo del punto de ajuste), comemos porque anticipamos el placer o la recompensa de la comida, es decir, el valor positivo del incentivo motiva la ingesta. En otras palabras, en humanos (y otros animales) se ha evolucionado para comer cuando la comida está disponible, no simplemente cuando aparece el déficit. Por ello, el placer anticipado de la comida como el sabor, la estimulación sensorial o socialización incentivan la comida y no el déficit de glucosa y/o grasa del organismo.

3.2. Factores determinantes de la ingesta de alimentos

El inicio de la ingesta responde tanto a factores internos (señales fisiológicas y metabólicas) como externos (factores sensoriales, ambientales y sociales) al organismo. A continuación vamos a describir cada uno de ellos.

Señales fisiológicas y metabólicas: Neuropéptidos y péptidos periféricos implicados

Además de controlar el apetito, los centros hipotalámicos de la alimentación y de la saciedad contienen muchos receptores para los neurotransmisores y las hormonas que modulan la conducta de ingesta que pueden clasificarse como orexígenas, si estimulan el apetito, o anorexígenas si lo inhiben. Una de las señales más potentes para generar hambre como señal de inicio de la ingesta es el descenso de los niveles de glucosa (hipoglucemia). La hipoglucemia se produce si no hay aporte energético en un periodo y la glucosa está por debajo de 70mg/dL. Este descenso de glucosa puede inducirse mediante la administración de insulina y también puede inducirse inyectando 2-desoxiglucosa (2-DG) que entra en competencia con la glucosa por los transportadores en la membrana celular. Sea cual sea el motivo que produzca este descenso de los niveles de glucosa, las células serán privadas de ésta, causando **glucoprivación**. La glucoprivación estimulará la ingesta de comida para reponer las reservas. De manera similar a la glucoprivación, también se puede inducir hambre impidiendo la entrada de lípidos a las células, proceso denominado **lipoprivación**. A continuación, se describen los neuropétidos y la hormona periférica grelina, encargados de estimular la ingesta (Tabla 3) para inducir el hambre y restaurar los niveles de glucosa y lípidos:

- **Neuropéptido Y (NPY)**: El NPY promueve la motivación por comer, aunque parece estar más relacionado con la búsqueda de alimento y su conservación (almacenamiento del alimento) para ser consumido. Su acción en el núcleo arqueado del hipotálamo induce tanto la ingesta (hiperfagia) como la conducta de beber. Es activado por la grelina e inhibido por la leptina. Sus funciones básicas son: inducir la secreción de insulina y glucocorticoides, inhibir el metabolismo de los triglicéridos, disminuir la temperatura corporal y preservar las provisiones de energía. Además, cuando los nutrientes descienden por debajo de cierto nivel, el NPY también elimina la ovulación y la conducta sexual. El NPY tiene un efecto recíproco con la corticotropina (CRH). El estrés incrementa las concentraciones de glucocorticoides interfiriendo en la retroalimentación negativa de la CRH sobre el NPY, por lo que el mantenimiento de la liberación del NPY genera sobreingesta y, en consecuencia, obesidad. Finalmente, otra de las funciones del NPY en el hipotálamo lateral es estimular a las orexinas y la MCH.

- **Proteína relacionada con agutí (AGRP)**: Se localiza junto al NPY, con el que actúa de forma conjunta. Los terminales del NPY en el núcleo paraventricular estimulan a otro orexígeno, el AGRP, y es inhibida por la leptina. Su función es inducir la ingesta y disminuir el índice metabólico, además de ser un antagonista de los receptores de melanocortina (MC4).

- **Hormona Concentradora de Melanina (MCH)**: Los cuerpos neuronales de la MCH se encuentran en el hipotálamo lateral, igual que en el caso de las orexinas, y su papel es el de inducir la ingesta y reducir la tasa metabólica. Es activada por el NPY y la AGRP y a la vez es inhibida por la leptina, la CART (es un neuropéptido producido principalmente en el hipotálamo). Está relacionado con la regulación del apetito, el balance energético y la respuesta al estrés. En el control de la ingesta, CART actúa como una señal anorexigénica, es decir, reduce el apetito y aumenta el gasto energético, y la α-melanocortina (α-MSH) es una hormona peptídica derivada de la molécula precursora POMC (proopiomelanocortina). Cumple funciones en la regulación del apetito, el metabolismo y la pigmentación, pero en el contexto del control alimentario funciona como una señal anorexigénica.

- **Orexinas**: En el caso de las orexinas, existen dos tipos: la orexina A y la B. La orexina A induce la ingesta, incrementa la tasa metabólica e inhibe el sueño; el papel de la orexina B no está aún muy claro. Como la MCH, es activada por el Neuropétido Y y la AGRP; y a su vez es inhibida por la leptina, la CART y la α-MSH.

- **Grelina**: Es una hormona gastrointestinal con un potente poder para inducir el apetito, las concentraciones de grelina se incrementan durante el ayuno, alcanzan un pico máximo al inicio de la ingesta y disminuyen después de las comidas. Existe una alta densidad de receptores alrededor del tercer ventrículo, entre los núcleos hipotalámicos: arqueado, núcleo paraventricular dorsal y ventral con proyecciones a áreas hipotalámicas productoras de la prehormona proopiomelanocortina (POMC), CRH, y NPY.

- **Endocannabinoides**: Otro componente orexígeno que estimula el apetito mediante la liberación de MCH y orexinas.

Además, se ha observado que unos niveles elevados de grelina parecen estar implicados en la obesidad asociada al síndrome de Prader-Willi. Por estos motivos, la grelina es una señal potente para iniciar la conducta de comer, pero no la única, porque roedores a los que se ha eliminado el gen de grelina o el gen para sus receptores ingieren alimentos con normalidad y tienen un peso normal. Además, la grelina es un factor protector de ingesta excesiva, incluso cuando a los roedores se les presenta una dieta sabrosa o alta en grasas. En humanos, las personas que se han sometido a intervenciones bariátricas tienen niveles más bajos de grelina y, aunque hayan reducido la cantidad que ingieren y también su peso, no dejan de comer.

Tabla 3. Resumen de los neuropéptidos implicados en la inducción de la conducta de ingesta.

Neuropéptido	Lugar de síntesis	Interacción con otros péptidos	Efectos fisiológicos y conductuales
Neuropéptido Y (NPY)	Núcleo Arqueado	Activado por grelina; inhibido por leptina	Incrementar ingesta y disminuir tasa metabólica
Proteína relacionada con Agutí (AGRP)	Núcleo Arqueado	Inhibido por leptina	Incrementar ingesta y disminuir tasa metabólica/Antagonista melanocortinas
Hormona Concentradora de Melanina (MCH) y Orexinas	Hipotálamo Lateral	Activadas por NPY y AGRP; Inhibidas por leptina, CART y α-MSH*	Incrementar ingesta y disminuir tasa metabólica
Grelina	Estómago e intestino	Estimula NPY y AGRP	Incrementar ingesta

*CART: Transcripción regulada por cocaína y anfetamina; α-MSH: Hormona estimulante de los melanocitos

Factores sensoriales

Ha quedado demostrado que comemos más de los alimentos que nos resultan agradables y esto se relaciona con el término "palatabilidad", que se definiría como el valor placentero de los alimentos al ser ingeridos. Sin embargo, este valor puede variar en función de cómo afecta a los receptores sensoriales y cómo esto influye en la cantidad de comida ingerida y en finalizar la conducta de ingesta. Así, la palatabilidad no es un valor constante sino variable. Por apetitoso que pueda resultar un alimento en un momento determinado, en otro puede no resultarnos apetecible o atractivo. A este efecto sobre la disminución de la palatabilidad tras haber ingerido una determinada comida se le denomina **saciedad sensorial específica** (SSE) y se relaciona con otro tipo de factores y componentes como la cantidad de sal o azúcar, color, forma, olor, gusto o textura.

Factores sociales y ambientales

Desde una perspectiva evolutiva, los mecanismos que se activan para comenzar a comer son mucho más potentes que los implicados en dejar de comer, ya que las consecuencias de la inanición son mucho más devastadoras que las de comer en exceso. En muchas ocasiones, los factores sociales y ambientales pueden superar a los metabólicos. La cantidad y la calidad de los alimentos que ingerimos varían en función de si nos parece más o menos apetitosa una comida, por ejemplo, ¿quién no ha dudado entre comer una hamburguesa con salsas y otros ingredientes como queso y beicon o una ensalada mediterránea? Otras circunstancias, como si se come en soledad o en compañía, la carga de trabajo o el entorno social pueden modular nuestra ingesta. También influyen, la hora del día o la cantidad ingerida en la comida anterior o el recuerdo placentero o aversivo de comidas en las que se han ingerido alimentos similares, así como los ritmos circadianos. En este sentido, algunas especies han cambiado sus horarios de ingesta en función de cuando es posible alimentarse sin ser presas de los depredadores. Otro factor externo es el clima o la época del año. No comemos la misma cantidad ni calidad energética de alimentos en invierno que en verano, principalmente por la diferencia en la disponibilidad estacional de los alimentos así como de nuestras necesidades energéticas. Además, otros factores externos como el lugar, la vajilla o propiedades visuales de la comida también influyen en su atractivo y agrado.

3.3. Mecanismos de la saciedad

La saciedad actúa como un mecanismo anticipatorio, de modo que la ingesta de alimentos debe parar mucho antes de que los déficits energéticos y nutricionales sean corregidos. En este caso, los diferentes receptores relacionados (sensoriales, gástricos, intestinales y hepáticos) informan al SNC de que se ha ingerido alimento y que se está en fase de absorción. A continuación, se describen los factores implicados en enviar las señales al cerebro para indicar que se debe dejar de ingerir alimentos.

Factores cefálicos

Los receptores sensoriales localizados en la cabeza (ojos, nariz, lengua, garganta) ofrecen información sobre el aspecto, textura, olor, sabor y temperatura de los alimentos. Una de sus funciones es que aprendamos sobre el contenido calórico de los alimentos. En este sentido, la pérdida olfativa y del gusto durante el proceso de envejecimiento parece contribuir a la disminución del apetito y del peso en personas mayores. Sin embargo, la saciedad sensorial no es una saciedad duradera: por ejemplo, cuando se ofrecen grandes cantidades de alimento a un animal con una fístula esofágica, pese a que la comida se extraiga, el hambre disminuye tras el paso por la boca de una cantidad razonable de nutrientes. Esto ocurre aunque no se reemplace el alimento en el tubo digestivo. Por este motivo, se ha sugerido que factores orales como la masticación, la salivación, la deglución y el gusto controlan el paso del alimento por la boca y, una vez que se han alcanzado unos niveles, inhiben los centros hipotalámicos de la alimentación. Sin embargo, esta inhibición es bastante menos intensa y duradera que la inhibición inducida por el llenado gastrointestinal.

Factores gástricos e intestinales

De la misma manera que los receptores sensoriales influyen en el inicio o el fin de la ingesta, también se ha demostrado que los receptores gástricos detectan la presencia de nutrientes, y no únicamente de la cantidad de comida ingerida.

Durante el proceso de digestión, en el duodeno la comida se mezcla con bilis y enzimas pancreáticas continuando el proceso de digestión ya en el intestino. El duodeno controla la tasa de vaciado del estómago mediante la secreción de una hormona peptídica: la colecistoquinina (CCK). Sus funciones básicas son la contracción de la vesícula biliar, inyectando bilis al duodeno para descomponer las grasas y ser absorbidas e inhibir las contracciones gástricas para que el estómago vacíe gradualmente. La CCK se secreta en respuesta a la presencia de grasas detectadas por receptores localizados en las paredes del duodeno. Por ello, podría enviar una señal de saciedad al cerebro. De hecho, se ha demostrado que las inyecciones de CCK suprimen la ingesta. Sin embargo, la CCK no atraviesa la barrera hematoencefálica, por lo que actúa en receptores entre el estómago y el duodeno y sus señales se transmiten al cerebro a través del nervio vago.

Por otro lado, hay otros péptidos intestinales que intervienen en la saciedad. El péptido YY (PYY) se libera en el íleon y el colon, disminuyendo la ingesta. Una vez liberado a la circulación, atraviesa la barrera hematoencefálica y actúa en el núcleo arqueado del hipotálamo mediante la inhibición hipotalámica del NPY. Su secreción es proporcional al contenido calórico de las comidas, de modo que comidas con alto contenido en grasas incrementan la liberación de PYY. Su secreción parece estar reducida en personas obesas. Al igual que el PYY, el péptido similar al glucagón tipo 1 (GLP-1) se libera en el íleon y el colon. El GLP-1 tiene receptores en el tronco del encéfalo y en los núcleos arqueado y paraventricular del hipotálamo para reducir la ingesta, aunque su vida media es muy corta (apenas 2 minutos) (Tabla 4).

Factores hepáticos

La saciedad de los factores gastrointestinales es un proceso de predicción de los nutrientes que serán absorbidos en el aparato digestivo próximamente. Por este motivo, el hígado representa la última fase de la saciedad. Cuando recibe información de los nutrientes desde el intestino envía una señal al encéfalo que produce saciedad. En realidad, el hígado prolonga la saciedad iniciada por los receptores gástricos y duodenales.

Señales a largo plazo: El tejido adiposo y leptina

Además de los factores y las hormonas ya descritas que participan en el equilibrio energético, hay otras hormonas como las adipocinas, en concreto la leptina (Tabla 4), que intervienen en la saciedad y que son una señal de la cantidad de grasas presentes en nuestro tejido adiposo. Por ello, sus niveles son proporcionales a la cantidad de grasas almacenadas.

La leptina proveniente del tejido adiposo fue descubierta hace apenas unas décadas gracias a las investigaciones con los ratones *ob*. Estos ratones, a través de mutaciones producidas de manera natural causadas por la ausencia del gen *ob*, desarrollaban una obesidad extrema a causa de la hiperfagia y, además, eran estériles. Así, el funcionamiento normal del gen *ob* es el que produce esta hormona peptídica. Ésta actúa como una hormona "antiobesidad", es decir, "quita-hambre". Si a un ratón *ob* se le inyecta diariamente leptina se incrementa su índice metabólico, su temperatura corporal, se vuelve más activo y come menos.

Neuropéptidos y péptidos periféricos implicados en la saciedad

A continuación, se presentan las hormonas anorexígenas o péptidos que suprimen la ingesta (Tabla 4):

- **Transcripción regulada por cocaína y anfetamina (CART)**: El núcleo arqueado del hipotálamo secreta tanto CART como melanocortinas. Cuando a los animales se les administra cocaína o anfetamina aumentan estos niveles, lo que se relaciona con el descenso en el apetito por el consumo de estas sustancias. Además, si los animales son privados de comida, los niveles de CART descienden (porque no se necesita esta hormona, sino las que causen hambre para movilizar al animal a que busque alimentos). La inyección de CART en los ventrículos inhibe la ingesta al inhibir la MCH y las orexinas e incrementar la tasa metabólica mediante conexiones con el núcleo paraventricular. Además, las neuronas de CART son activadas por la leptina.

- **Melanocortinas (α-MSH y β-MSH)**: Las melanocortinas son unas hormonas derivadas de la pro-opio-melano-cortina (POMC), sintetizadas también en el núcleo arqueado del hipotálamo, y de la que derivan hormonas implicadas en la ingesta: las melanocortinas (α-MSH y β-MSH), la hormona adrenocorticotropa (ACTH) y los opiáceos. La activación de la POMC también promueve la transformación de grasa blanca en grasa parda. Como la grasa parda está involucrada en la termogénesis, significa que ayuda a aumentar el gasto calórico. Por otro lado, el bloqueo de los receptores de melanocortinas se asocia con la obesidad. Al igual que la CART, las melanocortinas con activadas por la leptina.

Tabla 4. Tabla resumen de los péptidos implicados en la saciedad.			
Neuropéptido	Lugar de síntesis	Interacción con otros péptidos	Efectos fisiológicos y conductuales
Colecistocinina (CCK)	Duodeno	Píloro	Suprimir ingesta
Péptido YY	Intestino: íleon y colon	Inhibe NPY y AGRP*	Suprimir ingesta
Péptido similar al glucagón (GLP-1)	Intestino: células L, íleon y colon	Tronco del encéfalo y en Núcleos arqueado y paraventricular	Suprimir ingesta
Leptina	Tejido adiposo	Inhibe NPY y AGRP*; Estimula CART y α-MSH	Suprimir ingesta e incrementar tasa metabólica
Transcripción regulada por cocaína y anfetamina (CART) y Melanocortina alfa (α-MSH)	Núcleo Arqueado del hipotálamo	Activadas por leptina	Suprimir ingesta e incrementar tasa metabólica/Agonista melanocortinas (α-MSH)

*NPY: Neuropéptido Y; AGRP: Proteína relacionada con Aguti

3.4. Mecanismos neurales del hambre

En este apartado se revisa el papel del hipotálamo y del tronco del encéfalo en el hambre y la saciedad.

Hipotálamo

Los estudios clásicos en la década de 1950 planteaban que la conducta de ingesta era controlada por los centros hipotalámicos de la alimentación (núcleo lateral del hipotálamo) y de la saciedad (núcleo ventromedial del hipotálamo). Sin embargo, posteriormente se ha podido comprobar que no existe un centro del hambre y la saciedad, sino un conjunto de circuitos neurales implicados en ambos procesos.

Esta teoría se basaba en que el **hipotálamo lateral** actúa como un "centro del hambre" porque cuando se estimula, genera un apetito intenso. Si se destruye, se pierde el deseo de comer y beber (afagia y adipsia) y se puede llegar a la inanición, con pérdida de peso, debilidad y metabolismo reducido. Esta zona también activa las conductas motoras necesarias para buscar comida. Y, por otro lado, establecía que el **hipotálamo ventromedial** funciona como un "centro de saciedad". Su estimulación genera una sensación de plenitud que inhibe la ingesta, incluso si hay comida muy apetitosa disponible. Cuando se lesiona esta zona, el animal come de forma compulsiva (hiperfagia) hasta alcanzar niveles extremos de obesidad.

Sin embargo, en el control de las señales de hambre (Figura 3) también intervienen otros núcleos del hipotálamo en conexión con otras áreas. El núcleo arqueado (donde se localizan los somas de NPY y AGRP) integra las señales hormonales procedentes del estómago, incrementando la secreción de grelina cuando éste se vacía y las señales del bulbo ventrolateral y del hígado que responden a la glucosa. Por su parte, el núcleo arqueado envía señales al hipotálamo lateral (localización de los somas de orexinas y MCH) incrementando la ingesta y reduciendo el índice metabólico, sumado a que los endocannabinoides también facilitan la liberación de orexinas y MCH, y también envía señales al núcleo paraventricular del hipotálamo que, a su vez, envía señales a los núcleos del tronco cerebral que controlan el Sistema Nervioso Autónomo (SNA) para disminuir la liberación de insulina, la degradación de ácidos grasos y la temperatura corporal.

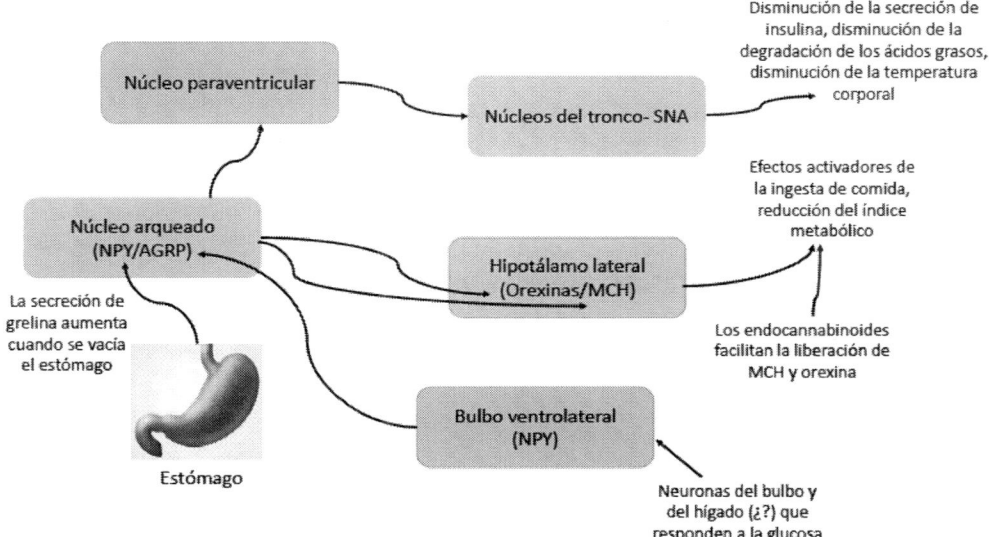

Figura 3. Acciones de las señales de hambre en los circuitos de alimentación del cerebro. Modificado de Carlson & Birkett (2021).

Por otro lado, en el control de las señales de la saciedad (Figura 4) los circuitos neurales implicados son los siguientes: El núcleo arqueado integra las señales hormonales procedentes del intestino (mediante los efectos inhibidores de PYY) y del tejido adiposo (mediante la leptina) sobre neuronas CART/α-MSH y NPY/AGRP. La leptina además también inhibe al núcleo paraventricular del hipotálamo para inhibir a los núcleos del tronco cerebral que controlan el Sistema Nervioso Autónomo (SNA). La activación tanto de la CART como de α-MSH activadas por la leptina, envían señales inhibitorias al núcleo paraventricular del hipotálamo y del hipotálamo lateral para inhibir a orexinas y MCH, regulando tanto el apetito como el gasto energético.

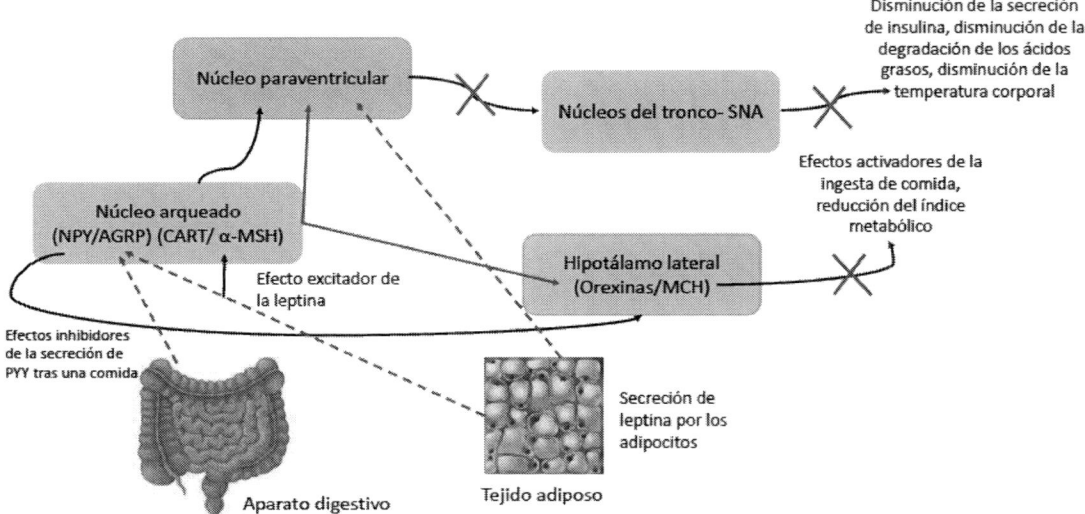

Figura 4. Acciones de las señales de saciedad en las neuronas hipotalámicas en los circuitos de hambre y saciedad del cerebro. Modificado de Carlson & Birkett (2021).

Troncoencéfalo

El tronco del encéfalo —en particular, la región que incluye el área postrema y el núcleo del fascículo solitario (AP/NFS)— juega un papel clave en el control básico de la ingesta. Esta zona recibe señales gustativas desde la lengua y también información desde órganos internos como el estómago, el duodeno y el hígado. Además, contiene receptores que detectan los niveles de glucosa, el principal combustible cerebral. La actividad en el AP/NFS aumenta cuando el organismo tiene hambre, y lesiones en estas regiones pueden eliminar por completo el impulso de comer ante la falta de glucosa o lípidos. Esto refuerza la idea de que en estas estructuras primitivas del cerebro se encuentran mecanismos esenciales para regular la alimentación, como masticar o tragar. De hecho, estudios con ratas a las que se les ha seccionado el tronco encefálico, desconectando el rombencéfalo del prosencéfalo, han demostrado que estas conductas de masticar y tragar pueden mantenerse. Aunque esta lesión no permite a los animales buscar comida por sí mismos, si se les introduce alimento líquido en la boca, sí son capaces de tragar e incluso de mostrar preferencias: aceptan sabores dulces o ligeramente salados, y rechazan los amargos. Además, estas ratas responden a señales internas de hambre y saciedad. Por ejemplo, si han estado en ayuno durante 24 horas, beben más solución azucarada. En cambio, si se les inyecta glucosa en el estómago antes, consumen menos. También reaccionan a estados de glucoprivación (déficit de glucosa en el cuerpo) comiendo más.

3.5. Trastornos de la conducta alimentaria

Los trastornos relacionados con la conducta alimentaria representan un problema de salud pública. Los trastornos alimentarios contemplados en el DSM-5-TR (APA, 2023) son la anorexia nerviosa, la bulimia nerviosa y el trastorno por atracón. En Europa, la prevalencia estimada en las mujeres con anorexia nerviosa es de un 1-4 %, la de la bulimia nerviosa es del 1-2 % y la del trastorno por atracón del 1-4 % (Lozano-Muñoz et al., 2024). En los varones, la prevalencia de los TCA es mucho menor que en mujeres.

Trastorno por Atracón

El trastorno por atracón se caracteriza por la ingestión en un periodo determinado de una cantidad de alimentos superior a la que sería ingerida en el mismo periodo por la mayoría de las personas. Estos episodios ocurren una vez a la semana durante al menos 3 meses y tienen un impacto significativo en las personas que los padecen (APA, 2023). La comorbilidad más frecuente de este trastorno es la hipertensión, la diabetes, el dolor crónico y la obesidad. En algunos casos, las personas con trastorno por atracón pueden padecer obesidad por la ingesta hipercalórica compulsiva por lo que en estos casos se ha observado que comparten alteraciones metabólicas parecidas.

Entre ellas destacan la resistencia a la insulina y la hiperinsulinemia, que incrementan el riesgo de prediabetes y diabetes tipo 2, junto con dislipidemia caracterizada por triglicéridos elevados y disminución del HDL. El exceso de tejido adiposo visceral promueve una inflamación crónica de bajo grado, mientras que se alteran hormonas clave del apetito y la saciedad, como la leptina y la grelina, contribuyendo a episodios recurrentes de atracón. También es frecuente la aparición de hígado graso no alcohólico y un mayor riesgo cardiovascular asociado. En conjunto, estos cambios ilustran un estado metabólico profundamente alterado que refuerza el ciclo de desregulación alimentaria y obesidad.

Anorexia Nerviosa

Este trastorno afecta principalmente a mujeres jóvenes, suele iniciarse en la adolescencia y puede tener un componente hereditario. La sintomatología principal incluye la restricción excesiva de alimentos a causa de un miedo intenso al aumento de peso y una distorsión sobre el reconocimiento de las dimensiones, forma e imagen del propio cuerpo. Se propone además, que la pérdida de peso actúa como un potente refuerzo positivo —derivado de sensaciones de control, logro y reducción transitoria de la ansiedad— que contribuye a mantener y profundizar las conductas restrictivas, incluso cuando estas ponen en riesgo la salud. Además, este trastorno puede provocar consecuencias a largo plazo, como osteoporosis, depresión y problemas cognitivos, que afectan al rendimiento mental y académico.

El origen del trastorno es multifactorial y comprende factores genéticos, biológicos, psicológicos y socioculturales por un lado, y por otro, factores desencadenantes que suelen implicar situaciones de estrés. En cuanto a los factores genéticos, los estudios de gemelos y estudios de familia pueden contribuir a más de un 50% de la varianza. En cuanto a los cromosomas implicados, se ha observado que el cromosoma 1 que codifica receptores de serotonina (2A, 2C y 2D) está relacionado con un incremento de padecer anorexia nerviosa y también el cromosoma 10. Además, parece ser que otros genes también intervienen en la manifestación de este trastorno, como los genes implicados en el sistema de leptina y melanocortina, dando evidencia al origen poligénico del trastorno. Los factores hereditarios pueden contribuir a la predisposición de la manifestación de un trastorno en confluencia con otros factores individuales, socioculturales y psicológicos.

Las terapias que han demostrado más eficacia en el abordaje de este trastorno son la Terapia Cognitivo-Conductual para trastornos de la conducta alimentaria (TCC-TCA), junto con la Terapia basada en la familia (sobre todo para familias con hijas/os en la adolescencia).

La recuperación sucede en aproximadamente el 50% de las mujeres y el 30% se recupera parcialmente, el resto genera patrones crónicos de remisiones y recaídas. La intervención temprana tiene mejores probabilidades de éxito (Schorr & Miller, 2017).

Bulimia Nerviosa

La bulimia nerviosa (BN) es un trastorno de la conducta alimentaria que se caracteriza por la presencia de atracones: episodios en los que la persona come en poco tiempo una cantidad de comida mucho mayor de lo que sería normal en esa situación. Tras los atracones, suelen aparecer conductas compensatorias (purgas) para intentar eliminar el efecto de lo ingerido. Estas conductas pueden incluir provocarse el vómito, hacer dietas muy estrictas, ayunar durante mucho tiempo, hacer ejercicio en exceso o usar laxantes y diuréticos. En este caso el objetivo de las personas que padecen bulimia es el mismo que aquellas que padecen anorexia nerviosa, la pérdida de peso. Por este motivo, los atracones se suceden en los periodos de restricción alimentaria para este objetivo. Sin embargo, en muchas ocasiones las purgas no son efectivas y se absorben parte de los nutrientes ingeridos en los atracones impidiendo precisamente el objetivo planteado, la pérdida de peso.

Para el diagnóstico de bulimia nerviosa, estos comportamientos deben ocurrir al menos una vez por semana durante un mínimo de tres meses (APA, 2023). Es importante no confundir la bulimia nerviosa con el trastorno por atracón. Aunque en ambos casos hay episodios de ingesta excesiva, en el trastorno por atracón no hay conductas compensatorias después de comer.

No existen evidencias claras que determinen la aparición del trastorno, por ello parece que los factores ambientales son lo que mayor peso tienen en su manifestación. En cuanto a los factores genéticos, se relaciona con la alteración de los receptores de serotonina (5HT2g) que implicaría una reducción de los niveles de este neurotransmisor y el incremento de la impulsividad, la pérdida de control y de la sensación de recompensa de la comida, alterando así la actividad de áreas relacionadas con este circuito: corteza prefrontal, área tegmental ventral y núcleo accumbens.

El abordaje del tratamiento para el trastorno por atracón, la anorexia nerviosa y la bulimia es multidisciplinar incluyendo a profesionales sanitarios de la medicina y la enfermería, de la psicología y a nutricionistas.

Para profundizar en estos y otros aspectos relacionados con los trastornos de la conducta alimentaria, se sugiere consultar el cuadernillo de prácticas. En este cuadernillo, también se abordará la obesidad, analizando en detalle los mecanismos fisiológicos, conductuales y clínicos involucrados.

4. CONCLUSIONES

En síntesis, los mecanismos de la sed y el hambre constituyen procesos psicofisiológicos esenciales que garantizan la homeostasis del organismo. A través de complejas interacciones entre señales periféricas y estructuras cerebrales —como el hipotálamo, el OVLT, entre otros—, el cuerpo regula la ingesta de agua y alimentos para mantener el equilibrio interno. La sed se manifiesta en dos formas principales: osmótica y volémica, cada una activando vías neurales específicas. Del mismo modo, el hambre responde tanto a necesidades energéticas reales como a factores emocionales, cognitivos y ambientales. Finalmente, comprender estos sistemas resulta fundamental para el estudio y tratamiento de los trastornos de la conducta alimentaria -como la anorexia, la bulimia o el trastorno por atracón-, donde se alteran los circuitos neurales y hormonales que regulan el apetito, la recompensa y la percepción del cuerpo.

5. BIBLIOGRAFÍA

Assanand, S., Pinel, J.P.J., & Lehman, D.R. (1998a). Personal theories of hunger and eating: *Journal of Applied Social Psychology*, 28: 998-1015.

Assanand, S., Pinel, J.P.J., & Lehman, D.R. (1998b). Teaching theories of hunger and eating: Overcoming students' misconceptions. *Teaching Psychology*, 25: 44-46.

American Psychiatric Association (2023). DSM-5-TR® Manual Diagnóstico y Estadístico de los Trastornos Mentales. Texto revisado 2023. Médica Panamericana.

Carlson, N.R., & Birkett, M.A. (2021). *Physiology of behavior*, Global Edition (13ª edic.). Pearson.

Collado Guirao, P., Guillamón Fernández, A., Claro Izaguirre, F., Rodríguez Zafra, M., Pinos Sánchez, H., & Venero Núñez, C. (2024). *Psicología fisiológica*. UNED, Madrid.

Kaye, W.H., Fudge, J.L., & Paulus, M. (2009). New insights into symptoms and neurocircuit function of anorexia nervosa. *Nature Reviews. Neuroscience*, 10(8): 573-584.

Kennedy, G.C. (1953). The role of depot fat in the hypothalamic control of food intake in the rat. *Proceedings Biological Sciences*, 140(901): 578-592. https://doi.org/10.1098/rspb.1953.0009

Keski-Rahkonen, A., & Mustelin, L. (2016). Epidemiology of eating disorders in Europe: prevalence, incidence, comorbidity, course, consequences, and risk factors. *Current Opinion in Psychiatry*; 29(6): 340-345.

Lozano-Muñoz, N., Borrallo-Riego, Á., & Guerra-Martín, M.D. (2024). Efectividad de las intervenciones para mitigar la influencia de las redes sociales en la anorexia y bulimia nerviosa: una revisión sistemática. *Anales del Sistema Sanitario de Navarra*, 47(1). Gobierno de Navarra. Departamento de Salud.

Matsuda, T. (2025). Neural mechanisms for the control of thirst and salt appetite in response to body fluid conditions and intake behavior. *Neuroscience Research*, 104941.

Mayer, J. (1955). Regulation of energy intake and body weight: the glucostatic theory and the lipostatic hypothesis. *Annals of the New York Academy of Sciences*, 63(1): 15-43. https://doi.org/10.1111/j.1749-6632.1955.tb36543.x

Schorr, M., & Miller, K.K. (2017). The endocrine manifestations of anorexia nervosa: mechanisms and management. *Nature Reviews in Endocrinology*; 13(3): 174-186.

Todini, L., & Fantuz, F. (2023). Thirst: neuroendocrine regulation in mammals. *Veterinary Research Communications*, 47(3): 1085-1101.

Web

Organización Mundial de la Salud. (2025, mayo). Obesidad y Sobrepeso. https://www.who.int/es/news-room/fact-sheets/detail/obesity-and-overweight

Instituto Nacional de Estadística (2021, abril). Encuesta Europea de Salud en España del año 2020. https://www.ine.es/ss/Satellite?L=es_ES&c=INESeccion_C&cid=1259926457058&p=%5C&pagename=ProductosYServicios%2FPYSLayout#:~:text=Seg%C3%BAn%20la%20Encuesta%20Europea%20de,6%25%20de%20mujeres%20padecen%20sobrepeso

Capítulo 6

Bases biológicas de la conducta sexual

Ferran Suay Lerma

https://youtu.be/vJQUgCF9U_c

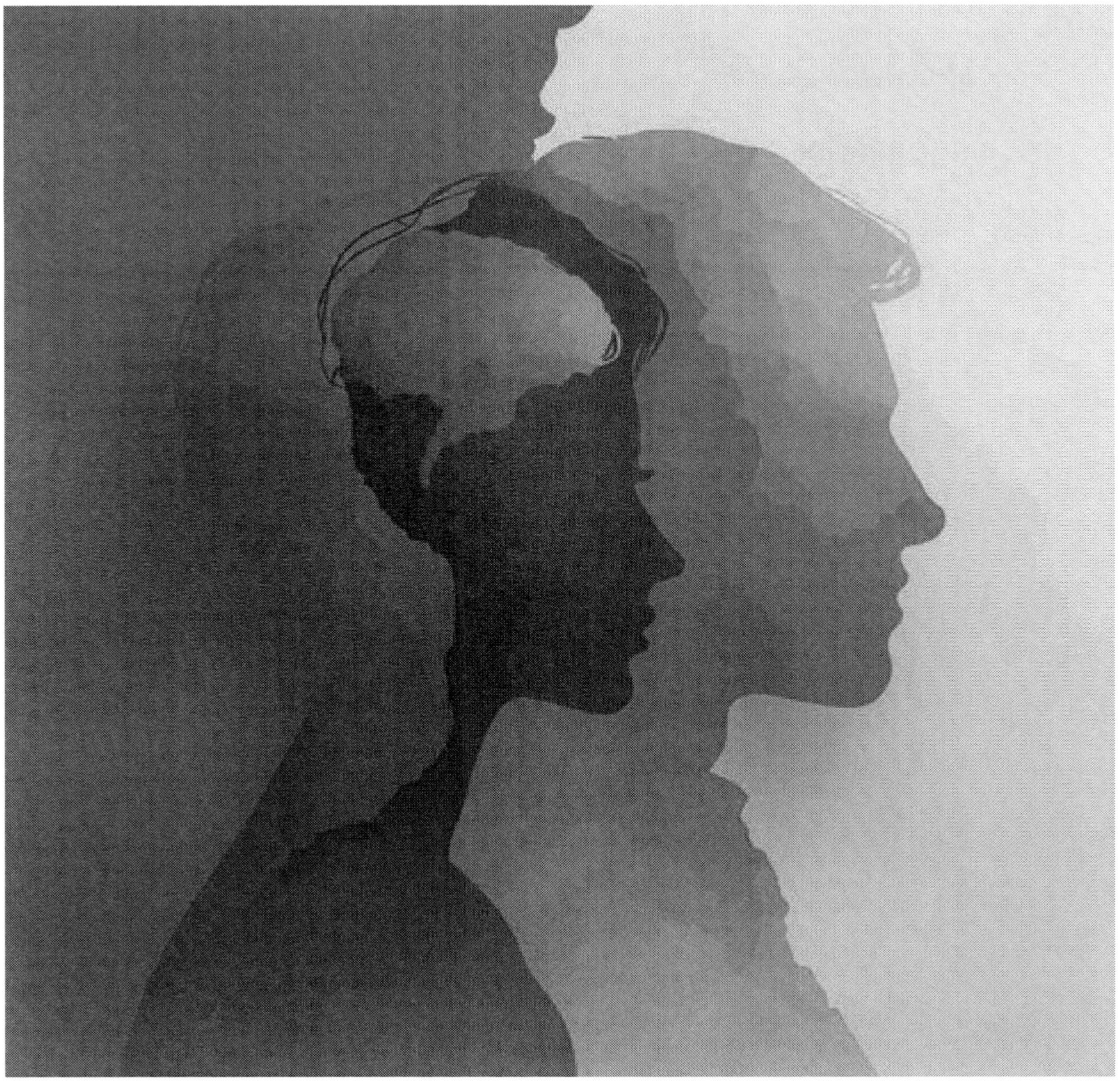

Bases biológicas de la conducta sexual

1. INTRODUCCIÓN

En este capítulo exploraremos cómo el sistema neuroendocrino, con sus glándulas y hormonas, no solo configura nuestro cuerpo, sino también nuestra conducta en un área tan crucial como la sexualidad y la reproducción. El punto de partida es una reflexión sencilla: ¿por qué machos y hembras no son completamente distintos? La respuesta nos lleva a comprender que tanto hombres como mujeres producen hormonas sexuales, consideradas "masculinas", como la testosterona, y "femeninas", como los estrógenos, aunque en proporciones diferentes. Esta superposición hormonal desmonta la visión simplista, popularizada por algunos libros de divulgación, que sugiere que "los hombres vienen de Marte y las mujeres de Venus". Lejos de esta dicotomía exagerada, la ciencia nos muestra que los seres humanos de ambos sexos compartimos una base biológica común que se diversifica a partir de matices hormonales y genéticos. Así, las hormonas no actúan como interruptores absolutos que separan radicalmente los sexos, sino como moduladores que esculpen diferencias sutiles pero significativas en un continuo compartido.

Estas diferencias, a pesar de surgir de un origen común, tienen un impacto profundo que se manifiesta en la anatomía, la fisiología y la conducta. Por ejemplo, la testosterona y los estrógenos, presentes en ambos sexos, influyen en el desarrollo cerebral desde la etapa prenatal y establecen patrones que afectan aspectos tan relevantes como las preferencias sociales o la respuesta al estrés a lo largo de la vida. A medida que avanzamos en el capítulo, analizaremos cómo el sistema neuroendocrino orquesta esta danza compleja entre similitudes y divergencias y pondremos el énfasis en procesos como la aromatización de la testosterona a estrógenos intracerebrales o la activación hormonal durante la pubertad. A pesar de que somos fundamentalmente humanos con rasgos compartidos, las variaciones hormonales generan una riqueza de diferencias que no solo definen nuestros cuerpos, sino que también contribuyen a nuestra identidad y a nuestro comportamiento en el mundo. Estudiaremos cómo estos mecanismos, lejos de ser rígidos o deterministas, reflejan la flexibilidad y la complejidad de la naturaleza humana.

El sistema nervioso y el sistema endocrino son dos de los tres sistemas de comunicación de los mamíferos. El tercero es el sistema inmunitario. En realidad, debería hablarse siempre de "sistema neuroinmunoendocrino" porque los tres constituyen un solo sistema mediante el cual nos relacionamos tanto con el mundo exterior como con el interior de nuestros organismos. Por razones prácticas, sin embargo, hablamos separadamente de sistema nervioso, sistema endocrino y sistema inmunitario. Aun así, conviene tener presente que la comunicación entre los tres subsistemas es constante y fluida: cualquier cosa que suceda en uno de ellos, afecta a los otros.

La conexión entre el sistema nervioso y el sistema endocrino permite la regulación de funciones clave como el crecimiento, la reproducción o la respuesta al estrés. Las glándulas principales, como la hipófisis y el hipotálamo, y las gónadas (testículos y ovarios), producen hormonas que actúan como mensajeros químicos. Entre estas hormonas se encuentran los esteroides sexuales, como la testosterona, los estrógenos y la progesterona, que tienen un papel fundamental en el desarrollo sexual y en la regulación de la conducta sexual.

2. HORMONAS Y DESARROLLO SEXUAL

2.1. Glándulas endocrinas

El sistema endocrino regula muchas funciones mediante la producción y liberación de hormonas, mensajeros químicos que viajan a través de la sangre para influir en órganos y tejidos específicos. Las principales glándulas endocrinas incluyen el hipotálamo (función neuroendocrina), la hipófisis, la tiroides, las paratiroides, las suprarrenales, el páncreas, los ovarios, los testículos y la glándula pineal. Cada una tiene un papel único y produce hormonas que controlan desde el metabolismo hasta el crecimiento, la reproducción y la respuesta al estrés. La figura 1 muestra las glándulas endocrinas en el cuerpo humano.

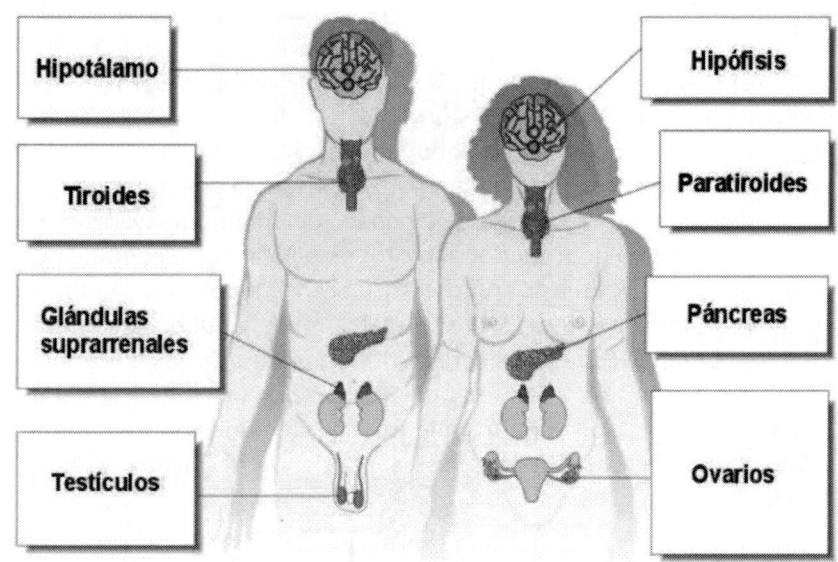

Figura 1. Glándulas endocrinas.

La tabla 1 resume la información sobre glándulas endocrinas y las hormonas que producen.

Tabla 1. Glándulas endocrinas y hormonas que producen.		
Glándula	**Hormonas producidas**	**Funciones principales**
Hipotálamo	TRH, CRH, GnRH, GHRH, Somatostatina, Oxitocina, ADH	Regula otras glándulas. Controla tiroides, estrés, reproducción, crecimiento, sed, presión arterial, parto y lactancia.
Hipófisis (anterior)	GH, TSH, ACTH, FSH, LH, PRL	Estimula crecimiento óseo, activa tiroides, regula suprarrenales, controla gónadas, promueve lactancia.
Hipófisis (posterior)	Oxitocina, ADH	Facilita parto y lactancia; regula equilibrio hídrico.

Tabla 1. Glándulas endocrinas y hormonas que producen.		
Glándula	**Hormonas producidas**	**Funciones principales**
Tiroides	T4, T3, Calcitonina	Regula metabolismo, calor, crecimiento nervioso; reduce calcio en sangre.
Paratiroides	PTH	Aumenta calcio en sangre; reduce fósforo.
Suprarrenales (médula)	Adrenalina, Noradrenalina	Respuesta "luchar o huir": ↑ frecuencia cardíaca, presión, flujo sanguíneo.
Suprarrenales (córtex)	Cortisol, Aldosterona, DHEA	Regula estrés, glucosa, presión arterial, desarrollo sexual.
Páncreas	Insulina, Glucagón, Somatostatina, Péptido pancreático	Regula glucosa en sangre; digestión.
Ovarios	Estradiol, Progesterona, Testosterona (poca)	Ciclo menstrual, embarazo, libido, características femeninas.
Testículos	Testosterona, Inhibina	Desarrollo sexual, esperma, libido, masa muscular.
Glándula pineal	Melatonina	Regula sueño-vigilia, ritmos circadianos.
Timo	Timosina, Timopoyetina, Factor tímico humoral	Maduración linfocitos T; regula inmunidad y hormonas.

En la tabla 2 se presenta una lista de abreviaturas y denominaciones completas de cada hormona.

Tabla 2. Abreviaturas y nombre de las hormonas.	
Abreviatura	**Nombre completo**
ACTH	Adrenocorticotropina
ADH	Hormona antidiurética (o vasopresina)
CRH	Hormona liberadora de corticotropina
DHEA	Dehidroepiandrosterona
FSH	Hormona folículoestimulante
GH	Hormona del crecimiento
GHRH	Hormona liberadora de hormona del crecimiento
GnRH	Hormona liberadora de gonadotropinas
LH	Hormona luteinizante
PRL	Prolactina
PTH	Hormona paratiroidea
T3	Triyodotironina
T4	Tiroxina
TRH	Hormona liberadora de tirotropina
TSH	Tirotropina (hormona tiroidestimulante)

Como comprobaremos en las páginas siguientes, las hormonas tienen un papel fundamental en el desarrollo sexual. Esto incluye la influencia que ejercen sobre la aparición y maduración de estructuras anatómicas, como por ejemplo los genitales, los huesos y músculos y partes del cerebro. También afectan al metabolismo, la composición corporal y las tendencias y preferencias comportamentales. En todas estas áreas hay dimorfismo sexual; es decir, diferencias entre machos y hembras de la misma especie.

2.2. Determinación del sexo a partir de la concepción

La determinación del sexo en los humanos empieza en el instante de la concepción, cuando un espermatozoide fecunda un óvulo y establece la base genética que guiará el desarrollo sexual. Los cromosomas sexuales —un solo par de los 23 que conforman el cariotipo humano— son los protagonistas iniciales de este proceso. Las mujeres tienen dos cromosomas X, mientras que los hombres tienen un cromosoma X y uno Y. El óvulo siempre aporta un cromosoma X, pero el espermatozoide puede contribuir con un X o un Y para determinar el sexo genético del cigoto: XX para hembra o XY para macho. Este momento define el potencial sexual, pero el desarrollo físico del sexo no se manifiesta inmediatamente, sino que depende de una serie de pasos moleculares y hormonales que se despliegan a lo largo de las primeras semanas de gestación.

Durante las primeras seis semanas después de la concepción, el embrión permanece en un estado indiferenciado, con estructuras bipotenciales que pueden evolucionar hacia órganos reproductores masculinos o femeninos. Esto incluye las gónadas primordiales y dos sistemas de conductos: los conductos de Wolff (precursores del sistema reproductor masculino) y los conductos de Müller (precursores del femenino). En esta etapa, el sexo cromosómico no tiene un efecto directo visible, porque los genes y las hormonas todavía no han iniciado la diferenciación. Todo cambia cuando, alrededor de la séptima semana, el gen SRY (*Sex-determining Region Y*), situado en el brazo corto del cromosoma Y, entra en acción en los embriones XY. Este gen codifica una proteína llamada *factor determinante testicular* o *antígeno H-Y*, que desencadena la transformación de las gónadas indiferenciadas en testículos. En ausencia del gen SRY, como ocurre en embriones XX, las gónadas se desarrollan como ovarios por un proceso que parece ser el "camino por defecto", a pesar de que también implica otros factores que promueven el desarrollo ovárico.

Una vez que las gónadas empiezan a diferenciarse, las hormonas sexuales toman el relevo como agentes principales de la determinación del sexo fenotípico. En embriones XY, los testículos incipientes, formados a partir de la octava semana, empiezan a producir *testosterona* en las células de Leydig y *hormona antimülleriana* (AMH) en las células de Sertoli. La testosterona estimula el desarrollo de los conductos de Wolff, que se convierten en epidídimos, vasos deferentes y vesículas seminales, mientras que la AMH provoca la regresión de los conductos de Müller y de este modo impide la formación de estructuras femeninas como el útero o las trompas de Falopio. Además, la testosterona se transforma en dihidrotestosterona (DHT) por acción de la enzima 5-alfa-reductasa. La DHT es un andrógeno más potente que modela los genitales externos masculinos: el pene y el escroto, a partir de la undécima semana. En embriones XX, la ausencia de testosterona y AMH permite que los conductos de Müller prosperen y formen el útero, las trompas y la parte superior de la vagina, mientras los conductos de Wolff se atrofian. Los genitales externos femeninos —clítoris y labios— se desarrollan sin necesidad de una intervención hormonal activa y derivan de las mismas estructuras primordiales que —en los machos— dan lugar al pene y el escroto (Pinel & Barnes, 2021).

Las hormonas sexuales no solo determinan los órganos reproductores, sino que también influyen en el desarrollo cerebral y establecen diferencias que afectarán a la conducta futura (Bakker, 2022). En embriones XY, la testosterona atraviesa la barrera hematoencefálica y, mediante la aromatización a estrógenos intracerebrales (estradiol), modifica regiones como el hipotálamo, especialmente el área preóptica, que tendrá un mayor volumen en machos y estará vinculada a comportamientos reproductivos. En embriones XX, la ausencia de esta exposición hormonal mantiene un patrón cerebral diferente, adaptado a funciones cíclicas como la regulación de la ovulación. Estas diferencias cerebrales iniciales se ven reforzadas más tarde, durante la pubertad, pero tienen su origen en la etapa prenatal. Aun así, anomalías genéticas u hormonales pueden alterar el proceso: por ejemplo, en el síndrome de insensibilidad a los andrógenos (XY con receptores defectuosos), el embrión desarrolla genitales externos femeninos a pesar de tener testículos internos, mientras que una deficiencia de 21-hidroxilasa puede provocar una sobreproducción de andrógenos en XX y masculinizar los genitales, como comprobaremos más adelante.

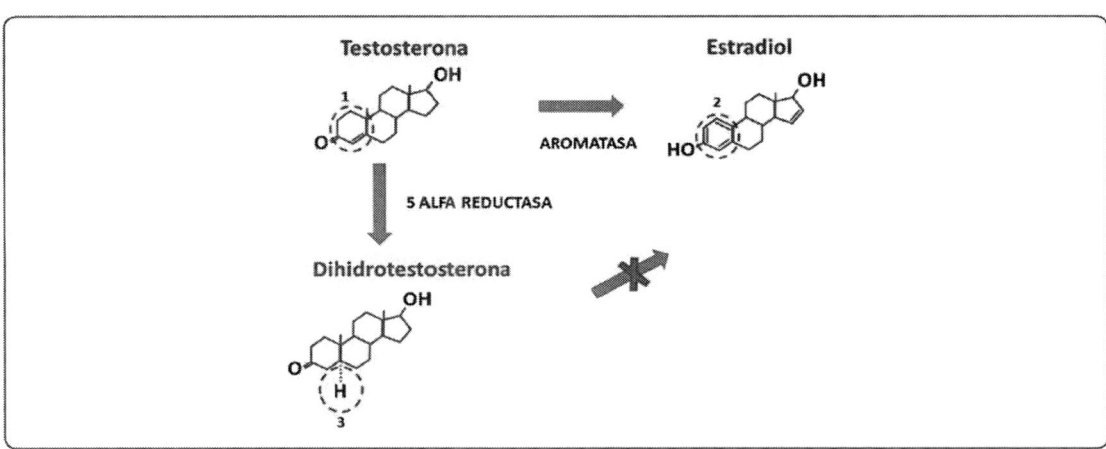

Figura 2. Conversión de la testosterona en estradiol y DHT.

En resumen, la determinación del sexo es un proceso que tiene lugar en dos fases: primero, los cromosomas establecen el sexo genético mediante el gen SRY, que decide si las gónadas serán testículos u ovarios; después, las hormonas sexuales, producidas por estas gónadas, dictan el sexo fenotípico, al configurar los órganos reproductores y afectar el desarrollo del cerebro. Este sistema no está libre de excepciones como, por ejemplo, las combinaciones cromosómicas X0 y XXY, o los desequilibrios hormonales que pueden generar características ambiguas. En este sentido, desde la concepción, la interacción entre cromosomas y hormonas orquesta un desarrollo que combina precisión biológica y cierta variabilidad natural, que definirá tanto la anatomía como la fisiología y la expresión conductual del individuo.

2.3. Diferenciación sexual y pubertad

Ya hemos visto que el desarrollo sexual empieza mucho antes del nacimiento, en una etapa en que los embriones humanos presentan una notable flexibilidad biológica. Cuando llega la pubertad, las hormonas gonadales, que habían estado relativamente quiescentes (inactivas) después del nacimiento, vuelven a entrar en acción con una fuerza renovada y desencadenan una cascada de cambios que transforman el cuerpo y afectan notablemente el comportamiento. En los machos, el eje hipotálamo-hipófiso-gonadal (HHG) se activa y estimula los testículos para producir testosterona en cantidades significativas. Esta hormona impulsa el crecimiento del pelo facial y corporal, la agravación de la voz por el engrosamiento de las cuerdas vocales, el aumento de la masa muscular y el alargamiento de los huesos antes de que las placas de crecimiento se cierren. También estimula la producción de esperma con lo que se completa la maduración sexual. En las hembras, la activación del eje HHG provoca que los ovarios secreten estrógenos y progesterona, que promueven el desarrollo de los pechos mediante la proliferación de tejido glandular y adiposo, el ensanchamiento de las caderas por la expansión de la pelvis y el inicio de la menstruación, señal de la capacidad reproductiva (Carlson & Birkett, 2021). Estas características sexuales secundarias, perceptibles a simple vista, son la expresión externa de un proceso interno mucho más complejo que también afecta el metabolismo, el sistema cardiovascular e incluso a la distribución de la grasa corporal, para adaptar el organismo a las demandas de la edad adulta.

Más allá de los cambios físicos, las hormonas de la pubertad tienen un impacto profundo en el cerebro y, por tanto, en la conducta y marcan el inicio de una nueva etapa en el desarrollo psicológico y social (Navarro-Pardo et al., 2021). La testosterona, por ejemplo, se ha asociado en los hombres con un aumento de la asertividad y, en algunos casos, de la agresividad, así como con el interés sexual creciente, influido también por la activación de circuitos neuronales relacionados con el deseo. En las mujeres, los estrógenos contribuyen a regular el estado de ánimo y pueden intensificar la sensibilidad emocional, en parte por la interacción con la serotonina y otros neurotransmisores. Tanto en machos como en hembras, estas hormonas actúan sobre la amígdala y el córtex prefrontal, regiones clave en la gestión de las emociones y la toma de decisiones, cosa que explica los cambios de humor y la impulsividad típicos de esta edad. Estas transformaciones no son solo una cuestión de maduración sexual, sino que preparan al individuo para roles sociales y reproductivos futuros. A pesar de ello, la influencia hormonal no actúa de manera aislada: factores como el entorno familiar, la presión de los iguales y la cultura modulan cómo se manifiestan estos cambios y convierten a la pubertad en un punto de inflexión en la trayectoria vital de cada persona. Así, tanto la diferenciación sexual prenatal como la revolución hormonal de la pubertad ponen de manifiesto el poder de las hormonas como arquitectas del cuerpo y escultores de la conducta, estableciendo las bases para la vida adulta.

Existen casos especiales de desarrollo sexual que ilustran la complejidad de la diferenciación gonadal y genital, y que se abordan con mayor detalle en el cuaderno de prácticas. El síndrome de insensibilidad a los andrógenos (SIA) produce individuos genéticamente XY con fenotipo femenino externo debido a la resistencia completa o parcial a la testosterona (conservan testículos internos pero sin estructuras müllerianas). El síndrome del conducto de Müller persistente, por su parte, afecta a varones XY con útero y trompas rudimentarios por fallo en la secreción o acción de la hormona antimülleriana (AMH). El síndrome de Turner (45,X) se caracteriza por disgenesia gonadal en mujeres, con estatura baja y ausencia de desarrollo puberal espontáneo. Finalmente, la hiperplasia adrenal congénita altera la esteroidogénesis suprarrenal, generando virilización en mujeres XX (forma clásica) o pubertad precoz en ambos sexos, dependiendo del enzima afectado.

2.4. Desarrollo sexual del cerebro y de la conducta

Teniendo en cuenta que la reproducción es un aspecto central de la selección natural, que determina qué genes pasarán con más frecuencia a las siguientes generaciones, es lógico asumir que tanto en la anatomía como en la fisiología y en el comportamiento de machos y hembras, se podrán observar diferencias importantes debidas al sexo (dimorfismo sexual).

Diferencias sexuales en el cerebro

El cerebro se ve profundamente influido por las hormonas sexuales, que empiezan a actuar durante el desarrollo fetal y configuran tanto la estructura como la función. Los primeros estudios en mamíferos demostraron —cómo hemos visto— que la testosterona, cuando, mediante el proceso de aromatización, se convierte en estradiol dentro del cerebro tiene un impacto directo en regiones como el área preóptica del hipotálamo. En roedores, esta región crece significativamente más en machos que en hembras, y está vinculada a comportamientos reproductivos como el apareamiento (Pinel & Barnes, 2021). En ausencia de esta influencia hormonal, como ocurre en hembras, el hipotálamo adopta un patrón cíclico que regula la ovulación y otras funciones relacionadas con la reproducción. Este dimorfismo sexual no se limita al hipotálamo: la testosterona también afecta a la organización de la amígdala, implicada en las emociones, y del córtex cerebral, que influye en la percepción y el procesamiento cognitivo. Así, desde la etapa prenatal, las hormonas sexuales establecen diferencias que se manifestarán a lo largo de la vida.

En humanos, estas diferencias se pueden observar tanto en la anatomía como en la conectividad cerebral. La amígdala, por ejemplo, tiende a ser más voluminosa en hombres, un efecto atribuido a la acción de la testosterona durante el desarrollo, y además muestra una mayor actividad en respuestas emocionales intensas, como el miedo o la agresión. En mujeres, el cuerpo calloso, que facilita la comunicación entre los hemisferios, presenta una densidad de conexiones más alta, influida por los estrógenos, lo que puede favorecer la actividad integrada entre las dos mitades del cerebro (Pinel & Barnes, 2021). La sustancia blanca y gris también varían: los hombres suelen tener un porcentaje más alto de sustancia blanca, relacionada con la transmisión rápida de señales, mientras que las mujeres muestran una proporción más grande de sustancia gris, vinculada al procesamiento local de información. Estas diferencias se hacen especialmente evidentes con técnicas de imagen como la resonancia magnética, que han permitido observar cómo las hormonas sexuales dejan una firma única en la estructura cerebral. Además, regiones como el córtex prefrontal, que regula la toma de decisiones, pueden mostrar patrones de activación diferentes entre sexos, con la testosterona potenciando respuestas más impulsivas en hombres y los estrógenos favoreciendo una modulación más matizada en mujeres.

A pesar de estas diferencias estructurales, la ciencia moderna ha demostrado que las disparidades entre los cerebros masculinos y femeninos son bastante sutiles y flexibles. En humanos, por ejemplo, se han identificado variaciones en la conectividad neuronal y la densidad de materia gris o blanca entre sexos, pero estas no son absolutas ni uniformes. Cómo hemos visto, la amígdala tiende a ser ligeramente más voluminosa en hombres, posiblemente por la acción de la testosterona, mientras que el cuerpo calloso suele mostrar más densidad de conexiones en mujeres, por influencia de los estrógenos. Aun así, estudios de imagen cerebral, como los realizados con resonancia magnética funcional (fMRI), indican que estas diferencias anatómicas no se traducen necesariamente en capacidades cognitivas fijas. Por ejemplo, aunque algunos investigadores asociaban una mayor lateralización cerebral en hombres (uso preferente de un hemisferio) con habilidades espaciales, y una conectividad más integrada en mujeres con habilidades verbales, estas correlaciones se han visto matizadas por la plasticidad cerebral. El cerebro humano es altamente adaptable y factores como la educación, el entrenamiento y la experiencia pueden superar o igualar muchas de estas diferencias iniciales.

Las hormonas sexuales no dejan de actuar después del desarrollo prenatal; durante la pubertad, se reactivan con fuerza y amplifican y refinan las diferencias. En los chicos, el aumento de testosterona estimula el crecimiento de circuitos neuronales relacionados con la agresividad y el deseo sexual, especialmente a la amígdala y el hipotálamo, mientras que también contribuye a una mayor lateralización cerebral, con un uso más marcado de un hemisferio en tareas espaciales. En las chicas, los estrógenos y la progesterona potencian la conectividad entre regiones emocionales y cognitivas, como la amígdala y el córtex prefrontal y de este modo influyen sobre la sensibilidad emocional y la respuesta al estrés. Estas hormonas también interactúan con los neurotransmisores: los estrógenos aumentan los niveles de serotonina, que afecta —entre muchas otras funciones— al estado de ánimo, mientras que la testosterona puede favorecer un aumento de la dopamina, relacionada con la motivación y con las conductas de riesgo.

Durante esta etapa, el cerebro experimenta una poda sináptica —la eliminación de conexiones poco usadas— que se ve modulada por las hormonas mencionadas, y consolida patrones que perdurarán en la edad adulta. En consecuencia, la pubertad no solo transforma el cuerpo, sino que también reconfigura el cerebro para las demandas reproductivas y sociales futuras (Navarro-Pardo et al., 2021).

En la edad adulta, las hormonas sexuales continúan ejerciendo efectos diferenciales y adaptando el cerebro a las circunstancias propias de cada sexo. En hombres, la testosterona mantiene la influencia en la respuesta al estrés y la competición, con una activación más intensa del eje HPA en situaciones de desafío. En mujeres, las fluctuaciones del ciclo menstrual —con picos de estrógenos y progesterona— alteran la actividad cerebral: durante la ovulación, el aumento de estrógenos puede mejorar la memoria verbal y la percepción social, mientras que, en la fase lútea, la progesterona puede reducir la actividad en áreas relacionadas con la atención. Estas variaciones también se constatan en el embarazo, cuando los niveles elevados de progesterona y estrógenos reorganizan temporalmente el cerebro para prepararlo para la conducta maternal, mediante un aumento de la sensibilidad de la amígdala a señales emocionales. En hombres, la disminución gradual de testosterona asociada al envejecimiento puede afectar la memoria espacial y la respuesta emocional, mientras que, en mujeres, la menopausia, con la caída de estrógenos que lo acompaña, influye en la regulación del estado de ánimo y la protección neuronal. Estudios con terapia hormonal han confirmado esta influencia continua: la testosterona aumenta la densidad de la sustancia blanca y la actividad de la amígdala, mientras que los estrógenos potencian la conectividad interhemisférica. Así, las diferencias sexuales en el cerebro, establecidas inicialmente por las hormonas, evolucionan a lo largo de la vida, reflejando tanto el impacto de la biología como el de las etapas vitales de cada individuo.

Diferencias en conducta reproductora

En animales de laboratorio se ha constatado que las hormonas determinan comportamientos como el apareamiento. Estudios realizados con roedores, por ejemplo, han demostrado que hormonas como la testosterona y los estrógenos tienen un papel crucial en la activación de las conductas reproductoras. En ratas macho, la administración de testosterona aumenta la frecuencia de comportamientos de apareamiento, como el seguimiento de hembras o los intentos de cópula, mientras que la supresión mediante castración química reduce drásticamente estas mismas acciones. De manera similar, en hembras, los niveles de estrógenos y progesterona durante el ciclo estral modulan la receptividad sexual y las hacen más proclives a aceptar el avance de los machos en momentos específicos. Estos experimentos ponen de manifiesto que las hormonas actúan como interruptores biológicos que regulan impulsos básicos.

La relación entre hormonas y conducta no se limita al apareamiento, sino que se extiende a otros ámbitos estrechamente relacionados, como la agresividad o la conducta parental. En ratones, se ha observado que la oxitocina, una hormona asociada a la vinculación emocional, favorece conductas de protección y alimentación de las crías por parte de las madres, mientras que la ausencia de este péptido secretado por la hipófisis posterior puede provocar negligencia de las crías. Por otro lado, en machos, el aumento de testosterona no solo impulsa el apareamiento, sino que también puede intensificar comportamientos territoriales o competitivos, especialmente en presencia otros machos (Paletta et al., 2022). Estos hallazgos sugieren que las hormonas no se limitan a desencadenar respuestas inmediatas, sino que también configuran patrones de conducta a largo plazo, que permiten la adaptación de los animales al entorno y a las necesidades de supervivencia y reproducción.

Las evidencias observadas en animales de laboratorio abren la puerta a preguntas que plantean hasta qué punto los mecanismos hormonales pueden aplicarse a los humanos, dadas las diferencias evidentes en complejidad psicológica y social. Si bien hormonas como la testosterona o la oxitocina también tienen un papel en nuestros comportamientos –afectan tanto el deseo sexual como el establecimiento de vínculos emocionales (apego)– los factores culturales y cognitivos ejercen una modulación considerable. No obstante, los estudios con animales ofrecen una base sólida para entender los fundamentos biológicos del comportamiento y muestran cómo las hormonas, como mensajeros químicos, regulan el delicado equilibrio que ha evolucionado a lo largo de millones de años. Este conocimiento es especialmente valioso en campos como la medicina o la psicología, donde se pretende comprender y tener la capacidad de intervenir en estos procesos.

En humanos, las influencias descritas son más complejas y están moduladas por la experiencia (aprendizaje) y por factores ambientales como por ejemplo la cultura y el entorno social. Por ejemplo, se ha estudiado cómo los desequilibrios hormonales que se producen durante la menopausia, o en trastornos como la depresión posparto, pueden alterar el estado de ánimo y las interacciones sociales, sugiriendo que, a pesar de la influencia de la cultura, nuestro comportamiento sigue arraigado en mecanismos biológicos similares a los de otros animales. Aun así, la capacidad humana para reflexionar y tomar decisiones conscientes añade una capa adicional de complejidad que los modelos animales no pueden replicar completamente.

La investigación en este ámbito también ha explorado cómo las concentraciones hormonales pueden manipularse para modificar conductas en contextos clínicos o experimentales. En animales, el uso de fármacos que bloquean o potencian hormonas específicas ha permitido identificar los circuitos cerebrales implicados en conductas como el miedo, la ansiedad o el apego. Por ejemplo, en el pez cebra, se ha demostrado que la cortisona, una hormona del estrés, aumenta las conductas de evitación cuando los animales perciben una amenaza, mientras que inhibir su secreción los hace más atrevidos. Este tipo de estudios ha proporcionado pistas sobre cómo convendría tratar trastornos humanos relacionados con el estrés o la ansiedad, en los cuales hormonas como el cortisol (equivalente a la cortisona de los peces cebra) desempeñan un papel central.

En el caso del apareamiento, la manipulación hormonal en animales ha revelado que incluso factores ambientales, como la duración del día o la temperatura, pueden influir en la producción de hormonas sexuales, para ajustar el ciclo reproductivo a las estaciones más favorables. Esto subraya la idea de que las hormonas no sólo responden a necesidades internas, sino que también son sensibles a señales externas y actúan como mediadoras entre el organismo y el mundo que lo rodea. En humanos, esta interacción es todavía más sofisticada, puesto que elementos como la educación, las normas sociales y las experiencias personales pueden amplificar o atenuar los efectos hormonales y hacer que nuestro comportamiento sea el resultado de una interacción constante entre la biología y el ambiente en que nos movemos.

En todas las sociedades humanas conocidas se han constatado diferencias de sexo en las preferencias por juegos y juguetes, que están parcialmente ligadas a la exposición hormonal prenatal. Estas diferencias se han observado también en otros primates, por lo que resulta extraordinariamente difícil atribuirlas exclusivamente a las influencias sociales o culturales, a las cuales —lógicamente— también están sometidas (Baron-Cohen et al., 2004). Una manera de constatar que hay una sólida base biológica que las explica es la observación de que las diferencias fundamentales (preferencia masculina por actividades más energéticas y agresivas; preferencia femenina por más conversación y más actividades y juguetes relacionados con tener cuidado de cosas o personas) aparecen en todas las culturas humanas conocidas. Si estas diferencias fuesen fundamentalmente debidas a factores sociales —que son variables entre culturas— habría alguna en que no aparecerían, o en las que se producirían en sentido inverso. Ni en los primates, ni en ninguna cultura humana, incluyendo las tribales y las de cazadores-recolectores que todavía quedan, se observa una inversión de los roles atribuidos a cada sexo. Sin embargo, existen variaciones importantes. En una cultura, por ejemplo, la cerámica puede estar vetada a los hombres y en otra a las mujeres. A pesar de ello no se conoce ninguna sociedad en que las mujeres sean las cazadoras principales o las más inclinadas a participar en batallas, y los hombres sean los recolectores principales o los más proclives a encargarse del cuidado de la familia. Las constricciones debidas al embarazo y la crianza explican sobradamente el porqué.

2.5. Efectos de las hormonas gonadales en adultos

En la edad adulta, las hormonas gonadales ejercen efectos activadores como la regulación del deseo y la respuesta sexual. La testosterona impulsa la líbido en hombres y, en menor medida, en mujeres (Bancroft, 2005). En varones, su disminución gradual con la edad reduce el interés sexual. En mujeres, durante la menopausia, la caída de estrógenos junto a una proporción relativa mayor de testosterona puede mantener o aumentar la líbido. Los estrógenos y la progesterona modulan la respuesta femenina en el ciclo menstrual: picos estrogénicos periovulatorios elevan atracción y la receptividad, mientras que la progesterona puede atenuar el deseo. Estas fluctuaciones explican variaciones mensuales en la sexualidad femenina, mostrando cómo la biología marca el ritmo pese a influencias ambientales.

Un ejemplo revelador lo constituye el abuso de esteroides androgénicos-anabolizantes (productos derivados de la testosterona), que se ha mostrado capaz de alterar el estado de ánimo, la conducta sexual y la conducta agresiva. Las dosis elevadas que se autoadministran algunos deportistas o culturistas, provocan aumento inicial de deseo seguido de disfunciones por supresión endógena (dosis exógenas muy superiores), irritabilidad, impulsividad que afectan sensiblemente las relaciones interpersonales. En contraste, la oxitocina favorece conducta sexual relacional, vinculada a intimidad, y la ternura postcoital (Cera et al., 2021). Así, se puede afirmar que mientras que la testosterona favorece una sexualidad física, basada en el deseo intenso, la oxitocina estaría más relacionada con la vinculación emocional y el establecimiento de relaciones duraderas.

La influencia de las hormonas interactúa constantemente con factores externos. Por ejemplo, el estrés crónico eleva el cortisol, que inhibirá la testosterona en ambos sexos, con la consecuente disminución del deseo sexual. Por otra parte, las dietas pobres en grasas reducen la síntesis de todas las hormonas esteroides, incluyendo los estrógenos. Factores como la edad también muestran cómo las hormonas modulan conductas tan relevantes como la sexual, en función de criterios evolutivos. Así, los hombres experimentan una disminución de la producción de testosterona a partir los 30 años, y las mujeres llegan a la menopausia, que pone fin a su capacidad reproductora, a edades variables.

En humanos, a diferencia de los animales de laboratorio, la conducta sexual no se reduce a impulsos hormonales: cultura, experiencias y expectativas sociales pesan enormemente. Así, por ejemplo, niveles altos de testosterona aumentarán el deseo sexual, pero serán algunos factores ambientales los que determinarán si este impulso se transforma o no en conducta sexual. En resumen, podemos afirmar que, en la edad adulta, las hormonas ejercen efectos activadores, de carácter temporal, que pueden regular la conducta sexual humana.

3. CICLO MENSTRUAL

El ciclo menstrual es un proceso rítmico y cíclico que prepara el cuerpo femenino para la reproducción, regulado por una interacción precisa entre el hipotálamo, la hipófisis y los ovarios, conocida como el eje hipotálamo-hipófiso-ovárico (HHO). Este ciclo, que dura aproximadamente 28 días, aunque varía entre individuos (de 21 a 35 días en promedio), se divide en cuatro fases principales: menstrual, folicular, ovulación y lútea. Cada fase está marcada por fluctuaciones hormonales que no solo afectan al sistema reproductor, sino también al cerebro y la conducta, modulando aspectos como el estado de ánimo, el deseo sexual y la percepción social (Carlson & Birkett, 2021).

La **fase menstrual**, que inicia el ciclo (días 1-5), comienza con la descamación del endometrio —la capa interna del útero— debido a la caída brusca de estrógenos y progesterona al final del ciclo anterior. Esto provoca el sangrado menstrual, que dura entre 3 y 7 días. Hormonalmente, los niveles de FSH empiezan a aumentar por estímulo de la GnRH hipotalámica, preparando el reclutamiento de folículos ováricos. En esta fase, muchas mujeres experimentan fatiga, irritabilidad o dolor (dismenorrea), influido por prostaglandinas que contraen el útero y por la interacción con el sistema nervioso central.

A continuación, la **fase folicular** (días 6-14) se caracteriza por el crecimiento de varios folículos en los ovarios, uno de los cuales se convierte en dominante. La FSH estimula la producción de estrógenos (principalmente estradiol) por las células granulosas de los folículos. Estos estrógenos promueven la proliferación del endometrio, preparándolo para una posible implantación, y ejercen retroalimentación positiva sobre la hipófisis, culminando en un pico de LH alrededor del día 14. Este pico de LH desencadena la **ovulación**: la ruptura del folículo dominante y la liberación del ovocito maduro hacia la trompa de Falopio. Durante esta fase, el aumento de estrógenos eleva el deseo sexual, mejora la memoria verbal y la percepción social, y puede intensificar la sensibilidad emocional, ya que los estrógenos potencian la actividad serotoninérgica en el cerebro.

La **fase lútea** (días 15-28) comienza tras la ovulación, cuando el folículo roto se transforma en el *cuerpo lúteo*, que secreta progesterona y estrógenos en cantidades elevadas. La progesterona estabiliza el endometrio, lo hace secretor y prepara el útero para el embarazo; también eleva la temperatura basal corporal. Si no hay fecundación, el cuerpo lúteo degenera alrededor del día 25, se convierte en el *cuerpo albicans* y causa un descenso de la producción de de progesterona y estrógenos que reinicia el ciclo con la menstruación. En esta fase, la progesterona puede reducir el deseo sexual en algunas mujeres, aumentar la retención de líquidos y contribuir a síntomas premenstruales como ansiedad o depresión, modulados por su interacción con receptores GABA en el cerebro, que promueven efectos sedantes, pero también fluctuaciones emocionales.

Desde el punto de vista conductual, el ciclo menstrual ilustra cómo las hormonas actúan como moduladores dinámicos de la conducta reproductora. Durante el pico estrogénico periovulatorio, las mujeres muestran mayor receptividad sexual, preferencia por rasgos masculinos simétricos (indicadores de buena genética) y mayor sociabilidad, adaptaciones evolutivas que maximizan las oportunidades de concepción (Vignozzi & Maseroli, 2020). En contraste, la fase lútea prioriza la conservación energética y la preparación para el embarazo, con posibles reducciones en la líbido. Estas variaciones no son universales —factores como el estrés (que eleva el cortisol e inhibe la GnRH) o la contracepción hormonal las alteran—, pero destacan la flexibilidad del sistema: en humanos, el ambiente y el contexto psicológico pueden amplificar o atenuar estos efectos. Estudios en primates no humanos confirman patrones similares: hembras con niveles altos de estrógenos exhiben comportamientos de cortejo más activos, que revelan la base evolutiva compartida por todas las especies de primates, incluyendo la humana (Paletta et al., 2022).

En resumen, el ciclo menstrual no es solo un mecanismo reproductivo, sino un ejemplo paradigmático de cómo las hormonas orquestan cambios fisiológicos y conductuales en un continuo temporal, y preparan el organismo para la reproducción, mientras se adapta a señales internas y externas.

4. CONTROL NEURAL DE LA CONDUCTA SEXUAL

La experiencia sexual humana es un fenómeno complejo que combina procesos fisiológicos, emocionales y cognitivos. En el centro de esta experiencia está el cerebro, un órgano que orquesta las respuestas del cuerpo mediante una red de estructuras interconectadas. Cuatro de estas estructuras destacan por su papel fundamental: el córtex, que gestiona el procesamiento consciente; el hipotálamo, que regula los impulsos reproductivos; la amígdala, que modula las emociones; y el estriado ventral, que activa los mecanismos de recompensa. Cada una aporta una pieza esencial al rompecabezas de la actividad sexual, y su interacción crea una experiencia integrada y multidimensional.

4.1. El córtex: El procesamiento consciente de la experiencia sexual

La corteza cerebral, especialmente las áreas prefrontales y sensoriales, actúa como el director ejecutivo de la actividad sexual. Es aquí donde se procesan los pensamientos conscientes, las fantasías, las decisiones y la interpretación de los estímulos externos, como por ejemplo el tacto, la vista o el olor. Por ejemplo, cuando una persona ve una pareja atractiva o siente una caricia, el córtex somatosensorial registra estas sensaciones y las envía a áreas como el córtex prefrontal, que evalúa el contexto: "¿Es un momento adecuado?" o "¿Qué significa esto para mí?". Esta capacidad reflexiva, basada en la consciencia, introduce una diferencia respecto a otras especies, y permite integrar la actividad sexual con normas y valores sociales, que pueden variar entre unas culturas humanas y otras.

Además, el córtex tiene un papel clave en la imaginación y la anticipación, elementos que a menudo amplifican el deseo sexual. Las fantasías, por ejemplo, son construcciones mentales que dependen de la actividad cortical, especialmente en las áreas asociativas que conectan recuerdos, imágenes y emociones. Aun así, el córtex también puede inhibir la actividad sexual: el estrés, la preocupación o una evaluación negativa pueden bloquear los impulsos que vienen de estructuras más profundas, mostrando que los humanos tenemos alguna opción de controlar conscientemente estos impulsos. El córtex no solo facilita la experiencia, sino que también la modela según el contexto y las expectativas individuales.

4.2. El hipotálamo: El motor de los impulsos reproductivos

Si el córtex es el pensador, el hipotálamo es el motor instintivo de la actividad sexual. Situado en la base del cerebro, esta pequeña estructura regula funciones básicas como el hambre, la sed y los impulsos reproductivos. El hipotálamo actúa como un centro de control hormonal: segrega sustancias como la oxitocina y la vasopresina, que influyen tanto en la atracción sexual como en el establecimiento de vínculos emocionales. Cuando se detectan estímulos sexuales, el hipotálamo activa el sistema nervioso autónomo, que desencadena respuestas fisiológicas como, por ejemplo, la aceleración del ritmo cardíaco, la vasodilatación y la excitación genital.

El hipotálamo conecta el deseo sexual con la supervivencia de la especie. Es una estructura antigua, compartida con otros muchos animales, y su papel es garantizar que los comportamientos reproductivos se lleven a cabo. Por ejemplo, en experimentos con ratas se ha observado que la estimulación del hipotálamo provoca conductas sexuales automáticas, cosa que demuestra la influencia directa que esta estructura ejerce sobre los impulsos. Sin embargo, en humanos, este impulso no actúa aisladamente: su fuerza se ve modulada por el córtex e influida por factores emocionales procedentes de la amígdala, de forma que se crea una experiencia más compleja que un simple reflejo reproductor.

En animales, el hipotálamo presenta una especialización sexodimórfica que subraya su rol como motor de los impulsos reproductivos. En los machos, la región clave es el área preóptica medial, cuya estimulación desencadena patrones completos de conducta sexual, desde la persecución hasta la cópula, mientras que su lesión aboliría por completo estos comportamientos. Esta zona actúa como un interruptor instintivo: integra señales hormonales y sensoriales para orquestar la respuesta reproductiva masculina.

En las hembras, el núcleo ventromedial del hipotálamo asume el control principal, modulando la receptividad sexual y los comportamientos de lordosis en respuesta a estrógenos. La activación de esta área facilita la postura de apareamiento, mientras que su inhibición la suprime, evidenciando un mecanismo paralelo pero diferenciado al observado en machos. Así, el hipotálamo no solo asegura la supervivencia de la especie, sino que lo hace mediante circuitos específicos adaptados al dimorfismo sexual.

4.3. La amígdala: El corazón emocional del sexo

La amígdala, situada en el sistema límbico, es la encargada de aportar un color emocional a la actividad sexual. Esta estructura en forma de almendra ("amígdala" significa esto, en griego) procesa emociones como el amor, el deseo, el miedo o los celos y tiene un papel central en cómo percibimos y vivimos nuestras experiencias sexuales. Cuando una persona siente atracción por otra, la amígdala se activa para evaluar rápidamente el estímulo: "¿Esta persona me hace sentir seguro?" o "¿Hay una conexión emocional?". Es también la responsable de las respuestas visceralmente intensas, como la aceleración del ritmo cardíaco o de la presión arterial, en un momento de pasión.

Un aspecto fascinante de la amígdala es la capacidad para asociar la actividad sexual con recuerdos emocionales. Por ejemplo, una experiencia positiva pasada puede aumentar la excitación en situaciones similares, mientras que un trauma puede generar aversión. Esta plasticidad emocional explica por qué la conducta sexual no es solo una cuestión física, sino también una experiencia profundamente ligada a la historia personal. Además, la amígdala interactúa con el hipotálamo para amplificar o moderar los impulsos sexuales: una emoción positiva puede disparar el deseo, mientras que la ansiedad puede reducirlo o incluso apagarlo completamente.

4.4. El estriado ventral: La recompensa que nos mueve

Finalmente, el estriado ventral, parte del sistema de recompensa del cerebro, contribuye a que el sexo sea placentero y adictivo. Esta región, conectada al núcleo accumbens, libera dopamina cuando experimentamos placer y así refuerza el comportamiento sexual y nos motiva a repetirlo. Cada vez que una persona llega al orgasmo o simplemente disfruta de un momento íntimo, el estriado ventral se activa y genera una sensación de satisfacción que el cerebro asocia con la actividad sexual.

Este mecanismo de recompensa no se limita al momento del clímax: la anticipación del sexo, como por ejemplo flirtear o imaginar un encuentro sexual, también activa el estriado ventral. Por eso, el deseo puede ser tan poderoso incluso antes del acto en sí. No obstante, esta estructura también explica las diferencias individuales: algunas personas tienen un sistema de recompensa más sensible, cosa que puede hacerlas más propensas a buscar experiencias sexuales frecuentes, mientras que otras pueden encontrar menos motivación si la producción de dopamina no es tan abundante.

4.5. La danza conjunta de las cuatro estructuras

La coordinación entre estas cuatro estructuras cerebrales es lo que hace que la actividad sexual sea tan rica y variada. Imaginemos una situación típica: una persona ve a otra que le gusta (el córtex procesa el estímulo visual), siente una atracción hacia ella (el hipotálamo activa el impulso), experimenta un pico de emoción (la amígdala entra en juego) y anticipa el placer de la interacción (el estriado ventral libera dopamina). Si el córtex decide que el contexto es adecuado, la experiencia avanza; si no, puede detenerse.

Esta interacción no es estática: factores como el estrés, el estado de ánimo o las concentraciones hormonales pueden alterar el equilibrio. Por ejemplo, un nivel alto de cortisol puede silenciar la amígdala y el estriado ventral, cosa que redundaría en una reducción del deseo, mientras que un entorno seguro y estimulante podría potenciarlo. Además, con el tiempo, la experiencia sexual se refina: el córtex aprende patrones, la amígdala ajusta las respuestas emocionales y el estriado ventral recalibra qué es lo que encuentra gratificante.

5. DISFUNCIONES SEXUALES

Las disfunciones sexuales son alteraciones persistentes o recurrentes en cualquiera de las fases de la respuesta sexual —deseo, excitación, orgasmo o resolución— que generan malestar significativo o dificultades interpersonales. Aunque su etiología es multifactorial, combinando factores psicológicos, relacionales y orgánicos, las hormonas gonadales y el eje HHG desempeñan un papel central en su fisiopatología, especialmente en los trastornos del deseo y de la excitación. La comprensión de estos mecanismos es esencial para estar en condiciones de intervenir sobre sus efectos

5.1. Trastornos del deseo sexual

El **trastorno del deseo sexual hipoactivo** (TDSH), caracterizado por la ausencia o disminución marcada del interés sexual, es el más frecuente y muestra una fuerte relación con los niveles hormonales. En hombres, el hipogonadismo —déficit de testosterona por envejecimiento, daño testicular o disfunción hipofisaria— reduce la líbido de forma dosis-dependiente. Niveles séricos de testosterona total inferiores a 12 nmol/L se asocian con TDSH en más del 60% de los casos (Bancroft, 2005). La terapia de reemplazo con testosterona (TRT) mejora el deseo en pacientes con hipogonadismo confirmado, aunque su eficacia disminuye si coexisten con depresión o con problemas de pareja.

En mujeres, el TDSH posmenopáusico se vincula a la caída abrupta de la producción de estrógenos y andrógenos ováricos (principalmente testosterona y androstendiona). Aunque los ovarios posmenopáusicos y las suprarrenales siguen produciendo andrógenos, su declive reduce la sensibilidad de los receptores dopaminérgicos en el núcleo accumbens, que es un aspecto clave en la motivación sexual. Ensayos clínicos con parches de testosterona transdérmica han demostrado aumento significativo del deseo y de la frecuencia de actividad sexual satisfactoria en mujeres con TDSH posmenopáusico (Uloko et al., 2022). Sin embargo, la progesterona elevada (como en algunos anticonceptivos hormonales) puede inhibir el deseo al potenciar la actividad GABAérgica inhibitoria.

5.2. Trastornos de la excitación

La **disfunción eréctil** (DE) en hombres y el **trastorno de la excitación sexual femenina** comparten alteraciones vasculares y neuroendocrinas. La testosterona facilita la síntesis de óxido nítrico (NO) —que es esencial para la vasodilatación— en el endotelio peneano y en el tejido clitorídeo. En varones con DE y testosterona baja, la TRT mejora la respuesta a inhibidores de la enzima fosfodiesterasa tipo 5 (PDE5), como el *sildenafilo*, al restaurar la producción de óxido nítrico. Por otra parte, tanto el hipertiroidismo como el hipotiroidismo alteran la función eréctil al modificar la sensibilidad adrenérgica vascular: los vasos sanguíneos se vuelven menos sensibles a la adrenalina y —por tanto— menos capaces de dilatarse.

En mujeres, la **sequedad vaginal posmenopáusica** por hipoestrogenismo (niveles bajos de estrógenos) reduce la congestión vascular del tejido eréctil clitorídeo y vaginal. La terapia estrogénica local (cremas o anillos vaginales de estradiol) puede restaurar el grosor epitelial y la lubricación, y mejorar así la excitación subjetiva y objetiva (medida por pletismografía vaginal). La combinación con andrógenos potencia el efecto al aumentar la densidad de las fibras nerviosas sensitivas en el clítoris.

5.3. Trastornos del orgasmo

El **trastorno orgásmico femenino** y la **eyaculación retardada** en hombres tienen menor relación directa con hormonas gonadales, aunque la dopamina —modulada por la testosterona— facilita la eyaculación. La hiperprolactinemia (producción excesiva de prolactina) inhibe la GnRH, reduce la testosterona y retrasa el orgasmo, al bloquear la vía dopaminérgica mesolímbica. La corrección de la hiperprolactinemia normaliza la función orgásmica en el 70-80% de los casos.

5.4. Trastornos de dolor genito-pélvico/penetración

La **dispareunia**, o dolor durante el coito, se asocia frecuentemente a factores locales como vaginitis atrófica por hipoestrogenismo postmenopáusico, una condición en que la reducción de estrógenos disminuye la lubricación y la elasticidad vaginal. La hiperprolactinemia también contribuye al exacerbar la sequedad vaginal mediante la inhibición de la GnRH y el consecuente hipoestrogenismo. El tratamiento con estrógenos tópicos o sistémicos resuelve la dispareunia en el 60-75% de los casos menopáusicos, y restaura la integridad del epitelio vaginal.

El **vaginismo** implica contracción involuntaria refleja de la musculatura perivaginal, desencadenada por miedo condicionado o trauma, sin relación directa con las hormonas gonadales. Sin embargo, el hipoestrogenismo agrava la rigidez tisular al reducir la distensibilidad vaginal, mientras que la dopamina —inhibida por hiperprolactinemia— modula el control inhibitorio espinal del reflejo. La terapia cognitivo-conductual combinada con dilatadores progresivos logra resolución funcional en el 80-90% de los casos, independientemente del perfil hormonal.

5.5. Factores moduladores y tratamiento integrado

El estrés crónico activa el eje HPA, eleva el cortisol y suprime la GnRH, lo que reduce la producción de testosterona y el deseo sexual en ambos sexos. Condiciones como la obesidad, que facilitan la aromatización periférica de andrógenos a estrógenos, generan un estado de hipogonadismo funcional. También la diabetes tipo 2 (insensibilidad a la insulina) daña la inervación autonómica y reduce la biodisponibilidad de óxido nítrico (NO), cosa que —como hemos visto—explica en parte el trastorno eréctil.

El tratamiento de estos trastornos puede combinar enfoques hormonales, farmacológicos y psicológicos. En hombres: TRT en casos de hipogonadismo, inhibidores PDE5, y terapia cognitivo-conductual para mitigar la ansiedad de rendimiento, pueden resultar efectivos. En mujeres: la administración local de estrógenos, la testosterona transdérmica, o algunos medicamentos que actúan sobre la serotonina, han mostrado una cierta eficacia en el tratamiento del TDSH premenopáusico, y un agonista de la melanocortina, como la bremelanotida, se ha empleado para corregir el deseo hipoactivo. Por otra parte, la terapia de pareja puede ser necesaria cuando existen conflictos relacionales que pueden ser tanto causas como consecuencias de los trastornos mencionados.

En resumen, el córtex, el hipotálamo, la amígdala y el estriado ventral forman un cuarteto cerebral que da vida a la actividad sexual humana. El córtex aporta conciencia y control; el hipotálamo, el impulso biológico; la amígdala, la profundidad emocional y el estriado ventral, el placer que nos impulsa. Juntos, crean una experiencia que va mucho más allá de la reproducción; integran el pensamiento, el sentimiento y la recompensa en una danza única para cada individuo. Comprender estas estructuras no solo ilumina la biología del sexo, sino también su esencia como expresión humana fundamental.

6. CONCLUSIONES

En este capítulo hemos explorado las bases biológicas de la conducta sexual humana: cómo el sistema neuroendocrino —con sus glándulas, hormonas y agentes moduladores— configura no solo la anatomía reproductiva, sino también los patrones comportamentales que definen nuestra sexualidad. Desde la determinación del sexo en la concepción, cuando los cromosomas sexuales y el gen SRY inician una cascada hormonal que diferencia gónadas y genitales, hasta la activación puberal que consolida las características secundarias y las preferencias conductuales, las hormonas actúan como arquitectos precisos de un dimorfismo sexual sutil pero funcional. La testosterona, los estrógenos y la progesterona, presentes en ambos sexos, aunque en proporciones distintas, modulan el desarrollo cerebral prenatal —mediante procesos como la aromatización— y establecen circuitos neurales que influyen en el deseo, la agresividad, la parentalidad y las preferencias sociales a lo largo de la vida.

El hipotálamo emerge como director de orquesta, que integra señales internas (glucosa, iones, estrés) y externas (luz, temperatura) para priorizar funciones básicas relacionadas con la reproducción y la supervivencia. En el ciclo menstrual, por ejemplo, las fluctuaciones de estrógenos y progestágenos sincronizan no solo la ovulación, sino también las variaciones en la receptividad sexual, el estado de ánimo y la sociabilidad. Estudios en animales de laboratorio refuerzan esta visión: la manipulación de la oxitocina o el cortisol revelan circuitos compartidos que, en humanos, se enriquecen con la influencia de impulsos corticales que facilitan la integración de factores de carácter cognitivo. Las disfunciones sexuales —del deseo hipoactivo a la disfunción eréctil— subrayan la vulnerabilidad de este equilibrio, en que los déficits hormonales (hipogonadismo, menopausia) o los excesos (estrés crónico, esteroides anabolizantes) pueden alterar la respuesta sexual, pero también pueden ser sensibles a intervenciones tanto hormonales como centradas en la conducta.

En última instancia, la conducta sexual humana trasciende la mera reproducción; es una expresión integrada de la biología, las emociones y la cognición, en que el sistema neuroinmunoendocrino —en constante interacción dinámica— adapta el individuo al entorno evolutivo. Comprender estos mecanismos no solo facilita la comprensión de patologías como las disfunciones, sino que promueve intervenciones clínicas personalizadas y una visión más matizada de la diversidad humana. Lejos de separar "Marte" de "Venus", la ciencia revela un espectro compartido, flexible y profundamente adaptativo, en que las diferencias entre uno y otro sexo emergen como adaptaciones complementarias a las distintas presiones evolutivas a que machos y hembras han estado y están sometidos, en virtud de su participación diferencial en la reproducción.

7. BIBLIOGRAFIA

Bakker, J. (2022). The role of steroid hormones in the sexual differentiation of the human brain. *Journal of Neuroendocrinology*, 34: e13050. https://doi.org/10.1111/jne.13050

Bancroft, J. (2005). The endocrinology of sexual arousal. *Journal of Endocrinology*, 186: 411–427. https://doi.org/10.1677/joe.1.06233

Baron-Cohen, S., Lutchmaya, S., & Knickmeyer, R. (2004). *Prenatal testosterone in mind: Amniotic fluid studies*. MIT Press.

Carlson, N.R. & Blirkett, M.A. (2021). *Physiology of behavior* (13th Edition). Pearson.

Cera, N., Vargas-Cáceres, S., Oliveira, C., Monteiro, J., Branco, D., Pignatelli, D., & Rebelo, S. (2021). How relevant is the systemic oxytocin concentration for human sexual behavior? A systematic review. *Sexual Medicine*, 9: 100370. https://doi.org/10.1016/j.esxm.2021.100370

Cheng, J.T., & Kornienko, O. (2020). The neurobiology of human social behavior: A review of how testosterone and cortisol underpin competition and affiliation dynamics. In: *Salivary bioscience: Foundations of interdisciplinary saliva research and applications* (pp. 519–553). Springer.

Jennings, K.J., & De Lecea, L. (2020). Neural and hormonal control of sexual behavior. *Endocrinology*, 161: bqaa150. https://doi.org/10.1210/endocr/bqaa150

Luders, E., & Kurth, F. (2020). Structural differences between male and female brains. *Handbook of clinical neurology*, 175: 3–11. https://doi.org/10.1016/B978-0-444-64123-6.00001-5

Navarro-Pardo, E., Suay, F., & Murphy, M. (2021). Ageing: Not only an age-related issue. *Mechanisms of Ageing and Development*, 199: 111568. https://doi.org/10.1016/j.mad.2021.111568

Paletta, P., Bass, N., Kavaliers, M., & Choleris, E. (2022). The role of oxytocin in shaping complex social behaviours: Possible interactions with other neuromodulators. *Philosophical Transactions of the Royal Society B: Biological Sciences*, 377: 20210058. https://doi.org/10.1098/rstb.2021.0058

Pinel, J.P.J. & Barnes, S. (2021). *Biopsychology* (11th Edition). Pearson.

Uloko, M., Rahman, F., Puri, L.I., & Rubin, R.S. (2022). The clinical management of testosterone replacement therapy in postmenopausal women with hypoactive sexual desire disorder: A review. *International Journal of Impotence Research*, 34: 635–641. https://doi.org/10.1038/s41443-022-00559-2

Vignozzi, L., & Maseroli, E. (2020). Hormones and sex behavior. *In Female reproductive dysfunction* (pp. 1–28). Springer. https://doi.org/10.1007/978-3-030-14782-2_1-1

Capítulo 7

Bases biológicas de la conducta parental

Sandra Montagud Romero

https://youtu.be/dAonrq3Iris

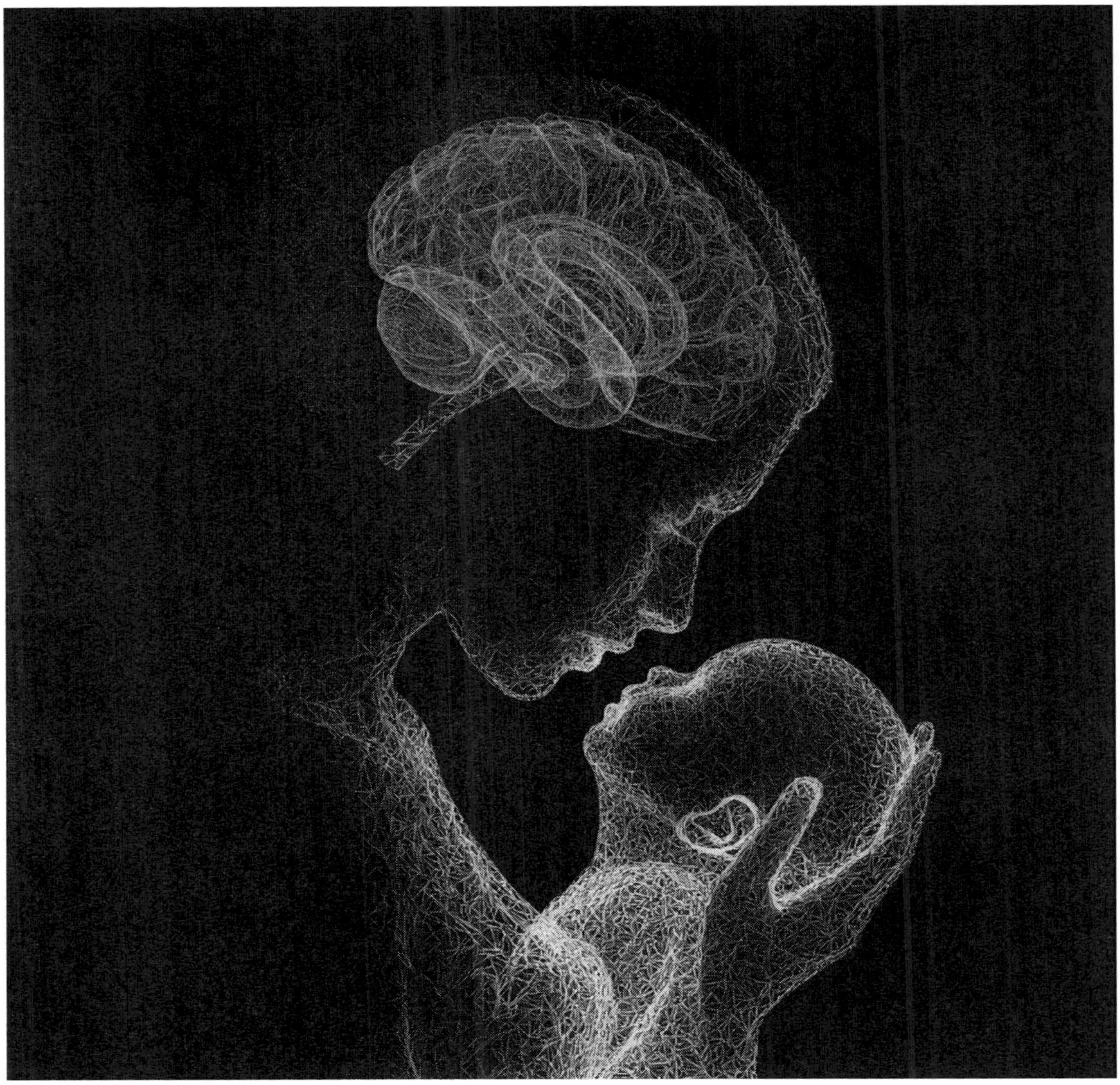

Bases biológicas de la conducta parental

1. INTRODUCCIÓN

La conducta parental (referida de manera general a todo lo relacionado con los padres o progenitores, sin distinguir entre padre y madre) es una manifestación compleja del comportamiento social que desempeña un papel crucial en la supervivencia y el desarrollo de la descendencia. Desde una perspectiva psicológica y biológica, entender cómo los organismos cuidan, protegen y nutren a su descendencia nos permite explorar las profundas conexiones entre cerebro, hormonas y comportamiento. Este capítulo se centrará en el estudio de la conducta maternal en roedores, un modelo ampliamente utilizado por su relevancia en la investigación experimental y su valor para comprender los mecanismos básicos del comportamiento maternal. En roedores, la contribución directa al cuidado de la descendencia es exclusivamente maternal, es decir, solo la hembra participa activamente en el cuidado postnatal, como la lactancia, la protección y el acondicionamiento del entorno. Sin embargo, esta pauta no es universal entre los mamíferos. En especies como la humana, se observa una conducta parental, donde tanto la madre como el padre pueden participar activamente en el cuidado de las crías.

Es importante subrayar que, en cualquier caso, la conducta es dimórfica, lo que implica que existen diferencias sistemáticas en la forma en que los machos y las hembras contribuyen al cuidado, tanto en intensidad como en tipo de comportamiento. Esta dimorfía puede estar influida por factores evolutivos, ecológicos y sociales propios de cada especie.

A lo largo del capítulo se abordará la descripción detallada de los patrones conductuales que caracterizan el cuidado materno en estas especies, así como el paterno, cuando sea aplicable. Además, se explorarán las bases neurobiológicas que lo sustentan, incluyendo la implicación de estructuras cerebrales, circuitos neuronales y sistemas hormonales.

2. LA CONDUCTA MATERNAL DE LOS ROEDORES

La conducta maternal en roedores es un conjunto de acciones complejas y secuenciales que aseguran la supervivencia de las crías, altamente vulnerables al nacer. Estas conductas están programadas biológicamente y se activan por cambios hormonales previos y posteriores al parto. Pueden agruparse en fases según el momento en que ocurren: antes, durante y después del parto (Carlson & Birkett, 2021; Froemke & Young, 2021).

2.1. Antes del parto: construcción del nido

En los días previos al parto, la hembra exhibe un comportamiento intensivo de construcción de nido, guiado por un instinto de protección y cuidado. Utiliza materiales disponibles en el entorno —como papel, viruta o paja— para crear un espacio cerrado y acolchado. Este nido proporciona aislamiento térmico y seguridad para las crías, que nacerán indefensas. La preparación del nido es un claro indicador del inicio inminente del comportamiento maternal y está estrechamente relacionada con los niveles crecientes de hormonas como la progesterona y la prolactina.

2.2. Durante el parto

Durante el alumbramiento, la madre muestra una serie de respuestas conductuales adaptativas:

- Lamer y palpar la vagina: La madre se posiciona de forma que puede lamer la región genital, lo cual estimula las contracciones uterinas y facilita la expulsión de las crías. Este contacto también permite identificar y asistir activamente al nacimiento de cada cría.
- Extracción activa de las crías: Utilizando la boca y las patas delanteras, la madre ayuda a liberar a las crías del canal de parto. Este comportamiento no solo acelera el proceso, sino que también fortalece el vínculo inicial madre-cría.
- Placentofagia: Después del nacimiento de cada cría, la madre consume la placenta. Esta conducta tiene múltiples beneficios: previene infecciones al eliminar restos biológicos, proporciona nutrientes esenciales (como hormonas y proteínas), y puede facilitar la recuperación postparto al inducir la liberación de oxitocina.
- Limpieza de las membranas fetales: La madre elimina cuidadosamente los restos de membranas que envuelven a las crías, lo que permite que respiren adecuadamente y comiencen a moverse. Además, el lamido estimula la circulación y los reflejos motores de las crías recién nacidas.
- Estado de las crías al nacer: Las crías de roedores nacen en un estado extremadamente inmaduro, comparable al de un feto humano. No tienen pelo, sus ojos están cerrados, y su movilidad es limitada. Este grado de dependencia requiere cuidados intensivos y continuos por parte de la madre.
- Poiquilotermia: Las crías son poiquilotermas, es decir, no pueden regular su temperatura corporal. Dependen completamente del calor del nido y del contacto con la madre para mantenerse en una temperatura adecuada. Esto obliga a la madre a permanecer en contacto cercano con ellas durante largos periodos tras el parto.

2.3. Después del parto

Tras el nacimiento, la conducta maternal de los roedores se mantiene intensa y constante durante los primeros días y semanas de vida de las crías (se irá desvaneciendo a partir de los 21 días de edad). Esta etapa es crucial, ya que las crías nacen en un estado altamente dependiente. Las acciones de la madre no solo aseguran la supervivencia, sino que también promueven un desarrollo fisiológico adecuado.

- Amamantamiento: Una de las conductas más evidentes tras el parto es la lactancia. La madre adopta una postura arqueada (llamada "*nursing posture*"), posicionándose sobre sus crías para facilitar el acceso a sus mamas. La succión de las crías estimula la liberación de oxitocina, hormona que facilita la eyección de la leche. Además de nutrir, el amamantamiento refuerza el vínculo afectivo y mantiene a las crías agrupadas y calientes.
- Estimulación de la micción y defecación: Dado que las crías no pueden orinar ni defecar por sí solas, la madre lame la región anogenital de cada una de ellas para inducir estos procesos fisiológicos. Esta estimulación refleja una conducta maternal instintiva y necesaria para prevenir complicaciones digestivas. La madre ingiere la orina y las heces, lo cual cumple una doble función: mantener la higiene del nido y reciclar nutrientes y agua, lo cual es especialmente útil en condiciones de escasez.
- Recuperación de crías (*retrieving*): Si una o más crías se alejan accidentalmente del nido o son manipuladas externamente, la madre muestra una conducta conocida como

retrieving: localiza rápidamente a las crías dispersas, las toma con delicadeza por la nuca (reflejo de prensión) y las regresa al nido. Este comportamiento asegura que todas las crías se mantengan protegidas, calientes y alimentadas, y es un claro indicador de apego maternal y reconocimiento sensorial (olfativo y auditivo) de la camada.

- Reparación o reconstrucción del nido: Después del parto, la madre continúa mostrando conductas de mantenimiento y mejora del nido. Si este se deteriora o se ve comprometido por factores externos, la hembra puede repararlo o incluso construir uno nuevo. Esta actividad garantiza condiciones óptimas de temperatura, seguridad y confort para las crías. La conducta de anidamiento postparto también puede intensificarse en presencia de amenazas ambientales o perturbaciones.

3. ESTÍMULOS DESENCADENANTES DE LA CONDUCTA MATERNAL

El olfato desempeña un papel fundamental en la activación y mantenimiento de la conducta maternal en roedores. Las madres utilizan señales químicas para identificar a sus crías, orientarse hacia ellas y motivarse a brindarles cuidados.

Incluso cuando las crías están enterradas y anestesiadas, sin emitir sonidos, las ratas madres son capaces de encontrarlas gracias al olor que emanan. Este fenómeno pone de manifiesto la sensibilidad del sistema olfativo maternal para detectar pistas químicas clave. Durante el parto, los estímulos olfativos se intensifican. Después del parto, el reconocimiento olfativo facilita que la madre reconozca, recupere y cuide a sus crías, manteniéndolas agrupadas en el nido. El olor de cada camada puede diferenciarse, y la madre es capaz de discriminar entre crías propias y ajenas.

Además del olfato, los sonidos emitidos por las crías también desencadenan respuestas maternales. En particular, los neonatos producen llamadas ultrasónicas —sonidos de alta frecuencia inaudibles para los humanos— en situaciones de malestar, como cuando tienen frío tras salir del nido o son manipulados de forma brusca. Estas vocalizaciones actúan como señales de emergencia que orientan a la madre hacia las crías en peligro. La respuesta materna suele ser rápida y eficaz, por ejemplo, la madre las localiza, las recupera y las lleva de vuelta al nido, donde les proporciona calor y protección.

4. BASES NEUROENDOCRINAS

4.1. Control Hormonal

La mayoría de las conductas sexuales dimórficas dependen de los efectos organizadores y activadores de las hormonas sexuales, pero la conducta maternal es diferente. No hay evidencia de que los efectos organizadores hormonales sean necesarios; incluso los machos pueden cuidar crías en condiciones adecuadas, aunque sin amamantarlas. Las hormonas facilitan muchos aspectos de esta conducta, pero no son esenciales. Por ejemplo, en el caso de las hembras vírgenes, si conviven con neonatos durante un período de 4 a 6 días, muchas de ellas comienzan a desarrollar comportamientos maternales como el *retrieving*, la construcción del nido o el lamido de las crías. Este proceso de cambio conductual se conoce como sensibilización o concaveación, y representa una plasticidad adaptativa del sistema nervioso y hormonal ante la exposición prolongada a estímulos sociales y químicos. Una vez que la sensibilización se ha producido, suele mantenerse de forma duradera a lo largo de la vida (Carlson & Birkett, 2021).

Se podría decir que tres son las hormonas relacionadas con la conducta maternal: la progesterona, el estradiol y la prolactina. Previo al parto, la progesterona impulsa la construcción del nido, justo antes del parto el nivel de estradiol comienza a aumentar, en ese momento el nivel de progesterona desciende (pese a descender las madres continúan la construcción del nido aun con niveles hormonales bajos) y, a continuación, se produce un marcado aumento de la prolactina, hormona producida por la adenohipófisis y que se encarga de la producción de la leche. Administrar estas hormonas, reproduciendo la secuencia, a ratas ovariectomizadas acelera la sensibilización maternal.

Además, la oxitocina contribuye a formar el vínculo madre-cría; bloquearla impide que las madres atiendan a sus crías recién nacidas.

4.2. Control Neural

- ### *Conducta Maternal*

El comportamiento maternal en mamíferos, particularmente en roedores, ha sido ampliamente estudiado por su importancia evolutiva y su complejidad neurobiológica. Una de las regiones clave en este proceso es el área preóptica medial (APM) del hipotálamo, que actúa como un centro integrador de señales hormonales, olfativas y emocionales relacionadas con el cuidado de las crías.

Uno de los hallazgos más relevantes es que las hormonas sexuales, como los estrógenos y la prolactina, sensibilizan al APM para responder a las señales de las crías, especialmente a los estímulos olfativos. En hembras vírgenes, estos olores suelen ser aversivos, pero tras el parto, se produce una reestructuración funcional de los circuitos neurales que transforma estos olores en estímulos atractivos o incluso gratificantes. Esta transformación involucra conexiones entre el APM y la amígdala medial, una estructura implicada en el procesamiento emocional, incluyendo la aversión. Las investigaciones sugieren que estas conexiones son responsables de suprimir la respuesta negativa ante el olor de las crías, lo que permite a la madre acercarse y atender a su descendencia (Carlson y Birkett, 2021).

Además, existe otro circuito diferente que parte también del APM y que participa en el refuerzo positivo del comportamiento maternal. Este circuito sigue una ruta que incluye el APM, el área ventral tegmental (AVT), el núcleo accumbens (NAC) y el pallidum ventral. Este sistema está estrechamente vinculado con el sistema cerebral de recompensa, que normalmente se activa ante estímulos placenteros como la comida o el sexo. En el contexto del cuidado maternal, la activación de este circuito refuerza la motivación para interactuar con las crías, estableciendo un fuerte vínculo afectivo (Froemke & Young, 2021).

La oxitocina, (su liberación durante el parto y la lactancia) no solo promueve conductas de apego, sino que también modula la actividad de regiones como el núcleo accumbens, potenciando el valor gratificante del contacto con las crías (Froemke & Young, 2021).

- *Conducta Parental*

Un dato relevante es que el APM, crucial en la conducta maternal, tendría una función importante en el cuidado de la descendencia por parte de los machos (en especies monógamas principalmente) (Carollo et al., 2021).

5. CONDUCTA PARENTAL HUMANA

Tradicionalmente se ha interpretado el comportamiento parental/maternal en los animales como el resultado de instintos biológicos, pero en los seres humanos este comportamiento es más complejo y matizado. Si bien existen bases neurobiológicas que predisponen al cuidado de la descendencia, numerosos estudios sugieren que el aprendizaje y la experiencia cumplen un papel igual o incluso más relevante que los factores innatos (Feldman, 2017).

Un ejemplo ilustrativo de la importancia del aprendizaje es el de los padres adoptivos. A pesar de no haber pasado por un proceso biológico de gestación o parto, muchos padres adoptivos desarrollan un vínculo profundo con los niños bajo su cuidado y manifiestan conductas parentales sensibles y protectoras. Esto indica que el cuidado no depende exclusivamente de factores biológicos, sino que puede surgir también como resultado de la interacción, la convivencia y el apego emocional.

No obstante, algunos autores sostienen que los humanos también presentan una tendencia innata a cuidar a los más pequeños. Este impulso puede estar arraigado en circuitos cerebrales (sistema límbico, sistema cerebral de la recompensa, ínsula o corteza prefrontal, entre otros) y mecanismos hormonales quienes desempeñan un papel esencial en la regulación del comportamiento parental, ya que cada hormona contribuye de manera específica a fortalecer el vínculo y las conductas de cuidado hacia la descendencia. La **oxitocina**, conocida como la "hormona del amor" o "de la vinculación", se libera durante el contacto físico —como el cuidado piel con piel o la lactancia— y facilita el apego emocional, promoviendo la confianza y la empatía hacia el bebé. La **prolactina**, además de estimular la producción de leche, favorece la aparición de conductas maternas protectoras y aumenta la sensibilidad de los progenitores ante las necesidades del recién nacido. Los **estrógenos** potencian la acción de la oxitocina, incrementando la receptividad emocional y la disposición al contacto afectivo, mientras que la **progesterona** contribuye a mantener el embarazo y prepara al organismo para la maternidad al modular la calma y la estabilidad emocional. El **cortisol**, aunque asociado al estrés, cumple una función adaptativa al mejorar la atención, la alerta y la capacidad de respuesta frente a las demandas del bebé. Finalmente, la **dopamina** interviene en el sistema de recompensa cerebral, generando placer durante las interacciones con el hijo y reforzando la motivación para cuidar y proteger (Feldman, 2017).

La conducta maternal se asocia a la protección del grupo familiar, al apego y a la conducta de cuidado que, en condiciones normales, se activan en presencia de señales infantiles (como el llanto, el olor o el aspecto físico de los bebés). Estas señales evocan respuestas emocionales y conductuales en adultos, facilitando el vínculo y el cuidado, incluso en personas sin experiencia previa en crianza.

Un fenómeno relevante en este contexto es el "*bonding*" o vinculación temprana. En algunas especies de mamíferos, se ha observado que, si la cría es separada de la madre inmediatamente después del parto y no se permite el contacto físico en las primeras horas, la madre puede no reconocerla al serle devuelta. Este fenómeno sugiere que el establecimiento del vínculo madre-cría ocurre en una "ventana crítica" muy sensible, durante la cual se consolidan procesos neurosensoriales clave para el reconocimiento y el apego.

En los humanos, se ha propuesto que un proceso análogo podría estar presente, aunque con una ventana temporal más flexible. En un estudio clásico, Klaus y colaboradores (1972) dividieron a madres recientes en dos grupos: uno con contacto físico extendido con sus recién nacidos, y otro con contacto limitado. El grupo con contacto más frecuente y prolongado mostró, meses después, mayor implicación emocional y conductual en el cuidado de sus hijos. Estos resultados sugieren que la experiencia temprana de contacto físico entre madre e hijo puede fortalecer el vínculo afectivo y motivar conductas parentales más consistentes.

Además, investigaciones más recientes han demostrado que el comportamiento paternal también está mediado por cambios hormonales. Aunque tradicionalmente se ha asociado la paternidad con un rol más social o cultural, hoy se sabe que en los padres también se producen modificaciones neuroendocrinas: niveles elevados de prolactina y oxitocina que se han relacionado con una mayor sensibilidad a las necesidades del bebé y con un incremento en conductas de cuidado y apego. Estas hormonas, conocidas por su papel en la maternidad, actúan también en el cerebro masculino, facilitando respuestas emocionales que fortalecen el lazo padre-hijo.

En resumen, la parentalidad humana es el resultado de una compleja interacción entre tendencias biológicas innatas, cambios hormonales adaptativos y procesos de aprendizaje y experiencia social. No es puramente instintiva, pero tampoco es completamente adquirida. Se configura como un proceso dinámico y relacional, donde el contacto temprano, la interacción afectiva y el contexto cultural contribuyen decisivamente a la construcción del vínculo con la descendencia.

6. CONCLUSIONES

En conclusión, la conducta parental representa una expresión compleja y multifactorial del comportamiento social, en la que convergen mecanismos biológicos, hormonales, neuronales y de aprendizaje. En los roedores, el estudio de la conducta maternal permite comprender la secuencia de comportamientos instintivos que garantizan la supervivencia de crías altamente dependientes, regulados por sistemas hormonales como la prolactina, oxitocina y estrógenos, y por estructuras cerebrales como el área preóptica medial y el sistema de recompensa. Sin embargo, en los humanos, la parentalidad trasciende lo puramente biológico, integrando la experiencia, la interacción social y los vínculos afectivos como elementos esenciales del cuidado. Tanto madres como padres desarrollan conductas de protección y apego mediadas por cambios neuroendocrinos y por el aprendizaje relacional. Así, el comportamiento parental puede entenderse como un proceso adaptativo, dinámico y relacional que une biología y cultura, asegurando no solo la supervivencia física, sino también el bienestar emocional y social de la descendencia.

7. BIBLIOGRAFÍA

Carlson, N.R., & Birkett, M.A. (2021). *Physiology of behavior* (13th Edition). Pearson.

Carollo, A., Balagtas, J.P.M., Neoh, M.J.Y., & Esposito, G. (2021). A scientometric approach to review the role of the medial preoptic area (MPOA) in parental behavior. *Brain Sciences*, *11*(3), 393.

Feldman, R. (2017). The neurobiology of human attachments. *Trends in Cognitive Sciences*, *21*(2): 80-99.

Froemke, R.C., & Young, L.J. (2021). Oxytocin, neural plasticity, and social behavior. *Annual Review of Neuroscience*, *44*(1): 359-381.

Capítulo 8

Bases biológicas de la adicción

Concepción Vinader-Caerols

https://youtu.be/RGvW4C8A1T0

Bases biológicas de la adicción

No dejes que tu razonamiento se empañe por ideas preconcebidas como la tendencia a igualar la legalidad de una droga con la seguridad de la misma (Pinel, J.P.J., 2001).

1. INTRODUCCIÓN

En este capítulo se abordarán algunos principios básicos de la adicción a las drogas, entendidas como sustancias que actúan sobre el sistema nervioso y cuya finalidad de uso puede ser tanto terapéutica como lúdica. De esta manera, una droga puede ser un psicofármaco prescrito por un profesional de la salud de uso controlado y con un propósito terapéutico claro, pero también puede ser una sustancia sin uso médico controlado y utilizada con fines lúdicos y recreativos. Este último consumo puede dar lugar a la adicción, que se define como el uso regular y compulsivo de drogas, a pesar de sus efectos negativos en la salud y en la vida social, así como de los repetidos y constantes esfuerzos del sujeto por dejar de consumirlas. Se revisarán también las principales drogas que causan adicción. Es importante aclarar que el Manual Diagnóstico y Estadístico de los Trastornos Mentales, 5ª ed. (DSM-5; Asociación Americana de Psiquiatría, 2013), ampliamente aceptado en salud mental, incluye el concepto de *Trastorno por Consumo de Sustancias*, en lugar del término adicción. En la Tabla 1, se recogen los principales síntomas del Trastorno por Consumo de Sustancias según el DSM-5. En este capítulo, considerando estas connotaciones y la acepción más amplia de la palabra, se utilizará el término adicción por estar ampliamente aceptado en la literatura científica.

Tabla 1. Principales síntomas del *Trastorno por Consumo de Sustancias* (DSM-5).	
Categoría	**Síntoma**
Pérdida de control	1. La sustancia se toma en mayores cantidades o durante más tiempo del previsto. 2. Deseo persistente o esfuerzos fracasados por reducir o controlar el consumo. 3. Mucho tiempo invertido en obtener, usar o recuperarse de los efectos de la droga.
Deseo intenso (*craving*)	4. Fuerte deseo o urgencia de consumir la droga.
Problemas sociales	5. Incumplimiento de responsabilidades laborales, escolares, domésticas. 6. Uso continuado pese a problemas interpersonales o sociales. 7. Abandono o reducción de actividades importantes.
Consumo de riesgo	8. Consumo en situaciones físicamente peligrosas. 9. Uso continuado pese a saber que causa o agrava un problema físico o psicológico.
Tolerancia	10. Necesidad de aumentar la cantidad para lograr el efecto deseado. 11. Menor efecto con la misma cantidad de droga.
Síndrome de abstinencia	12. Síntomas de abstinencia al cesar o reducir el consumo.

2. CONCEPTOS BÁSICOS

A continuación se definen varios conceptos generales que facilitan la comprensión del tema, abordando las diferentes vías de administración y la implicación de los factores hereditarios en la adicción a las drogas. Siguiendo a Carlson & Birkett (2021) y a Pinel & Barnes (2021), algunos de los conceptos que resultan de interés son los siguientes:

• **Tolerancia**: Consiste en un estado de menor sensibilidad a la droga. Se manifiesta cuando una dosis determinada tiene menos efecto que el que tenía antes de la exposición a la droga, por lo que se necesita una cantidad mayor para producir el mismo efecto.

Conviene señalar una serie de aspectos clave acerca de la tolerancia a las drogas:

- *Tolerancia metabólica* (también llamada tolerancia farmacocinética): Consiste en la tolerancia a las drogas derivada de cambios que reducen la cantidad de droga que llega a sus lugares de acción. Ocurre cuando el cuerpo se vuelve más eficiente en metabolizar o eliminar la droga, lo que reduce la cantidad que llega al sitio de acción (como el cerebro) y, por lo tanto, disminuye sus efectos. Por ejemplo, con el alcohol y las enzimas hepáticas, una persona que consume alcohol con frecuencia desarrolla tolerancia metabólica porque su hígado produce más cantidad de la enzima alcohol deshidrogenasa, que metaboliza el alcohol más rápidamente, por lo que llega menor cantidad de alcohol al cerebro, y la persona necesita beber más para sentir el mismo efecto que antes.

- *Tolerancia funcional*: Tolerancia a las drogas que resulta de cambios que reducen la reactividad de los sitios de acción de la droga. Por ejemplo, la exposición a una droga psicoactiva puede reducir el número de receptores para esta, disminuir la eficiencia con la que se une a los receptores existentes, o reducir el impacto de la unión del receptor en la actividad de la célula. Algunos de estos cambios neuronales son resultado de mecanismos epigenéticos.

- *Tolerancia conductual* (condicionada, aprendida): El ambiente en el cual la droga es repetidamente administrada influye en el desarrollo de tolerancia. La tolerancia condicionada a drogas se refiere a demostraciones de que los efectos de tolerancia se expresan al máximo solo cuando se administra una droga en la misma situación en la que se ha administrado previamente. El ejemplo más clásico es la administración de heroína en el entorno habitual frente a un nuevo entorno: un consumidor habitual de heroína puede usar la droga en su casa, en un entorno familiar. El cuerpo, al entrar en ese ambiente, anticipa la llegada de la droga y activa respuestas fisiológicas compensatorias que reducen su efecto. Sin embargo, si esa misma persona se inyecta la misma dosis en un entorno nuevo o desconocido, como una casa ajena o un parque, el cuerpo no activa las respuestas compensatorias esperadas. El resultado es que la droga produce un efecto más intenso y, en muchos casos, esto ha llevado a sobredosis, incluso con dosis que antes no producían tal efecto.

- *Tolerancia cruzada*: Una droga puede producir tolerancia a otras drogas que comparten el mismo mecanismo neuroquímico. Por ejemplo, las benzodiacepinas y el alcohol: si una persona que ha desarrollado tolerancia a las benzodiacepinas consume alcohol puede no sentir los efectos esperados, y terminar bebiendo en exceso, aumentando el riesgo de sobredosis, depresión respiratoria o coma.

- A menudo se desarrolla tolerancia a algunos efectos de una droga, pero no a otros; y a diferentes tasas para cada efecto. Por ejemplo, los efectos eufóricos de la cocaína (como sensación de placer, energía o euforia) disminuyen con el uso repetido, lo que lleva al usuario a aumentar la dosis para tratar de recuperar esa sensación. Sin embargo, los efectos cardiovasculares (como el aumento del ritmo cardíaco o la presión arterial) no desarrollan tolerancia tan rápidamente, o a veces no lo hacen en absoluto.

• **Sensibilización**: Es un fenómeno opuesto a la tolerancia. Con una misma dosis de droga, la sensibilización se manifiesta con el incremento progresivo de sus efectos. Se puede desarrollar tolerancia a algunos de los efectos de una droga, al tiempo que aumenta la sensibilidad a otros efectos, normalmente los no deseados, de la misma droga.

• **Dependencia**: Puede ser física y psicológica.

- *Dependencia física*: El cuerpo se adapta a la presencia de la droga y experimenta síntomas de abstinencia cuando se queda sin ella. Se produce una adaptación bioquímica y fisiológica en el organismo ante su presencia.

- *Dependencia psicológica*: La persona siente un deseo intenso de consumir la droga para sentirse bien o evitar malestar. La dependencia física aparece en ausencia de la droga, mientras que la dependencia psíquica se manifiesta constantemente.

La mayor confusión sobre la naturaleza de la drogadicción se refiere a su relación con la dependencia física. Muchas personas equiparan erróneamente adicción y dependencia física, y no son lo mismo. Cuando dejar de tomar una droga causa síntomas de abstinencia se habla de dependencia, estado que antes o después presenta todo consumidor. La adicción, que aclaramos a continuación, es un término más amplio y no necesariamente implica síndrome de abstinencia (Lüscher, 2022).

• **Adicción**: Patrón de uso compulsivo y repetitivo de una sustancia (o conducta) que persiste a pesar de las consecuencias negativas para la persona. Se asocia con la pérdida de control y un fuerte deseo o impulso de continuar con el consumo (*craving*). Las personas adictas a veces toman drogas para prevenir o aliviar sus síntomas de abstinencia, pero otras (la mayoría) vuelven a consumir drogas incluso después de meses de abstinencia, cuando la dependencia física ya ha desaparecido. Las drogas no son las únicas sustancias a las que el ser humano se vuelve adicto; aunque se sepa mucho más de las adicciones químicas, las adicciones no químicas (llamadas también comportamentales) como el juego, internet, la compra compulsiva…, suponen un grave problema psicosocial en muchas sociedades modernas. En los últimos años se han puesto de manifiesto importantes paralelismos neurobiológicos y conductuales entre ambos tipos de adicciones (Colado et al., 2023).

La adicción es considerada una enfermedad mental y como tal debe ser tratada, ya que se ha demostrado que solo con la fuerza de voluntad no es suficiente. No obstante, merece la pena aclarar que, aunque las personas adictas a las drogas son consumidores habituales de drogas, no todos los consumidores habituales de drogas son adictos a las mismas.

• *Craving* (ansia o deseo intenso): Deseo profundo y compulsivo de consumir la sustancia o de volver a la conducta adictiva. Suele aparecer como un impulso fuerte, desencadenado por factores externos (lugares, personas, objetos) o internos (emociones, pensamientos). El *craving* es la manifestación más evidente del deseo que surge de la dependencia psicológica.

• **Recaída**: Retorno al consumo de la sustancia o a la conducta adictiva tras un periodo de abstinencia o de disminución significativa. Es un fenómeno común en el proceso de recuperación, incluso después de haber superado fenómenos de tolerancia y dependencia física. Entre los factores que pueden desencadenar una recaída, destacan: 1. el efecto que dosis bajas de la droga puede producir en sujetos que se autoadministran antes de la extinción, como fumar un solo pitillo después de meses de abstinencia; 2. los estímulos ambientales; 3. el entorno social; 4. el estrés; y 5. la vivencia de emociones negativas.

• **Refuerzo**: Puede ser positivo y negativo.

- *Refuerzo positivo*: La sustancia o conducta produce sensaciones agradables o eufóricas (placer, relajación, euforia), incrementando la probabilidad de repetir el comportamiento.

- *Refuerzo negativo*: El consumo elimina o reduce sensaciones desagradables (ansiedad, dolor, estrés), por lo que la persona repite el comportamiento para evitar el malestar.

• **Factores de Riesgo**: Variables que incrementan la probabilidad de desarrollar una adicción (historial familiar, ambiente social, rasgos de personalidad, exposición temprana a la sustancia).

• **Factores de protección**: Variables que disminuyen la probabilidad de desarrollar adicciones o facilitan la recuperación (apoyo familiar, habilidades sociales y de afrontamiento, vínculos positivos, recursos de salud mental).

2.1. Factores hereditarios en la adicción a drogas

La **herencia** puede tener un papel significativo en la adicción a las drogas. Los estudios han demostrado que los factores genéticos pueden influir en la predisposición de una persona a desarrollar problemas de adicción. Esto quiere decir que la presencia de antecedentes familiares de adicción eleva la probabilidad de que otros miembros de la familia también enfrenten riesgos semejantes.

En el consumo de alcohol, la heredabilidad indica que los parientes de primer grado son el predictor más sólido. En individuos con dependencia al alcohol, los hermanos varones presentan una probabilidad del 50% de ser diagnosticados con dependencia alcohólica a lo largo de su vida, mientras que las hermanas presentan una probabilidad del 25%. Algunos genes que han sido estudiados por su relación con la dependencia del alcohol son los siguientes: el gen *ADH1B* (alcohol deshidrogenasa 1B) codifica una enzima que ayuda a metabolizar el alcohol, y las variantes en este gen pueden influir en cómo una persona procesa el alcohol y en el riesgo de desarrollar dependencia. El gen *ALDH2* (aldehído deshidrogenasa 2), es otro gen clave en el metabolismo del alcohol; algunas variantes de este gen causan una reacción desagradable al alcohol, lo que puede reducir la probabilidad de su consumo excesivo.

Para los opiáceos, en estudios realizados con gemelos monocigóticos la heredabilidad es de hasta un 70%. Los genes más estudiados son el *OPRM1* (gen que codifica el receptor mu) y el *OPRK1* (gen que codifica el receptor kappa) y el *DRD4* (gen que codifica el receptor de dopamina D4).

En el caso de la cocaína, variantes del gen *DRD2* (receptor de dopamina D2) se han asociado con una mayor vulnerabilidad de adicción a la cocaína. También se están investigando los genes productores de sirtuinas, por su implicación en procesos relacionados con la adicción.

No obstasnte, la herencia no se limita a la genética; también abarca la transmisión de conductas y hábitos de vida. Nacemos con una carga genética determinada que el ambiente irá modulando, esto es lo que se conoce como epigenética. Existe acuerdo en que la genética, incluyendo la epigenética, representa un 40-60% del riesgo de adicción de una persona y no el 100%; por ello hay que tener en cuenta otros factores (Colado et al., 2023). Así, un entorno familiar donde el uso de drogas es común puede aumentar la probabilidad de que los jóvenes adopten esos mismos comportamientos. También conviene recordar que la adicción es un fenómeno complejo que involucra a factores ambientales, sociales y psicológicos. La combinación de estos elementos resulta clave en el desarrollo de la adicción.

2.2. Vías de administración

La vía de administración hace referencia a la forma en la que la droga se introduce en el cuerpo. Existen diferentes vías de administración (Pinel & Barnes, 2021), cada una con sus ventajas e inconvenientes, destacamos las siguientes:

• **Oral**: La droga se ingiere por la boca, en forma de pastillas, cápsulas, líquidos o polvos. Es la forma más sencilla y frecuente. Los fármacos se disuelven en los fluidos del estómago y son transportados al intestino, donde son absorbidos por el torrente sanguíneo. Sin embargo, algunos fármacos atraviesan fácilmente la mucosa estomacal (e.g., el alcohol) y hacen efecto más rápido, porque no precisan llegar al intestino para comenzar su absorción.

• **Parenteral/Inyectable**: Administrada mediante una aguja, ya sea por vía intravascular (dentro de las venas), intramuscular (en el músculo) o subcutánea (bajo la piel). Este tipo de administración es habitual en la práctica médica porque los efectos de las drogas inyectadas son fuertes, más rápidos y predecibles. Muchas personas dependientes a la heroína prefieren la vía intravenosa porque el torrente sanguíneo lleva la droga directamente al cerebro. Sin embargo, hay que tener en cuenta que la rapidez de esta vía conlleva poca o ninguna oportunidad de contrarrestar los efectos de una sobredosis o una reacción alérgica.

• **Tópica**: Aplicada directamente sobre la piel (cremas o parches) o en membranas mucosas de la nariz, boca, recto o vagina (supositorios). La cocaína, por ejemplo, suele autoadministrarse a través de las membranas nasales (esnifada), pero esto generalmente las daña.

• **Inhalación**: La vía inhalatoria incluye cualquier forma en la que una sustancia entra al cuerpo a través del sistema respiratorio, llegando a los pulmones. Esto puede suceder por: 1. fumar (combustión de la droga y posterior inhalación del humo); 2. vapear (inhalación de vapor generado por dispositivos electrónicos); y 3. inhalar aerosoles o gases (como algunos solventes o anestésicos volátiles).

Cuando una droga es fumada, sus componentes pasan rápidamente de los pulmones a la sangre a través de los capilares pulmonares, lo que produce un efecto casi inmediato en el cerebro. Esta es, en parte, la razón por la que esta vía es tan común para ciertas drogas (e.g., nicotina, cannabis, cocaína crack, metanfetamina, etc.). Los dos principales defectos de esta vía son que resulta difícil regular con precisión la dosis inhalada, y que muchas sustancias dañan los pulmones si se inhalan de forma crónica.

Aunque *"la dosis hace al fármaco… o al veneno"* (Monje García & Monje García, 2024), la vía de administración influye en el ritmo y el grado en que la droga llega a su lugar de acción en el sistema nervioso central (SNC). La barrera hematoencefálica actúa como un filtro protector que dificulta el paso de muchas sustancias potencialmente peligrosas desde los vasos sanguíneos del SNC al espacio extracelular que rodea las neuronas y la glía. Un cambio en la vía de administración puede modificar el potencial de consumo de una droga, por ejemplo, esnifar, fumar o inyectarse una droga aumenta automáticamente su potencial de consumo en comparación con el uso de una vía de administración más lenta como la ingesta oral, ya que entra más cantidad de sustancia en el cerebro. Cada método tiene sus ventajas y desventajas, y su uso adecuado es importante para garantizar, sobre todo en medicina, la eficacia y seguridad del tratamiento.

Una vez la droga se encuentra en el SNC puede actuar de muchas maneras: algunas drogas (e.g., alcohol y muchos de los anestésicos generales) actúan de manera difusa sobre las membranas celulares en todo el SNC. Otras actúan de una manera más específica uniéndose a receptores (e.g., la nicotina contenida en el tabaco); influyendo en la síntesis, transporte, liberación o desactivación de neurotransmisores concretos; o influyendo en la cadena de reacciones químicas provocadas en el sistema postsináptico. La mayoría de las drogas son transformadas/metabolizadas por enzimas hepáticas que estimulan la conversión de drogas activas a formas no activas. En muchos casos, el metabolismo de las drogas elimina su capacidad de atravesar la barrera hematoencefálica. Además, pequeñas cantidades de algunas drogas psicoactivas se eliminan del cuerpo a través de la orina, el sudor, las heces, el aliento y la leche materna.

3. MODELOS ANIMALES EN EL ESTUDIO DE LAS ADICCIONES

Los dos paradigmas conductuales más utilizados en el estudio de los mecanismos neurales de la adicción son el paradigma de **Autoadministración de Drogas (AD)** y el paradigma de **Condicionamiento de Preferencia de Lugar (CPL)** (Pinel & Barnes, 2021). Estos modelos:

- Permiten investigar los mecanismos neurobiológicos (base anatómica y bioquímica) de las drogas de forma controlada y establecer su causalidad.
- Superan las limitaciones éticas de los estudios invasivos en humanos.
- Posibilitan manipulaciones precisas: genéticas, farmacológicas (agonistas/antagonistas, inyecciones locales), lesiones, optogenética.
- Permiten evaluar el potencial adictivo de las drogas.
- Permiten probar la eficacia de nuevos tratamientos.

En el paradigma de **AD** (Figura 1A), los roedores de laboratorio aprenden rápidamente a presionar una palanca para autoadministrarse una droga en regiones del sistema nervioso que producen refuerzo, el animal se hace adicto a la droga. La administración se realiza a través de una fina cánula implantada en el tejido cerebral del animal. Una vez que los animales han aprendido a autoadministrarse una droga adictiva, su consumo de droga suele reproducir los principales aspectos del consumo de droga en adictos humanos.

Autoadministración de Drogas (AD) **Condicionamiento de Preferencia de Lugar (CPL)**

La rata presiona la palanca para auto-inyectarse una droga, en una zona de su cerebro o en la circulación general.

Una rata recibe repetidamente una droga en uno de los dos compartimentos. En la fase de test, se evalúa la tendencia de la rata, libre de droga, a preferir el compartimento en el que recibió la droga.

Figura 1. A) Autoadministración de Drogas (AD). **B)** Condicionamiento de Preferencia de Lugar (CPL) (adaptado de Pinel & Barnes, 2021).

El paradigma de **CPL** (Figura 1B) permite evaluar la intensidad del recuerdo, el valor hedónico que una sustancia inyectada deja en el animal. Es el modelo más comúnmente utilizado para probar el potencial de abuso de una nueva droga (Kuhn et al., 2019). Es simple y rápido en comparación con la AD; y es menos invasivo ya que se centra en observar la conducta de preferencia de la rata o el ratón por uno de los dos compartimentos de la caja. En general, el procedimiento se divide en tres fases:

1) *Fase de Pre-Condicionamiento*: El animal tiene acceso libre a los compartimentos de la caja de CPL, sin haber recibido ningún tipo de droga, lo que se denomina "situación sin droga". En esta fase, se evalúa la preferencia innata e incondicionada del animal por uno de los compartimentos, que generalmente suele ser el negro y no iluminado.

2) *Fase de Condicionamiento*: El animal es confinado en cada uno de los compartimentos de forma alterna a lo largo de varios días. Se le condiciona puesto que cuando se le administra la droga se le confina en el compartimento que no prefiere, normalmente el blanco e iluminado. El objetivo es asociar el contexto (compartimento que no prefiere) a los efectos de la droga recibida.

3) *Fase de Test o Post-Condicionamiento*: En esta etapa, de nuevo el animal tiene acceso libre a los compartimentos de la caja en una "situación sin droga". El objetivo es conocer la preferencia post-tratamiento en "situación sin droga" del animal. Si la sustancia que se le administró durante la fase de condicionamiento es adictiva, el animal tendrá preferencia por el compartimento en el que experimentó los efectos reforzantes de la droga, normalmente el blanco e iluminado. Por el contrario, si la sustancia no es adictiva, el animal mantendrá su preferencia innata por el compartimento cerrado y oscuro.

4. SISTEMA CEREBRAL DE RECOMPENSA

Para que una droga provoque dependencia, primero tiene que reforzar la conducta. Todas las drogas adictivas tienen efectos reforzadores, al activar el sistema de recompensa cerebral y fortalecer así la respuesta asociada al consumo. Si la droga se toma por una vía de acción rápida (e.g., inhalada, inyección) llega más cantidad al SNC, el refuerzo es más potente e inmediato y su potencial de consumo aumenta, en comparación con el uso de una vía de administración más lenta (e.g., oral). La reducción de los efectos del síndrome de abstinencia que tiene la administración de una dosis de la droga juega un papel fundamental en el mantenimiento del hábito de consumo. No obstante, no es la única causa del *craving*, ya que se pueden producir recaídas en personas que han dejado de consumir durante un largo periodo de tiempo y sin síntomas de abstinencia.

4.1. Vía dopaminérgica mesocorticolímbica

El hecho de que las propiedades reforzadoras de las drogas adictivas compartan los mismos mecanismos cerebrales que los reforzadores naturales sugiere que estas sustancias se apropian de los mecanismos cerebrales que nos ayudan a adaptarnos al entorno. Siguiendo a Carlson & Birkett (2021), el proceso de adicción comienza en el sistema dopaminérgico mesolímbico y, posteriormente, genera cambios a largo plazo en otras regiones cerebrales que reciben aferencias de estas neuronas.

De las cuatro principales vías dopaminérgicas (nigroestriatal, mesolímbica, mesocortical y tubero-infundibular), la mesolímbica y la mesocortical forman parte del sistema cerebral de recompensa y están, por tanto, implicadas en la adicción. Ambas tienen su origen en el área tegmental ventral (ATV) del mesencéfalo y tienen proyecciones dopaminérgicas hacia el núcleo accumbens (NAcc) y la corteza prefrontal, respectivamente. Nos referiremos a este sistema cerebral como *vía dopaminérgica mesocorticolímbica* (Figura 2).

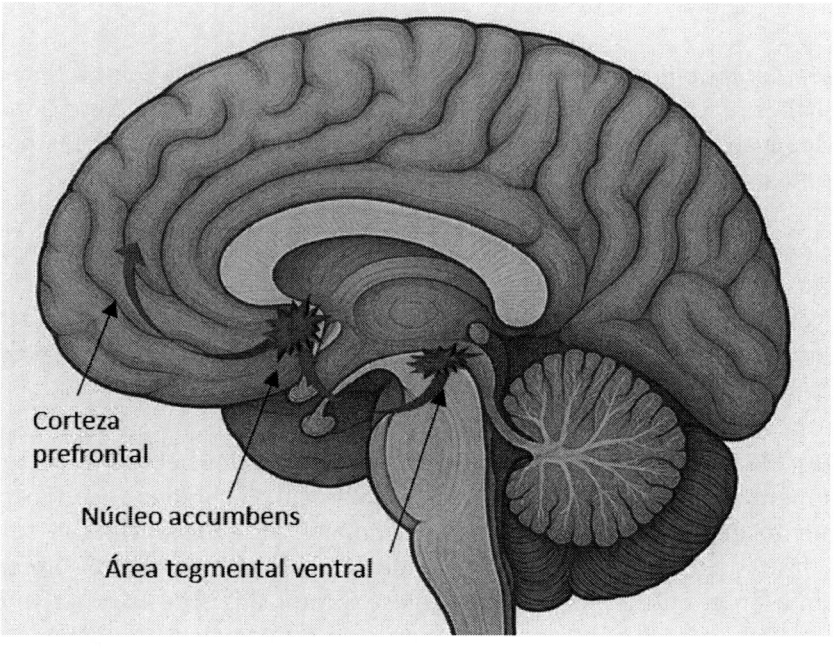

Figura 2. Vía mesocorticolímbica.

Los primeros cambios que acompañan a una adicción se producen en el ATV del mesencéfalo. Se produce una mayor activación en regiones que reciben aferencias dopaminérgicas del ATV como son: 1) el estriado ventral, que incluye el NAcc (situado en el punto en que caudado y putamen se juntan con el septum) y 2) el estriado dorsal (caudado y putamen). Las alteraciones que se producen en el NAcc y posteriormente en el estriado dorsal, implican cambios en los receptores D1 y D2 de la dopamina, ya que se produce un incremento en los D1 que facilitan la conducta y una disminución de los D2, causantes de la supresión de la misma.

Los efectos reforzadores iniciales de las drogas adictivas ocurren en el cuerpo estriado ventral (incluye al NAcc) y son los que fomentan el consumo de drogas. Sin embargo, los cambios que hacen que una conducta se vuelva compulsiva, adictiva, implican al cuerpo estriado dorsal. Finalmente, el control de una conducta de adicción compulsiva se establece mediante interacciones entre el cuerpo estriado ventral y el dorsal, interacciones mediadas por conexiones dopaminérgicas entre estas regiones y el ATV.

La función que tiene la corteza prefrontal en el juicio, la toma de decisiones, la evaluación de riesgos y el control de conductas inapropiadas podría explicar por qué no todas las personas expuestas a drogas desarrollan una adicción y también por qué los adolescentes son más vulnerables al consumo de drogas que los adultos. La actividad de los circuitos inhibidores de la corteza prefrontal promueve la resistencia al consumo de drogas en adultos, mientras que la relativa inmadurez de la corteza prefrontal de los adolescentes los predispone al consumo.

El consumo de sustancias a largo plazo se relaciona con una disminución de la actividad de la corteza prefrontal y del volumen de la sustancia gris prefrontal. Estos cambios pueden perjudicar la inhibición de conductas inapropiadas como el consumo de drogas. Adicionalmente, el estrés y determinados rasgos de personalidad (e.g., impulsividad) también pueden incrementar la propensión al consumo de sustancias (Lüscher, 2022).

5. MECANISMO DE ACCIÓN DE LAS PRINCIPALES DROGAS

En este apartado nos centraremos en las principales drogas que causan adicción (ver Carlson & Birkett, 2021; Pinel & Barnes, 2021; Colado et al., 2023). Se han agrupado, teniendo en cuenta su mecanismo de acción, en: 5.1. Alcohol, barbitúricos y benzodiacepinas. 5.2. Nicotina. 5.3. Cannabis. 5.4. Estimulantes: Cocaína y anfetamina. 5.5. Opiáceos: Opio, morfina, heroína y otros; y por último 5.6. Fenciclidina y ketamina. También se revisarán los posibles tratamientos en el consumo de estas drogas.

Se ha incluido un apartado, el 5.7., dedicado a drogas psicodélicas (LSD, psilocibina, DMT, ayahuasca y mescalina), porque, sin ser adictivas, tienen un impacto profundo en la percepción, la conciencia y la experiencia emocional de las personas.

En la Tabla 2 aparece el listado con las principales drogas adictivas, mecanismo de acción y sistema de neurotransmisión implicado. Todas ellas, independientemente de su principal mecanismo de acción, actúan como agonistas dopaminérgicos en el sistema cerebral de recompensa.

Tabla 2. Mecanismo de acción de las principales drogas adictivas (GABA: ácido gamma-amino-butírico; DA: dopamina; ACh: acetilcolina; 5-HT: serotonina; NA: noradrenalina).

Droga	Mecanismo de acción	Sistema de neurotransmisión
Alcohol etílico	Antagonista en receptor NMDA Agonista en receptor GABAa Agonista	Glutamato GABA DA
Barbitúricos	Agonista en receptor GABAa Agonista	GABA DA
Benzodiacepinas	Agonista en receptor GABAa Agonista	GABA DA
Nicotina	Agonista en receptor nicotínico Agonista	ACh DA
Cannabis	Agonista en receptor CB1 Agonista	Cannabinoide DA
Cocaína	Agonista (bloquea la recaptación) Agonista	DA, 5-HT, NA DA
Anfetaminas	Agonista (liberación)	DA
Opiaceos (heroína, morfina, fentanilo,...)	Agonista en receptor mu y delta Agonista	Opiáceo DA
Fenciclidina, Ketamina	Antagonista en receptor NMDA Agonista	Glutamato DA

5.1. Alcohol, barbitúricos y benzodiacepinas

El **alcohol** es la sustancia psicoactiva más consumida en la cultura occidental, somos consumidores sociales. Según datos proporcionados por el Observatorio Español de las Drogas y las Adicciones (OEDA, 2023) en población española, el 93,2% de la población de 15 a 64 años declara haber consumido bebidas alcohólicas alguna vez en la vida, mientras que cerca del 76% declara haber bebido alcohol en alguna ocasión durante los últimos 12 meses previos a la realización de la encuesta. El consumo excesivo de alcohol puede acelerar el envejecimiento biológico, reflejándose en biomarcadores como el acortamiento de los telómeros y cambios en la metilación del ADN (Redolat et al., 2025). Además, su consumo constituye un factor causal de muertes, enfermedades y traumatismos derivados de accidentes y/o violencia a lo largo de cualquier etapa del ciclo vital, con un enorme coste social. Según la OMS, la intoxicación etílica aguda no se divide en fases estrictas, sino que evoluciona desde la desinhibición hasta el coma y la muerte a medida que aumenta la concentración de alcohol en sangre (CAS). En la Figura 3 se describen diferentes fases y algunos de los efectos de una intoxicación aguda, teniendo en cuenta las diferentes CAS.

El alcohol es una droga sedante, aunque a dosis bajas se interprete erróneamente como un estimulante social porque elimina el efecto inhibidor que el control social tiene sobre la conducta, convirtiéndose así en un desinhibidor social.

INTOXICACIÓN ETÍLICA AGUDA

EXCITACIÓN	EMBRIAGUEZ	COMA
CAS 0,5 g/L sangre • Alteraciones apenas detectables • Incoordinación motora • Desinhibición conductual • Euforia • Aumento de la sociabilidad **CAS 1 g/L sangre** • Cambios en estado anímico y conducta • Ataxia incipiente • Incoordinación • Alteración del tiempo de reacción y atención	**CAS 2 g/L sangre** • Disartria • Ataxia • Sensación de vértigo • Pérdida de memoria • Náuseas y vómitos	**CAS 3 g/L sangre** • Estupor creciente • Habla ininteligible • Nula bipedestación • Hipotermia • Bradicardia • Hipotensión • Coma **CAS 4 g/L sangre** • respiración lenta y dificultad para mantener la consciencia. • Muerte por parada respiratoria

Figura 3. Fases de una intoxicación etílica aguda teniendo en cuenta la concentración de alcohol en sangre (CAS).

Los principales mecanismos mediante los que actúa el alcohol son (ver Tabla 2): 1) Potenciando la acción del GABA en los receptores GABA$_A$; esta acción explicaría los efectos reforzantes, positivo y negativo. 2) Interfiriendo en la transmisión del glutamato en los receptores NMDA; esta acción explicaría los efectos nocivos sobre la memoria y funciones cognitivas. 3) Al igual que otras drogas adictivas también aumenta la actividad de las neuronas dopaminérgicas del sistema mesolímbico y la liberación de DA en el NAcc (implicado en el refuerzo positivo y en el poder adictivo del alcohol). El alcohol también produce la liberación de opioides endógenos, que actúan sobre receptores opiáceos implicados en los mecanismos del refuerzo, aunque no parecen implicar directamente a las neuronas dopaminérgicas.

El alcohol produce refuerzo positivo y negativo. El refuerzo positivo se manifiesta como una leve euforia, mientras que el refuerzo negativo proviene del efecto ansiolítico que una persona experimenta cuando está ansiosa e inquieta y consume alcohol para aliviar esa sensación. Aun así, el refuerzo negativo por sí solo no explica la potencia adictiva. Otras drogas como las benzodiacepinas (e.g., diacepam), son ansiolíticos más potentes que el alcohol, pero no se abusa tan frecuentemente de ellas. Posiblemente sea la combinación de los efectos del refuerzo positivo y negativo lo que hace que para algunas personas sea tan difícil resistirse a su consumo.

El síndrome de abstinencia al alcohol (SAA) ocurre cuando una persona que ha consumido alcohol de forma crónica y en grandes cantidades deja de beber repentinamente. El SAA puede variar de leve (temblores, ansiedad, náuseas...) a moderado (alucinaciones, desorientación...) o grave (convulsiones, taquicardia, delirium tremens...), y puede ser potencialmente mortal si no se trata adecuadamente. En el SAA el aumento de la sensibilidad de los receptores NMDA cuando se produce el efecto de rebote ante la supresión del alcohol puede desencadenar crisis y convulsiones que se consideran una emergencia médica.

Los **barbitúricos y las benzodiacepinas**, comparten mecanismo de acción con el alcohol. Así, siguiendo la Tabla 2, estas drogas facilitan la actividad gabaérgica sobre los receptores $GABA_A$ y, como el resto de drogas adictivas, también aumentan la actividad de las neuronas dopaminérgicas del sistema mesolímbico y la liberación de DA en el NAcc. Históricamente, es a partir de los años 1950 y 1960 cuando surgen las benzodiacepinas y estas rápidamente reemplazan a los barbitúricos, puesto que estas drogas ofrecen efectos ansiolíticos y sedantes similares a los barbitúricos, pero con un perfil de seguridad mejorado, menor riesgo de sobredosis y menores efectos depresores en el sistema respiratorio. A pesar de ello las benzodiacepinas deben usarse con precaución debido a su alto potencial de dependencia. El OEDA (2023) informa de una tendencia creciente en el consumo de hipnosedantes (con o sin receta) alguna vez en la vida, registrando en 2022 el máximo de la serie histórica entre personas de 15 a 64 años (23,5%).

El síndrome de abstinencia de las benzodiacepinas surge al dejar de tomar o reducir drásticamente la dosis de estas sustancias. La retirada del consumo de benzodiacepinas debe ser supervisada por un profesional, ya que puede ser un proceso prolongado, cuya duración dependerá del grado de dependencia que tenga cada persona. Los síntomas más comunes incluyen ansiedad, insomnio, temblores, sudoración y palpitaciones, pero también pueden aparecer síntomas más graves como alucinaciones o convulsiones.

5.2. Nicotina

La **nicotina** es una droga muy adictiva, constituye el principal ingrediente del tabaco junto con unas 4.000 sustancias más (alquitrán: tiene poder cancerígeno; monóxido de carbono: gas tóxico que se inhala...). La combinación de estas sustancias es cancerígena y provoca cáncer de pulmón, boca, garganta y esófago entre otros. Muchas personas continúan fumando incluso cuando hacerlo causa serios problemas de salud. Según datos proporcionados por el OEDA (2023) en población española, el tabaco es, por detrás del alcohol, la sustancia psicoactiva más consumida en España entre la población de 15 a 64 años, con una prevalencia de consumo alguna vez en la vida del 69,6%, mientras que el 39% manifiesta haber fumado tabaco en los últimos 12 meses.

La acción de la nicotina es amplia sobre diferentes sistemas de neurotransmisión: NA, 5-HT, GABA; pero su principal mecanismo de acción es el efecto agonista sobre los receptores nicotínicos de la ACh (ver Tabla 2). Esta acción es la responsable de los efectos potenciadores cognitivos. La nicotina también eleva la actividad de las neuronas dopaminérgicas del sistema mesolímbico, facilitando la liberación de DA, proceso asociado al efecto reforzante. Numerosas investigaciones demuestran que el efecto reforzador de la nicotina se inicia y parece deberse a la activación de los receptores nicotínicos en el ATV del mesencéfalo. Algunos estudios han demostrado que los cannabinoides endógenos también participan en los efectos reforzadores de la nicotina. Así, el *rimonabant*, una sustancia que bloquea los receptores cannabinoides CB1 reduce la autoadministración y la conducta de búsqueda de la nicotina en investigación animal y previene las recaídas en personas que intentan dejar de fumar.

Cuando una persona es dependiente y fuma, el nivel de nicotina en el cerebro aumenta lentamente y permanece estable durante un periodo prolongado ya que la nicotina, a diferencia de la ACh, no es eliminada por la acetil-colinesterasa (AChE). Al principio, los receptores nicotínicos se activan, pero con el tiempo los niveles más bajos y constantes de la droga hacen que los receptores nicotínicos se desensibilicen (pierdan su capacidad de responder a la acetilcolina o nicotina). En respuesta a esta última acción, es posible que la cantidad de receptores nicotínicos aumente (lo que explicaría la tolerancia y el síndrome de abstinencia).

Generalmente en fumadores, el primer cigarrillo de la mañana es el que proporciona mayor placer debido a que el periodo nocturno de abstinencia (el más largo) permite que muchos de sus receptores nicotínicos vuelvan a sensibilizarse, y esa primera dosis de nicotina al despertar los activa de nuevo teniendo un gran efecto reforzador. Después de esto, de nuevo gran cantidad de receptores vuelven a desensibilizarse otra vez. En consecuencia, la mayoría de fumadores reconocen que fuman para relajarse y aliviar el ansia que experimentan, más que por placer. Unas cuantas semanas sin fumar son suficientes para que la cantidad de receptores nicotínicos sea la normal, sin embargo, el ansia por fumar permanece y se sigue dando un alto índice de recaídas.

Dejar de fumar tras un consumo prolongado provoca síndrome de abstinencia, cuyos síntomas más comunes incluyen ansiedad, inquietud, insomnio y dificultades para concentrarse, entre otros. Estos efectos aumentan la probabilidad de recaídas, aunque no explican completamente por qué las personas desarrollan la adicción a la nicotina.

Otro síntoma frecuente al abandonar el tabaco es el aumento del apetito, que a menudo conduce a un incremento de peso. Esto se debe a que la nicotina inhibe las neuronas productoras de hormona concentradora de melanina (MCH), responsables de estimular el apetito. Además, la nicotina promueve la liberación de orexina, una neurohormona implicada en la conducta de búsqueda de droga, especialmente en la región de la ínsula. De hecho, estudios realizados con ratas han demostrado que la inactivación de la ínsula reduce significativamente la búsqueda de nicotina, la búsqueda de la droga o la búsqueda desencadenada por estímulos previamente asociados a su consumo.

5.3. Cannabis

Cannabis es el nombre científico de la planta *cannabis sativa*, que incluye diversas variedades y subespecies. De esta planta se derivan diferentes productos, tanto psicoactivos con poder adictivo (e.g., **THC o tetrahidrocannabinol**), como no psicoactivos (e.g., **CBD o cannabidiol**). La marihuana es el nombre común que se le da a las flores secas y hojas de ciertas variedades de la planta de cannabis, especialmente las que tienen un alto contenido de THC, el compuesto psicoactivo que produce el "colocón". El THC también puede fabricarse por síntesis química, así entre los cannabinoides sintéticos más conocidos destacan el *K2* y el *Spice*. Según datos proporcionados por el OEDA (2023) y en lo relativo a las sustancias ilegales, se observa que el cannabis es la droga con mayor prevalencia de consumo en España en la población de 15 a 64 años. En 2022, el 40,9% reconocía haber consumido cannabis alguna vez en la vida, mientras que el 10,6% manifestó haber consumido en los últimos 12 meses.

Cuando se consume cannabis, el **THC** se une al receptor endógeno cannabinoide CB1 en el SNC (ver Tabla 2). Actúa también sobre receptores CB1 presinápticos en terminales dopaminérgicas del NAcc, aumentando directamente la liberación de DA; esta acción es la responsable de los efectos reforzadores de la droga. Estos receptores CB1 también están implicados en modular el refuerzo de opiáceos, alcohol, nicotina y cocaína.

En nuestro SNC existen cannabinoides endógenos, los más estudiados para el receptor CB1 son la anandamida (AEA), que actúa como agonista parcial del receptor CB1 y participa en procesos como la memoria, el dolor, el apetito, y el estado de ánimo; y la 2-araquidonilglicerol (2-AG), más abundante que la anandamida en el cerebro, y que actúa como agonista completo del receptor CB1 (y también del CB2). Este receptor está involucrado en funciones como la neuroprotección, inflamación y modulación sináptica.

La administración exógena de THC tiene efectos moderados a dosis bajas, destacando la relajación, el aumento del apetito, alteraciones en la percepción y la mejora del estado ánimo. Es importante tener en cuenta que, aunque estos efectos pueden ser considerados positivos por algunos, también pueden variar según la persona y el contexto. Además, el uso de marihuana puede tener efectos adversos, incluso a dosis bajas, especialmente en personas con antecedentes de problemas de salud mental o en situaciones que requieren atención y concentración. A dosis altas, tras un consumo habitual, produce una serie de efectos adversos entre los que destacan la taquicardia, la ansiedad y las conductas psicóticas, también interfiere en el funcionamiento normal de la formación hipocampal, provocando déficits de memoria.

El consumo continuado de marihuana desarrolla tolerancia. Los síntomas de abstinencia: náuseas, diarrea, transpiración, temblores, alteraciones del sueño… no son muy frecuentes. Sin embargo, el síndrome amotivacional, descrito inicialmente para el cannabis, es muy frecuente en individuos jóvenes que han dejado de consumir la droga (Vallejo et al., 2025). Este síndrome aparece y persiste durante largo tiempo, manifestando el individuo los siguientes síntomas: astenia, apatía, falta de interés por prácticamente todo lo que no sea conseguir la droga, reducción generalizada de cualquier actividad y déficit en las funciones psíquicas básicas.

Algunos investigadores, también han informado de un aumento en la incidencia de trastornos psicóticos, como la esquizofrenia, en consumidores crónicos de marihuana. Es posible que los sujetos con mayor probabilidad de padecer síntomas psicóticos sean también los que tienen mayor probabilidad de ser consumidores de cannabis. Las correlaciones estadísticas realizadas sugieren que no se puede descartar una relación causa-efecto entre consumo de cannabis y psicosis.

El **CBD** produce efectos distintos a los producidos por el THC (Stella, 2023): al contrario que el THC que produce ansiedad y psicosis en dosis altas, el CBD tiene efectos ansiolíticos y antipsicóticos. El THC es un agonista parcial de los receptores cannabinoides, mientras que el CBD es un antagonista. A diferencia del THC, el CBD no produce efectos psicotrópicos: no es un reforzador ni produce subidones, ni aumenta el interés por la comida. De hecho, hay investigaciones que muestran cómo el CBD atenúa los efectos apetitivos hacia el THC (Carlson & Birkett, 2021).

5.4. Estimulantes: Cocaína y anfetamina

Los **estimulantes** son drogas cuyo efecto principal es producir aumentos generales en la actividad nerviosa y en la conducta. Existen estimulantes menores como la cafeína (antagonista competitivo del receptor de la adenosina) que es una metilxantina contenida en el café, coca-cola... con efectos estimulantes muy suaves y bajo poder adictivo. Otros, los grandes estimulantes, con alto poder adictivo, son la cocaína, las anfetaminas y sus derivados. Estas sustancias altamente adictivas tienen mecanismos de acción similares, son potentes agonistas dopaminérgicos; sin embargo, sus lugares de acción son diferentes. Mientras la **cocaína** bloquea la recaptación de DA tras ser liberada por las terminales nerviosas, las **anfetaminas** (aunque también bloquean la recaptación de DA) ejercen su principal acción estimulando directamente la liberación de DA desde las terminales nerviosas (ver Tabla 2). Nos centraremos a continuación en estas sustancias.

La **cocaína** se obtiene a partir de las hojas del arbusto de coca. Durante siglos, el bolo de coca ha sido una forma tradicional de presentar estas hojas, que se utilizan en algunas culturas andinas para masticar o preparar infusiones. Por otro lado, la pasta de coca es un producto más procesado que se elabora a partir de las hojas de coca. En la actualidad, esta pasta se trata para extraer su principio activo, el clorhidrato de cocaína, que se presenta en forma de un polvo blanco que puede esnifarse, inyectarse o fumarse (a esta última forma se le conoce con el nombre de *crack*). El clorhidrato de cocaína es un anestésico local eficaz, aunque ha sido reemplazado por análogos sintéticos como la procaína y la lidocaína. Sin embargo, los consumidores no están interesados en estos efectos; lo que realmente buscan es experimentar los efectos reforzadores como el aumento de la euforia, el bienestar, la seguridad, la energía, la alerta y la sociabilidad. Además, también experimentan una disminución en el deseo de comer o dormir. Estos efectos euforizantes de la cocaína son debidos a la acción agonista que esta sustancia tiene sobre la transmisión catecolaminérgica (DA, NA, 5-HT). El OEDA (2023) informa que aproximadamente uno de cada diez individuos de 15 a 64 años reconoce haber consumido cocaína en polvo alguna vez en la vida (11,7%), mientras que el 2,3% lo ha manifestado para los últimos 12 meses.

Los adictos a la cocaína participan en las denominadas *juergas de cocaína*, atracones durante los que se mantiene una ingesta extremadamente alta durante un periodo de días. Durante este periodo los consumidores se vuelven tolerantes a los efectos eufóricos de la cocaína, por consiguiente, se administran dosis más altas lo que lleva a desarrollar efectos tóxicos que conllevan insomnio, temblores, náuseas, conducta psicótica (denominada también *psicosis cocaínica*), aumentando el riesgo de perder la conciencia y morir por ataques epilépticos, parada respiratoria o derrame cerebral. Aunque durante las juergas se adquiere tolerancia a la mayoría de los efectos de la cocaína (e.g., euforia), el consumo repetido sensibiliza a los sujetos a sus efectos motores y convulsivos. Así, en muchos casos, al finalizar el episodio se experimenta una fase de agotamiento, disforia, depresión postconsumo o *craving* (deseo intenso de volver a consumir).

Las **anfetaminas y derivados anfetamínicos**, son drogas sintéticas, estimulantes del SNC, que se producen en laboratorios. Fueron desarrolladas en el siglo XX y se utilizan tanto en contextos médicos como recreativos. En su forma pura, las anfetaminas son compuestos químicos que se crean a partir de reacciones químicas controladas. Aunque hay versiones médicas aprobadas y reguladas, también existen formas ilegales que se producen y distribuyen sin control. Se utilizan en algunos contextos médicos para tratar trastornos como el TDAH (trastorno por déficit de atención e hiperactividad) y la narcolepsia. Sin embargo, en su mayoría son consumidas de manera recreativa. Algunos de los principales tipos de anfetaminas son:

• **Dextroanfetamina (d-anfetamina):** Es la forma pura y más activa, sus efectos son comparables a los de la cocaína. Es una droga altamente adictiva, aunque bajo supervisión médica es utilizada como tratamiento para el TDAH y para la narcolepsia.

• **Metanfetamina**: Conocida también como "cristal" o "meta", más potente que la d-anfetamina.

• **Fenetilamina**: Es el nombre químico de la sustancia conocida comúnmente como *speed*.

• **3,4-metilendioximetanfetamina (MDMA):** Es el nombre químico de la sustancia conocida comúnmente como *éxtasis*.

Según OEDA (2023), el porcentaje de personas que han consumido anfetaminas alguna vez en su vida ha registrado en 2022 el máximo de la serie histórica (4,6%). En los marcos temporales de los últimos 12 meses, el consumo registrado ha sido del 0,6%. El MDMA y la metanfetamina son las más consumidas.

Cualitativamente, los efectos de las anfetaminas y de la cocaína son similares. Sin embargo, en términos cuantitativos, la potencia y la duración de la acción de las anfetaminas son mayores que las de la cocaína. Las anfetaminas son muy buscadas por los usuarios por su efecto eufórico (sensación de bienestar y de satisfacción) y por sus propiedades potentes y duraderas. Provocan una oleada de energía, una estimulación del estado de alerta, una supresión del apetito y de la sensación de cansancio, un aumento de la memoria y de las percepciones sensoriales, una sensación de intenso bienestar, así como la ilusión de ser invencible. Su consumo puede llevar a una alteración del estado general a través de la desnutrición y la vigilia prolongada (insomnio) que conduce a un estado de agotamiento, gran nerviosismo y trastornos psicológicos. Además, la estimulación del sistema nervioso simpático provoca midriasis (dilatación de las pupilas), diaforesis (sudoración excesiva), náuseas, taquicardia (aceleración del ritmo cardiaco), arritmias cardíacas (trastornos del ritmo cardiaco) e hipertensión. La sobredosis puede tener consecuencias letales.

Uno de los efectos más preocupantes del consumo crónico de estimulantes, como la cocaína y las anfetaminas, es la aparición de síntomas psicóticos, los cuales pueden incluir alucinaciones, delirios paranoides, alteraciones del estado de ánimo y comportamientos repetitivos o estereotipados. Este cuadro clínico, conocido como psicosis inducida por sustancias, puede asemejarse a la esquizofrenia paranoide. Si bien estos síntomas suelen remitir tras la interrupción del consumo, en algunos individuos pueden persistir, derivando en un trastorno psicótico crónico. Las investigaciones en neurociencia sugieren que una de las posibles bases neurobiológicas de los síntomas positivos de la esquizofrenia es una hiperactividad dopaminérgica, particularmente en el sistema mesolímbico.

Así, a largo plazo los efectos de estas drogas son adversos. La literatura muestra una disminución en la cantidad de terminales dopaminérgicos en el núcleo caudado y en el putamen en consumidores que han abusado de metanfetamina; que podría conducir a un mayor riesgo en el desarrollo de la enfermedad de Parkinson a medida que estas personas envejecen. Cuando una persona deja de consumir cocaína o anfetaminas después de un consumo regular, puede experimentar síndrome de abstinencia. Generalmente, las etapas y síntomas principales son:

1) Etapa inicial (primeros días): Ansiedad, agitación, fatiga, *craving*, cambios en el estado de ánimo (irritabilidad o depresión), problemas para dormir (insomnio o sueño alterado).

2) Etapa intermedia (una semana aproximadamente): Mejoría en algunos síntomas físicos, pero persiste la ansiedad y la depresión; disminución del deseo de consumir, aunque puede seguir presente; síntomas físicos como dolores musculares, sudoración y temblores.

3) Etapa de recuperación (de semanas a meses): Disminución de los síntomas físicos; persistencia de síntomas psicológicos, como anhedonia (falta de placer), ansiedad y dificultad para concentrarse; posible aparición de síntomas de depresión.

Es importante tener en cuenta que la intensidad y duración de estos síntomas pueden variar dependiendo de la salud general de la persona, la cantidad y la duración del consumo.

5.5. Opiáceos: Opio, morfina, heroína y otros

El **opio**, se obtiene de la savia de la adormidera. Esta planta es conocida científicamente como "papaver somniferum" y se cultiva principalmente en regiones de Asia, como Afganistán y Birmania, y también en México (tercer país productor de opio ilícito). Contiene varios ingredientes psicoactivos con estructura química similar como la morfina y la codeína, a las que se les conoce como opiáceos. El opio se ha ingerido y fumado durante siglos. En la antigüedad se utilizaba en diversas culturas por sus propiedades analgésicas y sedantes. Los antiguos sumerios, egipcios y griegos ya conocían sus efectos y lo empleaban en medicina. Sin embargo, a lo largo de los siglos, el uso del opio se ha diversificado, y fue en el siglo XIX, cuando se popularizó en Europa y América, tanto como medicamento como en forma de productos como el conocido *laudanum*. Hay que destacar dos acontecimientos históricos durante esta época que favorecieron su consumo: 1) La morfina, componente más potente del opio, se aisló en 1803 y estuvo disponible comercialmente en la década de 1830; 2) La aguja hipodérmica se inventó en 1856 y los soldados heridos en la guerra civil americana se iniciaron en la morfina mediante su uso; durante esa época la adicción a la morfina se la conoce como la enfermedad del soldado.

Con el tiempo el abuso del opio y sus derivados, como la morfina y la heroína, ha llevado a problemas de adicción y a la creación de regulaciones más estrictas sobre su producción y consumo. Hoy en día, el opio sigue siendo un tema de debate en cuanto a su uso médico y los problemas asociados con su abuso. Algunas de las principales drogas opiáceas son:

• **Morfina**: Analgésico opioide que se utiliza para aliviar el dolor intenso, básicamente utilizado con finalidad terapéutica. Se extrae de la planta de la adormidera, por lo que no es sintética, aunque se puede modificar en laboratorio.

• **Heroína**: Droga opioide que se deriva de la morfina. Se produce de manera sintética a partir de la morfina, pero no es un medicamento aprobado para uso médico. Es altamente adictiva.

• **Fentanilo**: Opioide sintético que se utiliza en medicina para tratar el dolor severo, especialmente en pacientes con cáncer. Tiene una potencia entre 50 y 100 veces mayor que la morfina y puede ser muy peligroso si se usa incorrectamente.

• **Oxicodona**: Analgésico opioide que se utiliza para tratar el dolor moderado-severo. Aunque se puede obtener de manera natural, la mayoría de la oxicodona que se utiliza hoy en día es sintética.

• **Tramadol**: Analgésico de tipo opioide que actúa sobre el SNC. Alivia el dolor actuando sobre células nerviosas específicas de la médula espinal y del cerebro. Los efectos secundarios sobre el centro respiratorio son menos potentes que los de otros opioides.

Algunos datos proporcionados por el OEDA (2023) son los siguientes: el 15,8% de la población de España de 15 a 64 años reconoce haber consumido analgésicos opioides (con o sin receta) en alguna ocasión; siendo la codeína y el tramadol los analgésicos opioides que presentan una mayor prevalencia de consumo. Si bien, en ambos casos ha disminuido su consumo en favor del fentanilo y otros opioides (oxicodona, hidromorfona, petidina, tapentadol, metadona y buprenorfina). El consumo de heroína en esta población parece estabilizado: en 2022 un 0,6% de la población de 15-64 años informó que la ha probado alguna vez en la vida y un 0,1% en el último año.

Los opiáceos son agonistas de los receptores opioides μ [mu] y δ [delta] (ver Tabla 2) en neuronas localizadas en diferentes partes del encéfalo. Cuando se administra un opiáceo estimula estos receptores y produce una serie de efectos como analgesia, hipotermia, sedación y refuerzo. La acción sobre la sustancia gris periacueductal desencadena un efecto analgésico y esta región es también responsable del síndrome de abstinencia. Su acción sobre el área preóptica hipotalámica es responsable del efecto de hipotermia y sobre la formación reticular mesencefálica del efecto de sedación. Su acción agonista sobre los receptores μ situados en interneuronas gabaérgicas del ATV inhibe la liberación de GABA. La eliminación del "freno" gabaérgico produce la liberación de DA en el NAcc, responsable del efecto reforzador que tienen estas drogas.

La liberación de opioides endógenos desempeña un papel importante en los efectos reforzadores de diversas drogas adictivas. En el caso del alcohol, compuestos como las encefalinas y endorfinas intervienen modulando indirectamente la actividad dopaminérgica en el NAcc, una región clave del sistema de recompensa cerebral. Esta interacción potencia la liberación de dopamina y contribuye al refuerzo positivo asociado al consumo. En consecuencia, la administración de *naloxona*, un antagonista de los receptores opioides, reduce dichos efectos reforzadores. Este mecanismo constituye la base farmacológica para el uso clínico de bloqueantes opioides, como la *naloxona* y la *naltrexona*, en el tratamiento del alcoholismo.

Cuando se han utilizado opiáceos de forma habitual y, de repente, se disminuye la dosis o se interrumpe su consumo, se presenta el síndrome de abstinencia. Este síndrome comprende un conjunto de síntomas físicos y psicológicos que surgen como consecuencia de la adaptación del organismo a la presencia de la droga. En el síndrome de abstinencia a opiáceos se distinguen dos fases:

1) Fase temprana (primeras 24-48 h): Los síntomas más frecuentes son ansiedad, irritabilidad, bostezos, sudoración excesiva, lagrimeo, rinorrea, dolores musculares, insomnio y piloerección.

2) Fase tardía (después de 48 h): Los síntomas más frecuentes son náuseas y vómitos, diarrea, dolor abdominal tipo cólico, midriasis (pupilas dilatadas), temblores, taquicardia, hipertensión leve, fiebre y deseo intenso de consumir (*craving*).

La intensidad y duración del síndrome de abstinencia puede variar según la persona y la cantidad de opiáceos que se haya consumido. El síndrome de abstinencia a opiáceos es muy incómodo pero rara vez mortal.

5.6. Fenciclidina y ketamina

La **fenciclidina**, comúnmente conocida como PCP o "polvo de ángel", es un anestésico disociativo que se utilizó en medicina, pero ahora es más conocida como una droga recreativa ilegal. Actúa principalmente como un antagonista del receptor NMDA para el glutamato (ver Tabla 2), lo que interfiere con la transmisión de señales en el SNC.

Entre sus principales efectos destacan: la sensación de disociación, alucinaciones, euforia y alteraciones en la percepción del tiempo y el espacio. También puede causar efectos adversos como agitación, paranoia y comportamientos violentos.

La **ketamina** también es un anestésico disociativo utilizado en medicina, especialmente en situaciones de emergencia y en anestesia. También se ha investigado por su potencial en el tratamiento de la depresión. Al igual que la fenciclidina, actúa como un antagonista del receptor NMDA (ver Tabla 2), pero también afecta otros receptores en el cerebro, como los receptores de serotonina.

Su consumo produce disociación, alucinaciones, y una sensación de flotación. En dosis altas, puede causar una experiencia conocida como "k-hole", que es una profunda disociación. También puede tener efectos analgésicos.

Ambas sustancias pueden influir en la liberación de dopamina y afectar a la actividad dopaminérgica de manera indirecta. El síndrome de abstinencia de la fenciclidina y la ketamina puede ocurrir cuando una persona ha estado consumiendo estas sustancias de manera regular y posteriormente de forma abrupta deja de hacerlo, aunque no se considera que cause un síndrome de abstinencia severo como otras drogas. En el caso de la ketamina, algunas personas pueden experimentar síntomas como fatiga, cambios en el estado de ánimo y antojos. En el caso de la fenciclidina, el síndrome de abstinencia puede incluir síntomas como ansiedad, depresión, y en algunos casos, síntomas psicóticos.

5.7. Psicodélicos: LSD, psilocibina, DMT, ayahuasca y mescalina

Las drogas psicodélicas no son consideradas adictivas; tampoco generan dependencia física ni presentan un patrón claro de refuerzo positivo. En general, actúan como agonistas serotonérgicos en el contexto de su interacción con los receptores $5HT2_A$. La activación de este receptor en la corteza prefrontal y otras áreas del cerebro altera la percepción, el pensamiento, la emoción y la conciencia, dando lugar a los efectos característicos de estas drogas (de Caso, 2022). Así, tras su consumo y durante la experiencia psicodélica se producen, entre otros efectos, experiencias intensas que a menudo se asocian con cambios en la percepción sensorial (e.g., ver colores más brillantes o escuchar sonidos de manera diferente); experiencias sinestésicas en las que se funden diferentes sentidos en uno solo (e.g., colores que se oyen, sabores o sensaciones que se ven); efectos cognitivos (e.g., se alteran los significados de las cosas); y efectos emocionales, dando lugar a una amplificación de las mismas.

Se utilizan en contextos recreativos, aunque también se están investigando por su potencial terapéutico, sirva de ejemplo la terapia asistida con psilocibina en el tratamiento de trastornos como la depresión mayor de tipo unipolar, la ansiedad ligada a diagnósticos de enfermedad terminal o para combatir conductas adictivas (de Caso, 2022). Como se ha mencionado, las drogas psicodélicas no suelen inducir dependencia física, ya que no generan síndrome de abstinencia ni activan de forma directa los sistemas neurobiológicos clásicos de la adicción. Sin embargo, pueden provocar dependencia psicológica en algunos casos, especialmente cuando la experiencia subjetiva ha sido placentera, lo que puede motivar el deseo de repetir su uso. Por el contrario, si los efectos son intensos y desagradables -como ocurre en los denominados *malos viajes*-, es común que se genere aversión hacia su consumo, reduciendo así la probabilidad de un uso compulsivo o frecuente. Entre las principales drogas psicodélicas destacan:

• **LSD** (dietilamida del ácido lisérgico): Se deriva del cornezuelo del centeno, un hongo que crece en ciertos cultivos. Los efectos del consumo de LSD pueden incluir alucinaciones visuales y auditivas, alteraciones en la percepción del tiempo y el espacio, y una sensación de conexión con el entorno. Sin embargo, también puede causar ansiedad y confusión en algunas personas. No se ha documentado un síndrome de abstinencia físico significativo pero algunas personas pueden experimentar "flashbacks" o revivir experiencias pasadas, así como cambios en el estado de ánimo tras su uso.

• **Psilocibina** (hongos mágicos): Es similar al LSD. Su consumo causa alucinaciones visuales y auditivas, alteraciones en la percepción del tiempo y del espacio, y cambios emocionales profundos.

• **DMT** (dimetiltriptamina): Como los anteriores psicodélicos también actúa sobre los receptores de serotonina, generando experiencias intensas y breves. Produce visiones vívidas y experiencias místicas, a menudo descritas como viajes a otros mundos.

• **Ayahuasca**: Contiene DMT y un inhibidor de la monoaminooxidasa (IMAO) que permite que el DMT sea activo por vía oral. Su consumo genera visiones profundas, introspección y a menudo se utiliza en contextos ceremoniales para la sanación espiritual.

• **Mescalina** (de los cactus como el peyote): Actúa sobre los receptores de serotonina, similar a otros psicodélicos. Produce alucinaciones visuales, cambios en la percepción y una sensación de conexión con la naturaleza.

5.8. Posibles tratamientos

Se ha desarrollado una amplia gama de intervenciones dirigidas a tratar y prevenir el consumo de drogas adictivas. En base a diversas investigaciones, las terapias cognitivo-conductuales, familiares, farmacológicas... (Lüscher, 2022) pueden ser tratamientos eficaces del consumo de algunas de estas sustancias. No obstante, es importante recordar que las personas tienen diferentes objetivos cuando se someten a tratamiento, desde abstenerse por completo del consumo hasta reducirlo. Un resumen de las principales intervenciones es el siguiente (Carlson & Birkett, 2021; Colado et al., 2023):

• Tratamientos del consumo excesivo de **alcohol**: Se han utilizado antagonistas de opiáceos, como la *naloxona* o la *naltrexona*, que reducen los efectos reforzadores del alcohol. También ha sido efectiva la administración de *acamprosato*, un antagonista del receptor NMDA y agonista directo del receptor GABA$_A$. El acamprosato ayuda a mantener la abstinencia del alcohol al restaurar el equilibrio neuroquímico alterado por el consumo crónico, no reduce el *craving* inmediato y no es efectivo en personas que aún consumen alcohol.

• Tratamientos del consumo de **nicotina**: Tratamientos con chicles de nicotina o con parches transdérmicos de nicotina ayudan a disminuir los síntomas de abstinencia, sin embargo, se pierden las sensaciones asociadas a fumar, tan importantes para los fumadores. Otros tratamientos como el *rimonabant*, antagonista del receptor CB$_1$, fue retirado del mercado debido a su alto riesgo de efectos adversos psiquiátricos. El *bupropión* ayuda a dejar de fumar al aumentar los niveles de dopamina y noradrenalina (reduciendo el síndrome de abstinencia) y al bloquear parcialmente los receptores nicotínicos, lo que disminuye el refuerzo positivo asociado al consumo de cigarrillos. Finalmente, destaca la *vareniclina*, agonista parcial del receptor nicotínico α4β2 que estimula parcialmente el sistema de recompensa aliviando los síntomas de abstinencia, también bloquea los efectos placenteros de la nicotina en caso de recaída. Esto la convierte en uno de los tratamientos más eficaces disponibles para dejar de fumar.

• Tratamientos del consumo de **estimulantes**: Se están realizando estudios con resultados prometedores para el desarrollo de anticuerpos para la cocaína, heroína, metanfetamina y nicotina; este abordaje abre la posibilidad de que algún día sea posible inmunizar a las personas frente a las drogas al impedir que estas sustancias entren en el cerebro. Se considera que el tratamiento de las adicciones mediante *inmunoterapia* debería interferir solo en la acción de la droga que se consume y no en el funcionamiento normal de los mecanismos del refuerzo.

• Tratamientos del consumo de **opiáceos**: El mantenimiento con *metadona* oral trata la dependencia física a los opiáceos. La metadona es un opiáceo que reduce los síntomas de abstinencia sin producir efectos eufóricos cuando se administra de forma oral debido a que produce un aumento lento y mantenido en el nivel de opiáceos en el cerebro. Otro tratamiento más eficaz es la *buprenorfina*, un agonista parcial del receptor μ [mu], que reduce el ansia por los opiáceos. Cabe destacar que ante una sobredosis de estas sustancias (e.g., heroína), los bloqueantes de los receptores de opiáceos *naloxona* y *naltrexona* han resultado ser tratamientos muy eficaces, salvando muchas vidas.

• **Estimulación cerebral**: La *estimulación cerebral profunda* ha demostrado tener resultados alentadores como tratamiento experimental en el consumo de sustancias. La diana más prometedora de esta técnica parece ser el NAcc. La técnica supone cirugía encefálica, con el consiguiente riesgo de complicaciones como hemorragia e infecciones. Una técnica menos invasiva que también está siendo investigada es la estimulación magnética transcraneal.

• **Otras aproximaciones terapéuticas**: el *tratamiento cognitivo-conductual* es el más frecuente en el ámbito clínico, también las *terapias sistémica y psicodinámica*, así como las terapias de tercera generación, como la terapia cognitiva basada en el *mindfulness* o la terapia de aceptación y compromiso. También existe el abordaje integral matrix, para dependientes de estimulantes. Se trata de un marco de evaluación y tratamiento multidimensional que coordina factores biológicos, psicológicos, sociales, ambientales y de desarrollo. No solo aborda el consumo, sino también los elementos que lo sostienen (ansiedad, depresión, estrés, redes de apoyo, vivienda y trabajo) mediante un plan personalizado que combina intervenciones farmacológicas cuando corresponde, terapias basadas en evidencia (e.g., terapia cognitivo-conductual), prevención de recaídas y soporte psicosocial, con seguimiento dinámico y coordinación entre profesionales para mejorar el funcionamiento y la calidad de vida del/la paciente.

6. CONCLUSIONES

Desde una perspectiva neurocientífica, la adicción se concibe como una enfermedad crónica del cerebro, más específicamente, como un trastorno neurobiológico que afecta los circuitos de recompensa, motivación, memoria y control del comportamiento. Esta comprensión permite establecer vínculos fundamentales con diversos procesos neurobiológicos, conductuales y terapéuticos. Al finalizar este tema, el estudiantado habrá desarrollado la capacidad de utilizar de manera rigurosa la terminología y la nomenclatura clásica propias del estudio de las adicciones, así como de comprender el funcionamiento del sistema cerebral de recompensa, entendido como el principal mecanismo neurobiológico a través del cual se experimentan los efectos reforzadores de las drogas. Derivado de este conocimiento, el alumnado será capaz de analizar críticamente la utilidad de los modelos animales —como la AD y el CPL—, valorando su relevancia metodológica y sus aportes al estudio de los procesos adictivos en el ámbito de las neurociencias. Además, podrá identificar y explicar los mecanismos de acción cerebral de las principales drogas, diferenciando entre aquellas que inducen adicción y las que no; y examinará los posibles enfoques terapéuticos actualmente disponibles para su tratamiento.

7. BIBLIOGRAFÍA

American Psychiatric Association (2013). *Manual diagnóstico y estadístico de los trastornos mentales. 5th ed. (DSM-5)*. American Psychiatric Association: Arlington, VA.

Carlson, N.R., & Birkett, M.A. (2021). *Physiology of behavior* (13[th]ed.). Pearson.

Colado, M.I., Farré, M., Leza, J.C., & Lizasoain, I. (2023). *Drogodependencias* (4ª ed.). Editorial Médica Panamericana. https://doi.org/10.1176/appi.books.9780890425596

De Caso, I. (2022). *Psicodélicos y salud mental*. Editorial ArgoNowta.

Kuhn, B.N., Kalivas, P.W., & Bobadilla, A.C. (2019). Understanding addiction using animal models. *Frontiers in Behavioral Neuroscience*, 13: 262. https://doi.org/10.3389/fnbeh.2019.00262

Lüscher, C. (2022). El porqué de la adicción a las drogas. *Mente y Cerebro*, 113: 80-85.

Monje García, E., & Monje García, B. (2024). *La dosis hace al fármaco… o al veneno*. Editorial Oberon (G.A.).

Observatorio Español de las Drogas y las Adicciones (OEDA). *Informe 2023. Alcohol, tabaco y drogas ilegales en España*. Madrid: Ministerio de Sanidad. Delegación del Gobierno para el Plan Nacional sobre Drogas; 2023. En: https://pnsd.sanidad.gob.es/profesionales/sistemasInformacion/sistemaInformacion/pdf/2022_Informe_EDADES.pdf

Pinel, J.P.J., & Barnes, S. (2021). *Biopsychology* (11thed.). Pearson.

Pinel, J.P.J. (2001). *Biopsicología* (4thed.). Pearson.

Redolat, R., Mesa-Gresa, P., Monleón, S., Moragrega, I., & Vinader-Caerols, C. (2025). Alcohol y envejecimiento: Impacto sobre la longevidad y la salud cerebral. *Revista Española de Drogodependencias*, 50(2): 172-195. https://doi.org/10.54108/10116

Stella, N. (2023). THC and CBD: Similarities and differences between siblings. *Neuron*,111: 302-327. https://doi.org/10.1016/j.neuron.2022.12.022

Vallejo, J., Bulbena, A., & Cardoner, N. (2025). *Introducción a la psicopatología y la psiquiatría* (9ª ed.). Elsevier.